国家出版基金项目
NATIONAL PUBLICATION FOUNDATION

“十四五”国家重点出版物出版规划项目

乐道院潍县集中营文献整理与研究

乐道院潍县集中营资料编译

| 第一辑 |

刘家峰　罗　蕊◎编译

TRANSLATION AND COMPILATION OF MATERIALS ON THE WEIHSIEN INTERNMENT CAMP, VOL. 1

山东大学出版社
SHANDONG UNIVERSITY PRESS

图书在版编目（CIP）数据

乐道院潍县集中营资料编译．第一辑 / 刘家峰，罗蕊编译．-- 济南：山东大学出版社，2025.6
（乐道院潍县集中营文献整理与研究 / 刘家峰，罗蕊主编）
ISBN 978-7-5607-8014-6

Ⅰ．①乐… Ⅱ．①刘… ②罗… Ⅲ．①集中营－史料－潍坊 Ⅳ．① D693.65

中国国家版本馆 CIP 数据核字 (2024) 第 103419 号

责任编辑　肖世伟
封面设计　艺友设计

乐道院潍县集中营资料编译．第一辑
LEDAOYUAN WEIXIAN JIZHONGYING ZILIAO BIANYI.DI YI JI

出版发行　山东大学出版社
社　　址　山东省济南市山大南路 20 号
邮　　编　250100
电　　话　（0531）88363008
经　　销　新华书店
印　　刷　山东新华印务有限公司
规　　格　787mm × 1092mm　1/16
　　　　　23 印张　342 千字
版　　次　2025 年 6 月第 1 版
印　　次　2025 年 6 月第 1 次印刷
定　　价　98.00 元

本书出版得到潍坊市文化和旅游局、潍县西方侨民集中营旧址博物馆的指导和支持，在此谨致谢忱。

丛书总序

乐道院位于山东省潍坊市奎文区，始建于1883年，是当时美国北长老会在潍县建立的集教堂、学校、医院于一体的建筑群，最盛时有70余栋建筑。太平洋战争爆发后，日本限制在华同盟国侨民的人身自由，扣押、征用其私人财产，部分侨民遭到拘押、审讯甚至暴力威胁。1942年10月，日军决议将所有在华盟侨集中拘押。乐道院因占地较广、设施完善且相对独立，被日方选中作为关押盟侨的集中营。从1943年3月到1945年8月抗战胜利，在华北生活的英国、美国、荷兰、比利时、澳大利亚等20多个同盟国的2200余位侨民（其中有327名儿童）被羁押在此，这里成为日本在长江以北建立的规模最大、关押人数最多的平民集中营。乐道院旧址现存7栋建筑，其中最大的一栋是建于1924年的医院（当地称“十字楼”）。2020年，在抗战胜利75周年之际，由旧址十字楼改造而成的潍县西方侨民集中营旧址博物馆正式对外开放，这段湮没的历史才广为人知。

乐道院潍县集中营的历史不仅蕴含丰富的学术研究价值，而且也有着重要的现实意义，值得学界同仁和社会公众关注。

首先，潍县集中营是日本军国主义暴行的历史铁证，它不仅记录了日军对中国民众犯下的不可饶恕的罪行，也见证了日军对在华外侨的蹂躏和摧残。这一段残酷的历史是中外人民共同的创伤记忆。

其次，潍县集中营也是中国人民与西方侨民并肩反抗日本法西斯的历史见证。潍县村民越过铁丝网为侨民提供食品，冒着生命危险为他们传递消息，帮助两位侨民（恒安石、狄兰）顺利逃出集中营，一些人甚至为此献出生命。营内不同国籍、不同身份的侨民团结一心，奋力自救，与中国人一道，形成了抵抗日本法西斯的命运共同体。

再次，乐道院历史上是美国教会的财产，享有在华治外法权，因此成为中国共产党早期在潍县活动的基地。在国民大革命和抗日战争时期，乐道院曾保护前来避难的中共党员和群众，在潍坊革命史上具有十分重要的地位。因此，乐道院旧址也是弘扬爱国主义和革命传统教育的重要阵地。

最后，乐道院也是中西文明交流互鉴的产物，现代性的教育、医疗、科技、文化等以此为枢纽输入山东，浸润了古老的齐鲁文明，为山东乃至中国的早期现代化发挥了重要作用。

总之，深入研究乐道院及潍县集中营的历史，不仅能弥补国内二战史研究中的薄弱环节，向世界展示中国在反法西斯战争中的特别贡献，而且有助于讲好潍坊故事、讲好中国故事，对提升广大人民群众铭记历史、珍爱和平、构建人类命运共同体思想的认知，形成弘扬爱国主义、国际主义精神的文化氛围都有深远意义。

目前学术界对二战期间在华盟侨集中营的研究已有一些成果，主要来自英文学界，比如柯喜乐（Norman Cliff）的《武士的俘虏：日本在华平民集中营（1941~1945）》（1998 年出版），作者本人就是当年潍县集中营的营友；雷克（Greg Leck）的《帝国的俘虏：日本在华盟国侨民集中营研究》（2006 年出版），这是目前所见在华集中营研究最为全面、系统的著作。这两本著作也都涉及潍县集中营的历史。有关潍县集中营的两本回忆录在 2015 年抗战胜利 70 周年时被翻译出版，分别是基尔凯著、程龙译的《山东集中营》和狄兰著、崔书田编译的《中国逃亡记》。这两部著作对中国读者了解潍县集中营历史发挥了重要作用。

真正以潍县集中营为主要研究对象的论著，目前所见还很少，只有几篇硕博士论文和专题论文，如加拿大韩晓明（Jonathan Henshaw）的硕士学位论文《超越合作与抵抗：潍县集中营内的调适（1943~1945）》（2010），华中师范大学王萌颖的硕士学位论文《二战时期潍县集中营管理模式及成因研究（1943~1945）》（2019），台湾学者张勤莹的专题论文《山东潍县拘留营的日常饮食面向：以英籍外侨的视角为中心（1943~1945）》

（2020），罗蕊的《潍县盟国侨民集中营中的女性与日常生活》（2023）。应该说，学界对潍县集中营从设立、运营到解放的基本情况已有研究，但相关专题仍待深入探讨。营内侨民面临着怎样的健康威胁和精神压力，又是如何展开自救？在资源有限的情况下，不同国籍、身份各异的侨民怎样合作、交流，发生了怎样的矛盾冲突？战争结束后，这段经历对他们的人生产生了怎样的影响？相关问题还需要深化研究，以期进一步挖掘潍县集中营历史的内涵。

不过，上述研究也确实存在客观困难。乐道院潍县集中营相关资料分散保存在不同国籍的外侨家庭，或他们所在国家的档案馆、图书馆及教会机构中。这些资料涉及国家多、机构多、语种多，单靠一两位学者征集、整理确有困难。笔者在 2021 年初得到潍坊市博物馆（乐道院潍县集中营博物馆）的支持，合作启动了“乐道院潍县集中营文献整理与研究”课题。课题组首要的工作就是投入大量时间收集、翻译各类资料，在此基础上开展专题与综合研究。经过近三年努力，目前已有一些初步成果，以《乐道院潍县集中营资料编译》为名出版。

《乐道院潍县集中营资料编译》的主要内容大致分作三类：第一类是档案，主要来自日本、美国和英国的国家档案馆以及教会档案馆，其中相当一部分是官方文件，对厘清乐道院及潍县集中营的历史脉络至关重要。虽然日本在战败后故意损毁了大量资料，但目前日本外务省和防卫省公布的官方档案中仍保存了不少与此相关的记载。潍坊市档案馆也有少量相关资料，一并收录在内。

第二类是潍县集中营亲历者已出版和未刊的回忆录、日记、笔记、口述访谈录等。这类资料来源多、语种多、数量多，占《乐道院潍县集中营资料编译》绝大部分篇幅，为还原亲历者在集中营内的日常生活提供了丰富而生动的材料。相关资料线索的获取得益于集中营亲历者利奥·潘德（Leopold Pander）先生主持的“图画潍县”网站（http://www.weihsien-paintings. org/index.php），该网站汇聚了集中营众多亲历者及其后人撰写和拍摄的回忆录、访谈记录、来往信件、照片等资料，是研究潍县集中营不可多得的宝库。

第三类是有关乐道院潍县集中营的研究成果。最近十年来，海内外越来越多的学者开始关注乐道院潍县集中营，相关研究成果不断涌现，包括一般读者不易获取的学位论文、外文论著等。这些成果是我们从事这项研究的基础，特别是海外的研究，要多借鉴、多交流。

根据目前编纂计划，《乐道院潍县集中营资料编译》将分四辑出版，但随着资料的不断发现和研究成果的推出，《乐道院潍县集中营资料编译》或许可以持续编纂下去。这些研究成果可以为乐道院潍县集中营博物馆的整体规划、展陈改造提供学术支撑，同时也供学界和海内外读者了解最新研究动态，扩大潍坊作为中国第二座“国际和平城市”的影响力，为中外文明交流互鉴和人类命运共同体建设作出积极贡献。

在这里，我特别想提及潍坊市博物馆前馆长吉树春先生。乐道院潍县集中营旧址划归市博物馆后，吉馆长致力于旧址保护与改造提升，为文物与文献征集南北奔波，上下求索，使乐道院潍县集中营博物馆得以在短时间内对公众开放。吉馆长注重学术研究，和我们共同发起“乐道院潍县集中营资料整理与研究”项目，深挖乐道院的历史内涵和文化价值。他从潍县集中营的伤痛记忆中提炼出“国际和平”的主题，领导团队申报“国际和平城市”，并于2021年2月成功入选，为潍坊增添了一张靓丽的世界名片。作为乐道院潍县集中营博物馆的创建者、申办潍坊“国际和平城市”的发起人和领导者，吉馆长对提升潍坊的国际影响力功莫大焉。在本项目推进过程中，我们曾多次就乐道院潍县集中营的历史以及博物馆创建、“国际和平城市”申办等问题访谈吉馆长，每次都得到热情、全面而且权威的解答和指导。在此，我要对吉馆长表示最诚挚的感谢。

感谢乐道院潍县集中营博物馆对本项目的支持，特别是对出版《乐道院潍县集中营资料编译》的支持。感谢乐道院潍县集中营博物馆前馆长、潍坊市文化与旅游局副局长宿立军先生，以及博物馆现任馆长刘允泉先生、副馆长李师庆先生、孙丽副研究馆员、王培栋馆员等，他们不仅慷慨提供资料，对课题组的多次请教也给予细致指导。山东大学人文社科研究院对本项研究也极为重视，并予以校内重大课题名义立项支持。感谢课题组的成员，特别是我的博士研究生罗蕊，她不仅要忙于完成自己的博士学位论文，而且还协助我进行资料编目、翻译、校对，统筹项目进展。

此外，还要感谢项目翻译组的各位老师和同学，他们参与了多语种资料的翻译，他们的名字都署在相应的正文中，这里不再一一具名。

需要读者注意的是，本书收录的外文资料无论是档案还是回忆录、研究论著，都是基于作者当时的立场写作而成，因此其内容表述方式和观点与我们有所不同，比如日文档案中有对中国和中国人不敬的话语，教会人士的回忆录中有很多表达信仰的话语，以及不同人士表现出不同的政治立场、历史观，等等。为保持历史资料的真实性、完整性，编译者并未删改，一律保持原样，希望读者在阅读使用时予以注意。因编译者水平有限，错漏之处难免，敬请读者不吝指正，以期再版时修订。

刘家峰

2023 年 12 月 13 日

目录

美国档案

日本档案

乐道院

原谅但不能忘却：被日本囚禁在中国的少女回忆录

附　录

美国档案

罗　蕊　译
刘家峰　校

dupl. file 7-18.

YM COPIED BY THE LONDON DELEGATION OF THE INTERNATIONAL RED CROSS COMMITTEE (North China)

Capt. Buell

CIVIL ASSEMBLY CENTRE AT WEIHSIEN

(Shantung Province)

Visited on the 9th and 10th of November 1943 by Mr. A. Jost, Assistant-Delegate

Location

The twin cities of Weihsien, in Shantung Province are reached by the Railway line from Tsinan to Tsingtao. Situated approximately 100 miles Northeast of Tsingtao, the city of Weihsien is enjoying the typical climatic conditions of North China, cold but dry in winter and not too hot in summer, with little rain fall throughout the year. The camp is outside the city of Weihsien, about 2 miles from the Railroad Station, located in the compound of the former American Presbyterian Mission.

Established 20th March 1943.

Camp Committee

The Inmates have elected their own representatives for the following 9 committees who are managing the affairs of the Assembly Centre directly with the Commandant:

- Banking
- Discipline
- Educational
- Food
- General Affairs
- Hospital
- Medical
- Quarters
- Sports

Inmates

	Men	Women	Children under 6	Children 6-16	Total
British	370	410	71	242	1,093
Americans	87	78	15	22	202
Dutch	8	11	--	9	28
Belgians	19	13	4	6	42
Others	23	19	6	10	58
	507	531	96	289	1,425

在东方的美国人情况最新发展报告*

（1942 年 5 月 14 日）

1942 年 5 月 14 日

以下信息摘自瑞士驻东京使团（The Swiss Legation in Tokyo）和东京国际红十字会（The International Red Cross）代表的报告，除非另有注明。[①]

一、遵守情况

瑞士驻东京公使馆预计不久将提交关于在神户拘留的美国人情况的报告。

据报告，一部分在日本拘留的美国人名单已被移交给国际红十字会代表，但尚未在日内瓦接收。瑞士公使馆正在努力通过外交渠道提供美国人名单。

东京的国际红十字会代表于 5 月 11 日发电报称，在菲律宾被俘的美国战俘约为 10000 人。新加坡有 15000 名美国战俘，爪哇有 4600 名。未提供姓名。

截至目前，国际红十字会报告的日本拘留的美国人名单和姓名如下：名单总数为 34 份。美国平民被拘留 431 人，死亡 2 人。美国战俘被拘留 1292 人，死亡 16 人。

美国国务院继续就日本全面履行 1929 年条约[②]进行谈判，并指出美国政

---

* 以下档案皆为美国国家档案馆藏。

① 摘自情报局（The Information Bureau）的部分未完成的电报文件。由于这些事项持续变化，报告的任何部分随时都可能过时。

② 这里是指 1929 年 7 月生效的《日内瓦战俘公约》。——译者注

府已全面履行其义务。

瑞士外交部报告称，日本当局仍对瑞士代表访问集中营拖延处理，制造困难。

北美海外传教会（The Foreign Mission Conference of North American）报告称，除了香港和马尼拉外，美国国务院也提供了财政援助来帮助美国人。

二、交换

瑞典-美国船运公司的“格利普斯霍姆”（Gripsholm）号客轮预计于6月中旬起航，将搭载第一批日本外交官以及其他从北美、南美来的人在东非葡萄牙的洛伦索·马尔基一地交换。预计美国外交团将在同一时间从日本启程。

在选择第一批乘船交换的美国人时，优先考虑妇女、儿童、老年人和病患。

三、邮件

由万国邮政联盟（the Universal Postal Union，位于伯尔尼）组织的巴塞尔与东京之间的邮政服务途经伊斯坦布尔、第比利斯和西伯利亚。国际红十字会现在能够为战俘和被俘平民发送普通邮件。

四、中国沦陷区（Occupied China）

芝罘（Chefoo）：中国内地会报告称，所有在占领区的传教士都安然无恙，大多居住在自己的住所，并能偶尔外出。我们在定居地（芝罘）可以自由活动。学校基本正常运转。实施少量配给。家具、衣物类获取困难。充足的资金可以支持三个月的开支。71名成人和212名儿童，大部分在位于芝罘的学校中。

成都（Chengtu）：医院和大学已停止运营。所有人都被允许在校园和城市自由活动。

杭州（Hangchow）：受到周到对待。居住在家中，大家都健康和安全。

汉口（Hankow）：普爱医院（General Hospital）和住宅（Central Cottage）遭到日本人有计划的洗劫。尽管看起来一些人被迫离开自己的住所，但传教士有相当大的活动自由。

芜湖（Wuhu）：传教士们被限制在差会大院内。住所被不速之客占据。"受到善待。"有足够的资金。

天津（Tientsin）：一些传教士在公共租界（International Concession）内。资金可维持到五月。允许朋友多次来访。

湖北省（Hupei Province）：通过国际红十字会得知，拿撒勒教会（Church of the Nazarene）的传教士们健康。需求得到满足。受到良好对待。

保定（Paoting）：传教士报告称受到友好和体贴的对待。在被清查财产后，获得很大的自由。没有运动限制。有大量罐装食品和煤炭应对过冬，牛奶供应充足。大多数人居住在自己的住所。工作继续进行。

朝鲜（Korea）：玛利诺外方传教会（Maryknoll Society）的神父、修士和修女都安然无恙，居住在传教所。

满洲（Manchuria）：玛利诺外方传教会的传教士们健康，受到良好对待。允许有限地使用教堂。传教士们聚集在大连。

泰国（Thailand）：泰国外交部回复，有关人道主义原则适用于被拘留的美国人。由于人数较少，认为没有理由适用 1929 年条约。此外，出于军事需要，保护国代表在访问拘留所或关押场所时必须遵守一定的程序。泰国没有国际红十字会的代表。它向差会总部（Mission Headquarters）报告说，所有传教士的健康状况良好。

印度支那（Indo-China）：通过伯尔尼（获得的消息）。传教士们身体状况良好，自 3 月 1 日起通过瑞士代表处获得资金。

缅甸（Burma）：在日本占领缅甸之前，有 1200 人乘飞机离开。其中大部分是妇女和儿童，但也有一些在数月内没有得到援助但仍在战斗的英国士兵。

荷属东印度群岛（Netherlands East Indies）：美国和欧洲国籍者登记需支付 81 美元（男性）和 43 美元（女性）。两名荷兰人在爪哇巴达维亚的日本军事法庭被判死刑，原因是传播基于外国广播的谣言。禁止收听外国广播。日本军事当局规定基督教历法应该由日本历法取代。用词方面，禁止使用“Japan”一词，要求使用“Nippon（日本）”或“Dai Nippon（大日本）”。

日本基督教青年会（Y.M.C.A.）：日本基督教青年会已退出世界基督教青年会组织，保留进一步合作的主动权。东京的基督教青年会报告称正在努力获得在被拘留的美国人中开展工作的许可。世界基督教青年会也通过驻东京的瑞士大使和日本驻瑞士大使三谷（Mitani）努力争取获得这一许可。目前尚无关于这些举措成功的信息。

香港：东京的广播声称，已预付 20 万港元用于外国平民拘留者的生活费。

在重庆的英国陆军中校莱德（Lt. Colonel Ride）在韶关（Kukong）设立了一个非正式的情报局。他最近向不列颠哥伦比亚省维多利亚市的市民建议，如果他们给他寄付回程的无线电报费用，他将向他们传达香港朋友和亲戚的消息。据了解，已经收到一些回复。

戈登·金（Gordon King）医生报告香港的情况很糟糕。赤柱监狱（Stanley Prison）管理员住宅中被拘留的 300 名美国人几乎没有得到食物，没有获得任何医疗照顾。他认为其中一半人在这种待遇下无法存活六个月，因为会出现痢疾和其他许多疾病。这个群体中有许多妇女和儿童。

法国公民彼得罗（Petro）先生于 2 月 12 日逃离香港后报告如下：美国外交官被安置在两处领事馆的住所中。人员偶尔被允许在警卫监视下前往城市，但不允许与外界交流。没有提供食物，但可以通过特定渠道购买。除了这些限制，他们“还好”。似乎有计划将外交官转移到赤柱监狱，但这将与其他平民拘留者隔离。然而，彼得罗离开香港时这个计划尚未实施。

菲律宾公民马斯曼（J. F. Marsman）先生于 2 月 10 日逃离香港后作了以下报告：平民经常受到威胁。许多人失去所有财产，妇女的手提包被洗劫一空。战俘即使受重伤也被捆绑和堵住嘴巴。日本军官对平民进行“卑劣”的训斥。“囚犯被枪杀。”平民们长途跋涉数小时，没有水和食物，甚至女性也得不到任何救济。日本人非常恶劣。平民因未行军礼而被扇耳光。甚至在最初的囚禁日子里，许多平民患上了顽固的痢疾，长了疖子，却没有得到任何医治。香港的限制措施日益严厉，而日本军官却在附近的旅馆里庆祝。

沃洛（Warrow）先生——他是一个入籍的美国公民，于2月10日逃脱——报告：玛利诺外方传教会的神父受到严重虐待，被捆绑在车库里，几天内几乎没有得到任何食物。许多英国战俘包括军官在他们面前被处决。后来，这些神父被释放并获得三车食物。他们现在被拘留在圣公会圣士提反书院（St. Stephen’s College）。日本人要求英国军官告诉他们望远镜和左轮手枪藏在哪里。等告诉了日本人后，这些军官就被刺杀了。

日本拟拘留交战国公民

（1942 年 11 月 5 日、9 日）

1942 年 11 月 5 日，伯尔尼

国务院，华盛顿

编号：4994

主题：美国利益 - 远东

11 月 3 日，关于拘留，外事办公室照会显示，瑞士驻上海领事馆收到一份电报，称日本当局已将所有与日本处于战争状态的国家的公民集中起来，这一计划已在汉口、青岛和芝罘完成。日本当局考虑在上海及中国其他沦陷区继续实施拘留（internment）计划。

哈里森（Harrison）

1942 年 11 月 9 日，伯尔尼

国务院，华盛顿

编号：5069

主题：美国利益，远东被拘留者

领事馆，4994，11 月 5 日

11 月 4 日，来自瑞士驻上海领事馆的电报显示，在上海的日本警察已经逮捕了约 100 名与日本开战的敌对国国民。日本当局拟拘留的重要人物包括上海的美国、英国和荷兰协会（American, British and Netherlands Associations of Shanghai）的主席们。

哈里森

重庆美国大使馆致国务卿

（1943 年 3 月 20 日）

战争部情报局

日期：1943 年 3 月 20 日

来自：重庆美国大使馆

致：国务院，华盛顿

发件日期：1943 年 3 月 11 日上午 9:50

编号：356

请参考大使馆 1 月 29 日的电报，编号 162，以下信息来自中国外交部，被认为是可靠消息：已向日本在华北的领事馆下达命令，通知所有在华北的敌国国民，他们将被送往山东潍县进行拘禁。预计在 3 月中旬进行。

文森特（Vincent）

日军将华北敌对国公民拘留于潍县

（1943年3月26日）

国务院特别司致战争部（PMG）

1943年4月6日

普通件

发件时间、地点：1943年3月26日，伯尔尼

电报收件：国务院，华盛顿

编号：1925

主题：美国利益-中国

上封关联电报：领事馆1258号，2月24日

3月23日的外办照会显示，瑞士驻上海领事馆电报称，日本在3月11日、13日和15日在扬州分别拘留了251名、254名和248名英国公民。

3月，192名单身或与亚洲女性结婚的英国男性被拘留在浦东，还有19名美国人和1名荷兰人。

所有居住在华北的敌对国公民将在3月底之前被送到山东省潍县拘留。

在青岛集中拘留的在华敌对国公民将被转移到潍县，而被关押在芝罘的在华敌对国公民将留在那里。

哈里森

1943年4月8日

对英国被拘留者的处理

（1943 年 4 月 24 日）

国务院特别司致战争部

普通件

发件时间、地点：1943 年 4 月 24 日，伯尔尼

收件：国务院，华盛顿

编号：第 2559 号，4 月 24 日

主题：美国利益 - 中国

针对被拘留在中国沦陷区的英国人的待遇，收到了来自日本当局的回复。

（1）粮食配给。平民被拘留者受到有关当局的密切关注。他们的粮食配给被描述为“比附近军营的日军或在华日本居民的粮食要好”。尽管环境艰苦，但当局还是考虑到被拘留者的口味和习惯，提供与东方不同的食物。似乎被拘留者更喜欢与其他居民一样的食物，但考虑到口味的差异和其他原因，日本当局认为采取这样的措施只会对被拘留者产生不良影响。尽管如此，当局愿意满足此类要求。

（2）健康。被拘留者得到全面的医疗照顾，医生们提供药品。被拘留者的整体健康状况良好。

（3）通信。鉴于目前的困难，邮件有所延迟，但通信状况有所改善。

（4）原则上，允许探视，除非特殊情况使其不可能。

哈里森

1943 年 4 月 24 日

中国沦陷区的集中营

（1943 年 5 月 19 日）

存档：美国国家档案馆

发布人：海军作战部情报办公室

密级：机密

内容：情报报告

收件：外国邮件室，1943 年 5 月 19 日下午 3:16

序列号：32/43

发件人：驻重庆海军武官处

发件日期：1943 年 5 月 1 日

情报来源：日本、中国和其他国家

情报等级：C-3

主题：中国沦陷区的集中营

近几周，日本人似乎收紧了对华北、华中敌国国民的限制。独立消息来源证实了日本关于盟国侨民集中的官方、半官方声明。

以下是从各种有效来源获得的一些更为重要的集中营的描述。

一、潍县（山东省）

潍县在青岛西侧 80 英里外，距离莱州湾南方大约 30 英里。

据说潍县的美国长老会传教站包括 61 栋有着醒目红色屋顶的建筑。

4 月 26 日，一位参观了潍县集中营的日本记者对集中营内的生活做了如下记录：

被拘留者分为已婚、未婚两组。通过供应、医疗、教育、住宿等委员会管理集中营日常运转的事务。集中营内有一个医院可以提供医疗服务，并设有图书馆供学习。被拘侨民中有15位医生。传教士们保证了儿童的教育。食物由原来在北京、天津、青岛和华北其他地方任职的专业厨师准备。棒球和曲棍球比赛正在进行。被拘留的侨民种植了鲜花和蔬菜。集中营提供优质的烹饪和卫生设施，有充足的食物储备，包括肉类和蛋类。有一个供祷告的礼拜堂。有学习日语的地方。集中营内设有餐厅、礼堂和商店。集中营的管理由一位营地监督负责，下设四个部门，分别负责总务、财务和津贴、医疗治疗、住房设备、劳动、教育和纪律各方面的事务。每个部门由四名被拘留者互相选举产生的委员会管理。印度人、接受医疗护理的人以及与日本断交的国家的国民未被拘留。

另一位于4月27日访问潍县的记者写道：

在这个集中营中，有一些著名的人物，包括：

纳逊（Edward Jonah Nathan），开滦矿务总局经理

克里斯琴（W. B . Christian），中华北美信托公司代表

克尔（White Kerr），美国银行职员

海斯（Hayes），美国银行职员

杨光被（Pinger），美国传教士

桑美德（Spear）女士，美国人

阿黛拉（Adella）小姐，加拿大传教士

麦克拉伦（McLaren），英国商人

怀廷（P. A. Whiting），英国商人

这些被拘留者的代表聚集在一个房间里，在集中营负责人（the Camp Director）的允许下，记者得以从他们那里获得有关集中营内情

况的个人描述。当被问及他们的感受时，纳逊回答说食物足够，他感到满意，而克里斯琴赞扬了集中营负责人和其他管理人员的善良，并说道："我们都感激不尽，我可以向您保证。"桑美德女士的回答则更加哲学化："直到今天我没有什么事可做，但现在我在这里可以做作为一个女人的工作，这是上帝赋予的命运。我相信，只要大家以正确的精神共同努力，被拘留的日子就不会那么糟糕。"当被问及他们对大东亚战争的看法时，纳逊和麦克拉伦都表示对政治事务一无所知。然而，麦克拉伦宣称："我唯一希望的就是战争能够尽快结束，我们能够恢复业务。"阿黛拉小姐说："我们都在向上帝祈祷战争能尽快结束。"我向他们提及最近从海外获得的杂志和报纸上报道的日本国民在他们国家受到的严厉对待与他们正受到的公平待遇形成对比，并以此询问他们的意见。克尔说："但我们对此一无所知，这不是我们的错。"麦克拉伦说："我们无法相信我们的同胞会虐待你们的国民。一定是出了什么错。"桑美德女士说："我真诚地希望国内的人们能像你们当局对待我们一样友善地对待你们的国民。"

关于被拘留人数，日本当局的报告在这一点上有出入。

截至 4 月 22 日，潍县和芝罘的总拘留人数为 2108 人，其中前者为 1756 人，后者为 352 人。国籍与人数如下：英国人，935 人；美国人，598 人；比利时人，282 人；荷兰人，248 人；其他，45 人。总计：2108 人。

然而，4 月 26 日的报道称，潍县有 1840 名被拘留者，其中 950 名是美国人，其余 890 名是英国人。相信 4 月 22 日的数字更接近实际情况。

来自北京的独立消息表明，美国和英国国民在北京地区受到日本人友好的对待。然而，3 月 14 日，瑞士代表通知美国人，他们必须准备在 3 月 24 日离开北京，前往潍县接受拘留。每个人允许携带两行李箱的个人物品和床上用品。英国国民被指示准备在 3 月 27 日前往山东。中国人没有被鼓励或允许与敌国国民交往，许多人因此受到惩罚和训斥。然而，中国朋友不断与外国人联系并提供帮助，一些美国人把贵重物品交给中国朋友保管。据信，几乎所有在北京的美国人都被迫前往潍县，可能只有少数年迈或患病的人例外。

截至3月17日，燕京大学校长司徒雷登博士（Dr. Leighton Stuart）与在北京的外交官亨宁（A. C. Henning）先生仍被软禁在东交民巷，与他同住的还有北平协和医学院（Peiping Union Medical College）代理院长博文（Trevor Bowen）。医学院被日本人用作军事医院，城市北部的长老会医院也是如此。司徒雷登博士和他的同伴不允许接待访客，但每周可以通过信件与其他美国人保持联系。

北平的美国海军陆战队兵营（American Marine Barracks）现已成为日本宪兵队总部。

二、芝罘

据信，芝罘的被拘留者中大部分是在中国内地会学校的儿童，他们与老师一起被拘留在拥挤的校园内。成年被拘留者似乎与学校的孩子们分开，被单独拘押。管理工作似乎也已转交给日本领事机构，脱离了军方的控制。

据日本方面称，芝罘的外国被拘留者人数为352人。

三、扬州

（位于江苏省，在长江与京杭大运河边的镇江市对面）

日本消息来源称，华中（不包括厦门）的敌国国民被集中在上海和扬州。

外国消息来源在3月下旬报告称，一些来自上海地区的英国妇女被集中在扬州。

四、上海

日本于4月21日宣布，已于4月20日完成了对上海地区敌国国民（包括美国人、英国人和荷兰人）的集中拘留，总人数约为6000人。据称，在浦东、闸北、龙华等郊区建立了集中营，每个集中营容纳 1000~2000 名被拘留者。日本方面声称，教师、宗教和医院工作者被允许恢复他们以前的工作，这得到了他们的高度赞赏。

潍县盟侨集中营

（1943 年 11 月 9~10 日）

从国际红十字会委员会伦敦代表团复制。

潍县盟侨集中营（Civil Assembly Centre at Weihsien，山东省），1943 年 11 月 9 日和 10 日，由助理代表约斯特（A. Jost）先生探访。

1. 地理位置

潍县是山东省的双子城，通过从济南到青岛的铁路到达。潍县是典型的华北气候，冬季寒冷而干燥，夏季不太炎热，全年降雨较少。集中营位于潍县县城外，距离火车站约两英里，坐落于前长老会传教站的大院内。

2. 建立时间

1943 年 3 月 20 日。

3. 集中营委员会

被拘留者选举了 9 个委员会的代表，与指挥官一起，直接参与管理集中营事务：财物、纪律、教育、食物、总务、医院、医疗、住宿、体育。

被拘留人员信息

国籍	成年男性	成年女性	5 岁以下的儿童	5~16 岁的儿童	共计
英国	370	410	71	242	1093
美国	87	78	15	22	202
荷兰	8	11	—	9	28
比利时	19	13	4	6	42

续表

国籍	成年男性	成年女性	5 岁以下的儿童	5~16 岁的儿童	共计
其他	23	19	6	10	58
共计	507	531	96	289	1423

4. 用餐

每天提供三餐，具体成分不详。食物由食品供应委员会每天早晨称量后分发给各个厨房。被拘留者自己做饭，我被告知他们制作出来的饭菜很好，美味且富有营养。许多被拘留者拥有小型中式炉灶，可以烹饪额外的食物。

5. 面包

集中营建立了自己的面包房，一位希腊籍被拘留者——曾经在华北享有很高声誉的面包师傅，负责制作面包。被拘留者每天得到大约 1 磅的优质面包。

6. 牛奶供应

集中营的农场每天大概生产 30 加仑的新鲜牛奶，其中 24 加仑免费供应给儿童。剩余的牛奶售卖给集中营医院的病患。

7. 烹饪设施

共有三个厨房和一个带餐厅的特殊厨房。设备齐全，保持清洁。虽然厨房的烹饪任务很艰巨，但在厨房工作的被拘留者很高兴。厨具似乎不太充足。在必要的情况下，特殊厨房最多可容纳 200 人。

8. 食堂

食堂面积很大，布局合理，储备丰富。为了方便在食堂采购，每个区都有一名代表负责采购工作。目前能够以非常合理的价格购买到大约 100 种不同的食品。被拘留者尤其喜欢新鲜水果，如苹果、梨、葡萄和柑橘类水果。花生、干枣和核桃也供应充足。在合理的范围内，几乎任何特别订单都会被接受，并在可能的情况下予以满足。

9. 居住

集中营有自己的砖墙和瞭望塔，之前是美北长老会的传教站。超过

1200 名学生在这个大院内生活。大多数建筑尤其是医院在成为集中营之前已经被破坏、洗劫，但现在已得到很好的修复，干净整洁，状况良好。供被拘留者使用的房屋和平房约有 50 栋，每栋房间 2 个到 28 个不等。此外，有 9 栋建筑曾经用作宿舍，房间 1 个到 31 个不等，每个房间居住人数 1 人到 32 人不等。

更小的房子和平房是砖砌的，大部分墙壁是用石灰砂浆砌成的空心墙，部分区域有遮挡。屋顶是用无釉瓷砖制成的。地面铺设着涂过油漆的木质地板。较大的两层楼建筑结构更好，它们是最初的传教站建筑。所有房间都有充足的光线和空气，并配有电灯。已婚夫妇和带孩子的家庭居住在较小的房屋和平房里，他们可以享有更多的隐私，并可以按照自己的喜好布置房间。他们似乎安顿得相当舒适，这些地方并不拥挤。在我访问的时候，他们正准备在这些住所安装小型火炉。宿舍也不是十分拥挤，有充足的空气和光线，而且都配备有电灯。营地内的其他建筑物包括教堂，也被用作音乐会等集会的综合大厅，上午用来上课，还有医院、康复中心、图书馆、集中营办公室、外事办公室、领事警察办公室和日本官员的综合营地办公室。营地的一小部分供日本官员居住，禁止被拘留者进入。营地位于潍县县城之外，建筑物之间有几百棵树，给人一种宜人健康的印象。

10. 卫生

大部分道路都是凹凸不平的泥路，在雨天会变得相当泥泞。排水问题由被拘留者自己改善，他们根据工程委员会的指示挖掘了排水沟。水是从营地内的井抽取，必须通过手动泵抽入高处的水池。这项工作由被拘留者完成，为了让成年人从事其他工作，年龄较大的男孩也参与了进来。水的质量经过测试并获得批准，但饮用水必须煮沸。水的供应都是充足的。

营地内有为男女分别设计的淋浴室，还有特别的更衣室，被拘侨民可以在里面宽衣，并将衣物搭在特制的架子上，然后洗热水澡。热水完全满足需要。卫生间设施相对简陋，要么是排泄物排放到化粪池的蹲便器，要么是中国式露天厕所。由于冲水设施均未正常工作，所以使用水桶来冲。

从卫生的角度来看，这些卫生间无疑是足够的。化粪池和厕所每天都由中国劳工清理。被拘留者可以自己洗衣服，也可以把衣物送到外面的洗衣店，以合理的价格获得满意的服务。在即将到来的冬季，为营地提供足够的取暖物资应该不会有困难。

11. 医疗

目前有 11 名外国医生在照顾被拘留的平民。集中营内有一家医院，设有手术室、实验室、药房、隔离病房和厨房，病房保持清洁，空气和光线充足。医院有 26 张病床可用，在我访问期间只有部分被占用。手术由医疗人员中的外科医生进行，只有在病情非常严重的情况下，患者才会被送往北京的医院进行治疗。一些医生在北平协和医学院和华北其他医院中很有名。医疗委员会主席布赖森医生（Dr. Bryson）告诉我，总体健康状况令人满意；他表示希望获得一些外科敷料，医院的供应非常有限。医院内还有眼科和牙科。填充和拔牙由牙科工作人员负责，而假牙修复则必须在青岛进行。

12. 日常作息

点名：早晨 7 点半

早餐：上午 8 点到 8 点半

午餐：中午 12 点半到 1 点 15 分

晚餐：下午 6 点到 6 点半

熄灯：晚 10 点

13. 宗教

定期举行天主教和新教的礼拜，由同样被拘押在集中营的传教士主持。

14. 图书馆

图书馆布置得非常好，大约有 4000 册图书。一个特别之处是拥有单独的儿童图书馆，要求提供各类学校的部分教材。

15. 学校

在最近美国公民遣返回国、中国内地会芝罘学校的师生转移进来后，集中营设立了以下教育设施：芝罘学校（The Chefoo School）、潍县学校（The Weihsien School）、幼儿园（The Kindergarten）、托儿所（The Nursery School）。

大约 30 名因教育经历而不能跟随学习上述学校课程的孩子们接受了个别辅导。我有机会参观了几个正在上课的班级，看到被拘留者非常重视孩子在集中营中的教育生活。毫无疑问，在现有条件下，为孩子们提供尽可能好的学校教育的目标已经实现。

16. **娱乐**

被拘留者可使用两个场地进行各种户外运动，如足球、垒球、篮球、曲棍球、马蹄铁投球等。他们会尽可能利用这些设施，只要有空闲时间，他们就会热衷于组织各种体育比赛。还有机会进行室内游戏，集中营拥有一支非常出色的管弦乐队、一个舞蹈队和一个合唱团。一个业余戏剧团表演得很成功。由于缺乏必要的工具，园艺部门有些被忽视。

17. **通信**

每位被拘留者每月允许写一封 150 字的信件寄给中国沦陷区，可按照国际红十字会委员会编号 61C 表格的格式发送海外信息。被拘留者接收信件的数量没有限制。还可以通过国际红十字会委员会和其他通信人士，如天津和青岛的瑞士领事馆，接收和发送电报。不幸的是，寄到潍县和从潍县寄出的信件大部分在时间上会受到很大的延误，因为它们必须经过北京接受审查。

18. **资金**

被拘留者从各自母国政府获得集中营慰问津贴（comfort allowance）。对于英国、美国和荷兰国民来说，每月津贴金额为 150 伪银联券（FRB$150）。[①]其他国籍的被拘留者获得的津贴较少。

19. **访客**

目前还没有允许访客来到集中营。无论如何，这将是一项困难且烦琐

---

① 伪联银券（FRB$）是由伪政权“华北临时政府”下辖的“中国联合准备银行”于 1938 年发行的纸币，主要流通区域是华北日伪占领区。——译者注

的任务，因为潍县集中营距离青岛约有 4 个半小时的火车车程，距离天津有 18 个小时的火车车程，另外还需要获得军事旅行许可。然而，在严重疾病的情况下，他们被授予许可前往北京接受必要的手术和治疗。

20. 慰问包裹（Comfort Parcels）

慰问包裹可以自由进入集中营。国际红十字会并未被要求提供这项服务，因为所有包裹都可以通过中国邮政寄送。由于所有包裹都必须先经过北京进行审查，从天津寄出的包裹的交付有一定延迟是不可避免的。最近许多被拘留者投诉说，包裹送到时已遭到严重偷窃。我们的华北通讯员正在进行调查，不能容忍此类行为再次发生。

结　论

作为华北大多数敌对国国民集中的地方，尽管潍县集中营离任何较大或现代化的城市都很远，但人们对它的印象是宜人而健康的。被拘留者看起来健康快乐，并对当局给予他们的善待以及集中营指挥官（the Camp Commandant）和其他官员的友善表示感激。集中营的布置和组织良好，被拘留者与集中营官员之间的关系良好。

关于中国山东省潍县的
美国和盟国侨民的被拘留
（1943 年 11 月 11 日）

根据国务院特别司（State Department's Special Division）1943 年 8 月 26 日的备忘录。

发件时间、地点：1943 年 11 月 11 日，美国驻日本神户领事馆，塞缪尔·索博金（Samuel Sobokin）

邮寄日期：1943 年 12 月 1 日

地点："格利普斯霍姆"（M. S. Gripsholm）号客轮

一、简介

该报告的此部分由 W. B. 克里斯琴（William B. Christian）先生准备。

日本当局于 1943 年 3 月 12 日通知北京和天津的英国和美国国民，提前大约两周，告知他们将在山东省潍县接受拘留。该通知首先由日本大使馆传达给美国救济委员会（American Relief Committee），后者再向美国国民分发影印通知。在天津，日本总领事馆和美国救济委员会遵循了同样的程序。

在天津，拟被拘留者被告知他们可以预先寄送最多三个大衣箱以及必要的床和寝具。在北京，拟被拘留者被告知他们可以预先寄送两个扁皮箱、床和寝具。对带入集中营的食品、金钱、衣物和其他个人物品并无限制，只要行李不超过规定。

无论是在北京还是天津，只允许年老者和病患免于拘留，但需要日本医生的批准。然而，很少有人被豁免，许多年老者和患有慢性病的人也被迫进入集中营。目前所知，没有人对拘留命令表示抵抗或回避。

第一批天津组——由255名男性、女性和儿童组成，主要是英国国民——于1943年3月22日离开该市。第一批北京组，约245人，主要是美国国民，于3月24日离开北京。第二批天津组约260人，主要是美国国民，于3月26日离开。第二批北京组约240人，主要是英国国民，于3月28日离开。第三批天津组约265人，完全是英国国民，其中大部分是妇女和儿童，于3月30日离开天津。所有这些人员在离开次日到达潍县集中营。青岛组约170人，自1942年10月27日起在青岛的太平角酒店（Iltis-Hydro Hotel）被拘留，于1943年3月20日离开青岛，当天到达潍县集中营。

以上人员转移时，由日方指派的一名总负责人负责，再细分为更小的群体，由被拘留者选定的人各自负责。

前往潍县集中营的旅程非常拥挤，他们坐在不能休息的三等车厢。所有被拘留者在整个旅程中被迫坐直身体，从北京到潍县需要18个小时，从天津到潍县约14个小时，从青岛到潍县约6个小时。即使是那些被迫坐上14~18个小时火车旅程的老年人和病患，日方也没有提供任何睡眠或躺卧的条件。

北京的日本当局曾正式表示，火车上的餐车会提供食物，但所有盟侨都不被允许进入餐车，当局也没有为旅程中提供食物和饮料而努力。幸运的是，大多数人带了午餐和水壶或热水瓶；否则，情况将更加艰难。

对于北京的被拘留者，他们被告知可以携带两个大衣箱和一个背包，但必须自己从美国大使馆院内搬运到前门车站，距离大约为三分之一英里。许多被拘留者是年长的男性和女性，在最后一刻，日本当局发现这些人根本无法搬运行李，因此提供了一辆小型货车来搬运体弱者的手提行李。然而，至少80名被拘留者被迫穿过北京的街道，一手提一个大衣箱，背上一个背包，再努力携带一个水壶或热水瓶。许多妇女准备了临时的手推车，可以推着行李前进。搬运行李的苦力和人力车很容易找到，但日方不允许被拘留者使用这些服务，导致了额外的不必要的不便。很明显，日本当局尽一切可能在中国人面前羞辱美国公民。日本摄影师经常拍摄盟侨集结和去车站的画面，这些影片随后在沦陷区各地电影院播放。

到达潍县后，被拘留者被装上机动巴士和卡车带到集中营，他们被分成小组排队。每个小组的主要负责人分得一份两页的打印文件，内容是集中营的规章制度，日方要求他向小组成员宣读。宣读完成后，侨民被带到潍县集中营的教学楼，日方告知他们必须在建筑物的地板上睡觉。他们在离开天津、北京前许多天已经寄送的床和寝具还没有到达。第二天早上，日方要求被拘留者签署遵守规则的承诺书，并申报他们带到集中营现金的数额。

当青岛小组于 3 月 20 日晚抵达时，日方没有安排吃饭的地方。他们被日本人带到厨房，被告知必须自己清洁厨房并准备餐食，而当局仅提供了一些蔬菜。就此而言，青岛小组比随后到达的人更为艰难。在北京和天津小组到达后的头几天，除了发霉的面包和由韭菜、土豆烹制的炖菜外，没有其他东西可吃。

日本当局在他们抵达后的第二天分配了房间，但床和寝具通常两三天后才送到，因此所有被拘留者在 3 月寒冷的天气中只能睡在地板上，只有个别人有大衣和毯子御寒。一些炉子被分发给老年人、病患和带小孩的家庭，但在被拘留者进入集中营几天后，这些炉子才真正可用。

被拘留者抵达集中营时，日本驻青岛领事挂川岩（Kagegawa）先生来到这里，他在伦敦生活了多年，英语流利，对被拘留者的态度坚定而端正。集中营建设完毕后，他就返回了青岛。

在开营之际，由青岛、天津和北京的早期被拘留者组成临时委员会，他们在第一周内尽力处理集中营运作事宜。3 月 31 日晚上，挂川岩先生告知临时委员会已经到了成立永久委员会的时候，委员名单必须在 4 月 2 日中午之前交到当局手中。相关人员要求延长时间，但不知出于什么原因，这一请求被拒绝。因此，被拘留者不得不急忙行动。经过充分讨论，决定将营地分为四个小组，即青岛、天津和北京的平信徒小组以及天主教小组，因为当时集中营内有近 500 名天主教神父、修士和修女。每个小组都被允许任命一名代表任职于日本当局指定的九个委员会。这些委员会包括纪律委员会、教育委员会、劳动委员会、工程和维修委员会、财务委员会、食品供应委员会、总务委员会、医疗事务委员会和住宿委员会。共选出了 36 位代表，每个委员会从四个小组中选择了一位代表担任主席。4 月 2 日中午，结果交给了日本当局。这个匆忙成立的组织继续在 4 月 1 日至 5 月 28 日期间发挥作用，然后进行了一次大选，选出了各个委员会的永久代表。几乎所有原始成员都被重新选举。委员会主席名单如下所示：

委员会	主席	国籍
纪律	E. 麦克拉伦（E. McLaren）	英国
教育	W. 普赖尔（W. Pryor）	英国
劳动	N. A. 戈尔曼（N. A. Gorman）	美国
工程和维修	L. D. 琼斯（L. D. Jones）	英国
财务	E. W . 托里（E. W . Torrey）	美国
食品供应	P. A. 怀廷（P. A. Whiting）	英国
总务	W. B. 克里斯琴（W. B. Christian）	美国
医疗事务	H. 劳克斯（H. Loucks）	美国
住宿	T. 沃特斯（T. Waters）	英国

日方的永久工作人员包括负责人月川（Tsukigawa），他亲自监督教育委员会和劳动委员会的工作；古贺（Koga）是月川先生的总助手，负责食品供应和医疗事务；伊豆（Izu）不会讲英语，负责工程和维修、建筑和相关事务；井原（Ihara）负责总务，包括食堂、邮局等；三本（Mitsumoto）

负责财务，包括管理集中营中央银行（the Center Bank）。纪律由一位已退休的日本少佐负责，他的名字已被遗忘，他手下有40名日本领事警察。1941年12月7日，月川先生是集中营负责人，他曾任日本派驻夏威夷的火奴鲁鲁总领事馆副领事，但几乎不会讲英语。他智力一般，在实际问题上极不称职，不愿意帮助被拘留者。总的来说，官员们的态度是正确的，几乎没有发生什么事件，被拘留者在自己事务的管理方面获得了实际的自治……①

梵蒂冈没有派代表访问过这个营地。然而，天主教徒被允许接受日本和中国的天主教徒的访问，也经常接受来自济南府的德国知名天主教神父弗拉施（Father Flasch）的访问，以及来自北京的德国神父的访问。在这方面，天主教徒受到的待遇比新教徒要宽松得多。访问的神父和修女可以毫无限制地携带食品、医疗用品和衣物进入营地，只受到最随意的检查。可以明显看出，日本当局在任何时候都急于避免激怒天主教团体。

如果有当地的救济社团，它们无法以任何方式接触到被拘留者。当地的中国居民从未被允许访问营地。

二、福利和娱乐

这部分由W. B. 克里斯琴先生和E. W. 托里先生准备。

1. 娱乐设施

潍县集中营设有一个棒球场，略小于正常棒球场但非常适合垒球，有一个状况不佳的网球场，一个篮球和排球场。此外，还在棒球场上进行板球和曲棍球比赛。垒球是最受欢迎的运动形式，被拘留者中组建了各种球队，举办了许多有趣的比赛，观众众多，极大地提振了整个集中营的士气。运动器材由被拘留者携带，并在瑞士领事馆的帮助下购买补充，所有费用

① 原文缺。——译者注

由被拘留者支付。

教堂是通用的娱乐大厅，每周五和周六晚上举行戏剧表演和音乐会（钢琴和交响乐）。这些表演引起了人们极大的兴趣，其中许多达到了令人惊叹的高水平。营地幸运地拥有两架三角钢琴，可以举办双钢琴音乐会，这些演出非常成功。

2. 宗教崇拜

当局给予被拘留者完全的宗教崇拜自由。营地中有各种教派、宗派组成的大型团体，包括新教和天主教，它们尽可能地将设施用于举行主日学、教堂崇拜和开展新教的圣经课程，以及天主教团体的弥撒和其他仪式。1943 年复活节周日，新教徒和天主教徒举行了非常庄重的仪式。由于新教传教士、教师以及天主教神父和修女占了总人数的一半左右，宗教在集中营的生活中起到了很大的作用。

3. 教育

集中营开放后，教育问题包括儿童和成人教育问题得到了仔细考虑。作为集中营生活的重要一部分，教育活动由一个四人组成的教育委员会负责，主席是一位此前曾与天津文法学校（Tientsin Grammar School）合作过的英国人。从最年幼的孩子开始，1 名受过培训的英国幼儿园教师和 5 名助教负责大约 50 个 3~4 岁的孩子；2 名美国教师负责大约 20 个 4~5 岁的孩子；而 5~6 岁的孩子则由两位年轻女性（澳大利亚人和新西兰人）照管。由于集中营的妇女们忙于家务和厨房工作，为年幼的孩子上课不仅在教育上发挥了重要作用，也减轻了母亲照料幼儿的负担，这样她们就能够完成集中营内的日常工作。

小学教育由被拘留者中的教师进行，分为美国组和英国组。美国组由北京美国学校（Peking American School）的前任教师担任总监，英国组则主要由天津文法学校的教师负责。大约有 100 名孩子学习美国组的 1~8 年级课程，相应的是英国组的各个年级。美国组、英国组分别雇用了 9 名、7 名教师。教室设施简陋，黑暗拥挤，不适合上课。除了粉笔，所有的书籍、设备都由被拘留者提供。天气好的时候会在户外上课。

高中教育基于美国的四年制系统和英国的高年级制度。共有 15 名教师和约 75 名学生。在 1943 年的学年结束时，5 名美国男孩和女孩获得了高中毕业证书，几名英国学校的学生升到了更高年级。

成人教育发展得很广泛。90 名教师教授了 25 个科目的 700 多名学生，分为 120 个更细致的方向。每周有 320 门课程，共 3665 个学时。教授的科目包括艺术、植物学、生物学、鸟类学、物理学、化学、英语、中文、法语、德语、西班牙语、俄语、日语、拉丁语、希腊语、哲学、心理学、神学、商业科目（如速记、簿记和审计）、声乐和音乐理论以及高等数学。

日本当局对教育活动表现出明显的兴趣，这类活动由月川先生监督。每周三晚上都会举行关于公共利益的讲座，这些讲座既有趣又富有教育意义。

4. 慰问津贴和个人资金

每批被拘留者在到达集中营时都被要求申报所持现金的金额。1943 年 4 月中旬，来自北京、天津和青岛的较大批次的被拘留者全部到达后，他们被要求将资金存入集中营内由日本当局完全控制的中央银行。除了稍后到达的两三个小批次之外，当局没有要求被拘留者存入抵达时申报的全部金额。作为回执，他们收到了一张标有“存折”的纸，上面标明了存款人的姓名、国籍、存款金额、余额，并盖有一位日本官员的印章。

日本当局坚持认为，从瑞士代表处收到的慰问津贴必须存入这些个人账户中（对于家庭来说，要求以家庭户主的名义开立账户）。因此，在这一批人离开之前，慰问津贴已经到账。

月份	每人金额	大致存入日期
4 月或 5 月	FRB$100	6 月初
6 月	FRB$50	7 月初
7 月	FRB$100	7 月底

续表

月份	每人金额	大致存入日期
8 月或 9 月	FRB$200	8 月第三周

日本当局不允许随意提取这些存款或任何个人存款。由于不允许被拘留者大规模提取，这在集中营内引发了不满和摩擦。然而，最终通过瑞士代表处的斡旋和集中营委员会的申诉，当局同意从 7 月开始允许每人每月提取 100 元。

以下是允许“定期”每月提取（即每个存款人都可以提取）的金额：

4 月中旬	每人 FRB$25（约合 1.66 美元）
5 月中旬	单身人士 FRB$50，已婚夫妇为 FRB$80，根据子女年龄有相应的金额，每个孩子平均约为 FRB$25

美国和盟国公民在中国芝罘毓璜顶营地被拘留

（1944 年 1 月 4 日）

据 1943 年 8 月 26 日特别司备忘录

发布日期：1944 年 1 月 4 日

发信人：塞缪尔·索博金，1943 年 11 月 9 日，美国领事

邮寄时间、地点：1943 年 12 月 1 日，“格利普斯霍姆”号客轮

主题：美国和盟国公民在中国芝罘毓璜顶营地被拘留

芝罘，中国

毓璜顶集中营

一、简介

除了某些个别情况外，在中国芝罘的美国和盟国公民直到 1942 年 10 月 29 日和 1942 年 11 月 4 日才分别被拘留。内地会相关人员在较晚的时间被拘留，而其他人则在较早之前被拘留。

中国内地会在芝罘经营着一所大型学校，1942 年 11 月 4 日，共 239 名男子、女子和儿童被拘留在那里。

其他被拘留在芝罘的居民有 119 人，包括传教士及其家人以及商界人士。只有一人被豁免，一位身体虚弱的希腊女孩及其母亲和祖母免于拘禁。

1942 年 10 月 29 日星期四早晨，日本军队访问了美国、英国、荷兰、希腊和挪威公民的住所（除了住在中国内地会的人），宣布他们必须离开住所，中午 12 点之前集中到芝罘长老会传教所（基德之家，Kidder House）的 2 号房屋中。有些人早上 8 点就收到通知，其他人在 11 点过后

才得知这一命令。所有人都被告知要在中午到达指定地点。他们被告知需要携带金钱、衣物、食物和床上用品；床上用品可以包括床垫，但不包括床。有些人被告知留下大部分衣物，因为他们将在四到五天内返回。

其他人则不被允许携带太多床上用品。关于允许携带的行李数量没有统一标准。前往集中营的交通由个人自行安排，主要使用人力车。

日本军方通知中国内地会大院的居住者在一周内准备搬迁。这给了他们机会来整理个人物品，处理那些看起来实际不方便搬运的物品。床、沙发、炉灶和几乎所有其他家具都不允许携带拿走。他们打包了餐具、炊具、衣物、极少量的取暖炉、床垫和其他床上用品（铺盖）以及有限数量的书籍，并通过手推车和卡车（由日本当局提供）转运。手推车和人力车的费用由传教会当局支付。

日本当局对从差会大院带出的所有物品进行了严格检查，有些物品被退回，不允许携带。少数婴儿床可以携带，还有极少量的椅子（可能最多一打）。在中国内地会大院，我们自己的仆人帮助打包行李，但到达毓璜顶后就只允许手推车夫进入协助。

因此，我们中的成年男性和年长的男孩忙于搬运各种货物。在到达新住所后的混乱中，相当数量的箱子和货物遗失了，其中有许多根本没有送达。除了使用军队卡车外，所有转移费用均由被拘押者支付。彼时，日本人对携带的食物数量没有限制（他们此时不负责食物供应）。同样，被拘留者可以携带现金，日本人没有问任何问题；对衣物和个人物品也是如此，但相机、打字机和收音机除外。

被拘留者进入毓璜顶集中营时，由日本军方在营地的大门处登记注册，最早的被拘留者被日本人分配到第一区的特定房间。

1. 营地的组织

被拘留者抵达毓璜顶集中营并安置后，日本当局指示各栋房屋中的被拘留者组织自己的行政机构。日本当局明确表示，内部管理的责任由被拘留者自己承担，他们必须自行维持生活。换言之，被拘留者的生活维持由他们自己而不是日本人负责。

因此，每个被拘留者所居住的房屋设立了行政委员会。尽管看起来这么多的委员会似乎是不必要的，但是每栋建筑物内经济独立，七栋房屋位于相互分隔的三个区域内，其间不能随意通行，必须申请通行证获得批准，因此需要设立多个委员会。

2. 日本的控制

日本军方为这三个区域指定了一位日本指挥官。他驻扎在城里的日军总部。在最初的一周里，由日本士兵日夜守卫这些营地，后由中国警察接管。随着时间的推移，这名指挥官的访问频率逐渐减少，导致这些拘留者的紧急问题被忽视。在只有指挥官可以发放通行证的情况下，这些被拘留者因为没有通行证，无法离开拘留区域，而他们又无法与指挥官沟通。

1943 年 3 月，日方在营地第 2 区安排了一位日本指挥官，负责管理这三个区域。这位指挥官是看守营地的日本领事警察的总负责人。这一变化一方面加快了解决集中营生活问题的速度，另一方面也使集中营的相关规定执行更为严格，例如每天点名两次。

毓璜顶集中营位于芝罘，当被拘留者于 1943 年 9 月 8 日被转移到山东潍县的集中营时，毓璜顶集中营被解散。共有 296 名男子、女子和儿童乘船和火车前往潍县。

1943 年 8 月初，毓璜顶集中营警卫队负责人小坂（Kosaka）先生告知营内天主教神父，他们将被转移到北京。这一消息引发了一名被拘留者的质询，询问这是否意味着芝罘的侨民们将被移送至潍县集中营地。警卫队长回答说他本来没有打算提及这一点，但既然被问到了，他回答转移正在考虑中。几天后，他告知内地会学校校长步如旭（P. A. Bruce）先生，所有被拘留者将在 9 月分为四组，每周一组地转移到潍县。当被问及为何要转移到潍县时，他回答说这是日本当局采取的一项节约措施。侨民进而咨询要从芝罘携带什么物品到集中营时，他说调查后答复。后来，他告知侨民无需携带厨房用具、床、床垫、椅子或餐具，因为这些物品由日本当局提供。

那些将于 1943 年被遣返的美国人比其他人提前十天离开了芝罘前往潍县。潍县集中营侨民从他们那里得知，芝罘的被拘留者获得不要携带上述物品的指示后，立刻与日本当局交涉，紧急要求向芝罘发电报，告知他们必须携带所有装备前往潍县。虽然当局承诺会这样做，但官方并没有向芝罘的侨民发出相关通知。然而，芝罘的侨民仍然通过一些青岛的私人渠道，得知了带上物品的必要性。

幸运的是，芝罘的许多被拘留者不信任日本当局，他们尽可能地携带了所有能带的东西。然而，他们一方面受到日本警卫为方便处理侨民做出的自私的限制，另一方面受限于很难在短时间内准备如此多的行李。因为他们并没有按照原计划每周一组分四组转移，而是在接到通知后的十天内一起从芝罘乘船前往青岛。由于船舱空间非常有限，300 名被拘留者大部分要么睡在船舱里，要么睡在甲板上。他们被告知要带上旅途中所需的食物，但在将行李从集中营搬运到船上时，许多寝具和食品收纳器具被放在重行李下的舱室中，无法取回。在船上停留 24 小时后，他们被赶上开往青岛的火车，忍饥挨饿、拖着肮脏和疲惫的身躯到达潍县。（被拘留者的年龄从不满 1 岁到 89 岁不等。）

他们的行李由青岛运送到潍县，途中遭到严重洗劫。抢劫者似乎特别想要厚重的衣物、鞋子和寝具。显然，他们一次打开几件物品，然后进行选择。没有拿走的物品经常被错误地放回其他行李中。寝具和衣物的损失对部分家庭来说是灾难性的，因为无法替换。

二、位置

集中营的名称和准确位置及其独特特征或周围环境的描述（以便从空中辨认）。

被拘留者的数量按性别、国籍、种族和年龄组分别列出。

营地的官方名称为“芝罘盟侨集中营”（Chefoo Civil Assembly Center）。如前所述，它位于毓璜顶美国长老会使团的驻地，拥有七栋带有仆人住所的住宅。这些住宅分别位于毓璜顶北侧、东侧和东南侧，毓璜顶是芝罘东、南和西边山脉的一段，从空中很容易辨认出来。它位于这一圈山脉的西端，有一座带有两根高旗杆的大寺庙，东南方有一个花园，山体东北面则是一座大型瓦顶两层楼的学校建筑。山的东坡，下行过半后是毓璜顶传教医院的三座大楼，位于一个大的封闭庭院内。在东北坡下方更低的地方，有一座八角形的教堂，灰色瓦顶，教堂东北角有一座钟楼。这个营地现已关闭，因为被拘留者在 1943 年 9 月初被转移到了潍县。

三、描述

对营地场所的描述（如果可能的话附上照片），包括建筑物类型（例如兵营、废弃工厂、学校或大学建筑）；每位被拘留者居住空间的估算；照明和供暖设施（可使用的时间）；提供的寝具种类和数量，包括床和蚊帐。

集中营位于芝罘美国长老会私人的、外国风格的住宅内，包括五栋单户住宅和一栋双户住宅，共分为三组。

第一组……由迪利（Dilley）和基德（Kidder）两栋房屋组成，被拘留者和日本当局分别称之为 1 号房和 2 号房。这两栋房屋及附属的仆人的住所和小花园都被围墙围住（1 号营区）。

第二组……由布朗 - 欧文（Brown-Irwin）双户住宅组成，称为 3 号房和 4 号房。这座房屋和仆人住所也被围墙围住（2 号营区）。

第三组……由伯斯特（Berst）、杨（Young）和兰宁（Lanning）三栋单户住宅组成，分别称为 5 号房、6 号房和 7 号房。这些房屋以及仆人住所同样被围墙围住（3 号营区）。芝罘城内的侨民住在 1 号房、2 号房和 3 号房，而 4 号、5 号、6 号和 7 号房则被内地会成员占据。这些房屋的照片和平面图可以从位于纽约市第五大道 156 号的长老会外国传教委员会获得。

四、营区

7 号房

描述：一座大型的外国风格石头房屋；一楼有三个房间、一个花房、一个厨房、一个浴室；二楼有四个房间、一个睡廊、两个浴室；此外，还有良好的地下室、阁楼和车库。①

宿营				
一楼	花房	—	1 名女性	2 名儿童
	客厅	1 名男性	1 名女性	2 名儿童
	书斋	1 名男性	1 名女性	3 名儿童
	盥洗室	—	1 名女性	—
二楼	睡眠门廊	—	1 名女性	4 名儿童
	卧室	1 名男性	1 名女性	3 名儿童
	卧室	2 名男性	2 名女性	—
	卧室	2 名男性	2 名女性	—
	卧室	—	4 名女性	—
阁楼		—	—	10 名儿童
车库		—	3 名女性	—
共计（48）		7 名男性	17 名女性	24 名儿童

编号	男性数量	女性数量	儿童数量	共计
1 号房	22	14	12	48
2 号房	15	24	3	42

① 原书图文不对应，为保持原貌，未做修改。——译者注

续表

编号	男性数量	女性数量	儿童数量	共计
3 号房	10	9	9	28
4 号房	3	15	53	71
5 号房	3	14	45	62
6 号房	7	9	43	59
7 号房	7	17	24	48
共计	67	102	189	358

1. 供暖

虽然 2 号房、3 号房、4 号房、6 号房和 7 号房都配备有中央供暖系统，但除了 3 号房和 4 号房外，其他房屋因经济原因只能各自使用小炉子。

这些房屋是常见的外国风格的传教士住宅。4 号房是一栋大型平房，配备了相当齐全的供暖系统，一个宽敞的阁楼被用作 36 个女孩的宿舍。其他房屋中，供暖是通过炉子（有些是被带过来的）提供的。还有一些房间里有壁炉。大多数卧室没有供暖，但是走廊和公共区域放置了炉子。其中一间房屋有一个热空气炉，但由于需要进行大修而未被使用。

被拘留者从 1943 年 1 月 27 日之后的慰问资金中支付供暖燃料的费用。在此之前，他们用个人资金购买煤炭。

大多数居民和学校在原来的住所有足够的煤炭供应，但是这些燃料不允许携带到毓璜顶。到达毓璜顶后获得了一些煤炭，但必须支付费用。

2. 照明

电力来自城里的电网，通常全天可用，由各个房屋的被拘留者支付费用。

3. 床和寝具

除了到达时在房屋内发现的少量床铺外，被拘留者的床铺铺在地板上或行李箱上。日本当局没有提供床垫、床铺、寝具或蚊帐。他们可以携带自己的床垫，只有极少数人拥有折叠床。

日本当局从未提供过床铺、床、蚊帐或寝具。被拘留者从自己的家中携带或其他同伴那里借到床垫和寝具。芝罘的内地会大院留下了500张床铺，但日本人拒绝让内地会传教士和师生携带到毓璜顶集中营。

五、卫生设施

洗涤、沐浴、洗衣、污水处理和垃圾处理等设施，厕所的数量和类型，卫生纸的供应。

1. 供水

芝罘没有自来水系统。水是通过手动泵从井中抽取。在毓璜顶营地，被拘禁者必须从100~190英尺深的井中抽水。

2. 洗涤和沐浴设施

需要为七栋房屋安排洗澡的时间表。由于水资源有限，每人每周只允许洗澡一次。在有条件的房间里，水可以在浴室内加热。否则，热水必须从地下室的加热炉中抽取。每天使用的热水也是通过地下室的热水器提供的。

3. 厕所

每个院落都有一个化粪池，这是由传教士为家庭使用而建造的。然而，这些化粪池对于如此众多的人来说完全不够，而且在最初几天后就不再被使用了。每栋房屋中有两个或三个仅供女性使用的便桶。男性的便桶被放置在户外的小房间内。我们卫生小组的男性成员每天多次清洁、清空这些便桶。污物被倒入花园里的大盖子桶中，这些桶每天由城市的清洁工清空。除了一个花园外，其他所有花园都挖有砖砌和混凝土衬里的坑——我们原以为这些是化粪池，但是工程从未完成。厕纸由每户使用定期的慰问津贴或个人资金购买。

4. 污水

厨房和洗涤用水由被拘禁者排入花园内挖好的深坑中。这样的排放方式远不能令人满意。2 号房曾多次要求日本领事警察总负责人直接将污水排入街道下水道。这项工作在迁往潍县前一个月终于完成了。由于苍蝇数量非常多，垃圾处理成为一个非常实际的问题。被拘禁者挖了深坑，每天多次倒入垃圾并用灰烬覆盖。

5. 纱窗

除了 1 号房以外，其他所有的房屋都有纱窗。1 号房的纱窗已经被毁坏，当局对此置之不理。那个房子里的苍蝇非常讨厌，以至于被拘留者为厨房购买了纱窗。他们对自己的住所能保持整洁、宜人感到非常自豪。

6. 洗衣

个人或家庭在每栋房屋的洗衣房或户外自己洗衣。在拘留的前五个月，一些人能够把他们的衣物送给仆人处理。公共洗衣房为被拘留者提供部分服务，但因服务不稳定、费用昂贵，令人不满意。私人拥有的洗涤盆和洗衣板被交给管理者以便公用。每栋房屋的用水由我们从营地内的深井中抽取并装入水箱，热水由本地制造的热水器提供。额外的热水可以从集中营附近的中国商店购买。

六、食物和服装

食物准备、烹饪设施以及方法。食物的来源和处理方式。日本提供的食物和服装。国际红十字会的救济物资、礼品包裹。被拘留者使用个人资金购买的食物和服装。邮局和商店。当地食物状况对日本提供的饮食的影响。

食物的准备和烹饪完全由被拘留者自行完成。日方一度承诺允许中国人前来帮助做一些粗活，如添加燃料、清洗锅碗瓢盆等，但实际上从未批准。被拘留者分成不同的班次，轮流负责。

每个人都有自己的任务。教育问题是一个主要的难题，因为有很多年幼的孩子。学校课程进行了简化，成年人需要花费相当多的时间来授课。

同样，一些成年人必须花很多时间来整理衣橱，特别是很多衣物破旧，通常需要更换。

厨房配备有供家庭使用的炉灶，有两三栋房屋添置了第二台炉灶。然而，食物的烹饪需要真正的计划。厨房设备由被拘禁者带来的厨具、购买或临时制作的厨具组成。搬迁到潍县集中营时，大多数厨房已经装备齐全。

所有的食物准备、烹饪和上菜都是由营地的妇女完成的，她们被分成不同的小组，轮流负责烹饪、洗碗和清洁工作。每栋房屋都有自己的厨房，在大多数情况下，提供的饭菜数量足够、营养均衡且美味。

除了被拘留者带入营地的物资外，几乎所有的食物都直接从当地商人处购买，他们从日本当局获得了进入集中营的通行证。起初，他们无需许可就能够进入，但从 1943 年 1 月开始，他们总是由警卫陪同，并根据票据核对物品。

这些商店的价格比市场价格高，但通过竞争、与中国朋友核对和领事警察负责人（Chief of the Japanese Consular Police）合作，他们设法使价格保持在合理区间。值得一提的是，当他们收费过高时，负责人就会施压迫使其退款。当一家承包商提供的面包在不到 24 小时就变酸时，负责人更换了承包商，并严厉警告了所有承包商。

在任何时候，我们都能够在市场上获得充足的牛肉、猪肉、鱼（季节性）、谷物、花生、蔬菜和水果。有时，鸡肉的价格与牛肉一样便宜，为我们的饮食提供了可喜的变化。最初，面包是从当地面包店购买的，但随着当地面粉供应不足，面包的质量恶化并且价格上涨。后来，当日本人向我们销售大量二等面粉时，我们与当地面包店达成协议，用一袋 49 磅重的面粉交换 60 磅的面包，每袋成本为伪联银券（FRB$）23 元，相当于 3.68 美元。通常我们能得到很好的面包。还可以从当地乳品厂获得充足的二等牛奶。所有牛奶在食用前都要煮沸。牛奶在各个房屋中以不同的方式分配。许多人购买了相当数量的牛奶、黄油和奶酪。

从 1942 年 10 月 29 日到 1943 年 1 月 27 日，食物是用被拘留者的个人资金购买的。到 1 月底，日本军方承诺为每人每天提供伪联银券 4 元，折合 0.64 美元。面粉、糖、玉米粉、一些大米和燃料由当局提供，这些商品的成本从提供的支持资金中扣除。在日本当局决定安排供应之后，中国的采购商（在日方监督下）被允许进入营地，接受主妇的订单。负责饮食的女士们展现了很多巧思，使有限的资金和食物能够满足需求，并且做出了美味可口的食物。每人每月获得的糖的数量被限制在 1 磅。在某些情况下，餐桌上不放糖，糖被用来制作涂在面包上的果酱。

有些人需要特殊或额外的食物，比如肝脏（供应肝脏饮食的人）以及额外的水果和鸡蛋，可以通过采购商补充购买。肥皂非常昂贵，但在拘留期末，日本当局以象征性的价格提供厕纸和洗衣皂；每人两块洗手和洗衣皂（小块），每块价格为 25 分。由于芝罘是一个果树种植区，各种水果通常可以买到，还可以获得各种蔬菜。虽然这些蔬果质量尚可，但通常品质并非最好，因为我们的采购受限于进入集中营的采购商，他们在很大程度上控制着价格和质量。

芝罘的内地会传教士群体没有收到任何慰问金或津贴，他们使用个人资金购买所需的额外物品。到达潍县后，被列为遣返者的内地会成员得知他们必须接受 8 月和 9 月的慰问金，到达上海时他们才知道尽管在潍县已经签署了收据，但这笔钱并没有到位。

1. **救济物资**

没有送来任何类型的衣物或鞋子，也没有收到任何包裹。

2. **使用个人资金购买**

几乎没有在购买食物、服装、药物等方面对被拘留者进行限制。女士和男士的裁缝、鞋匠和洗衣工有通行证即可以进入营地，但 5 月以后他们必须有警卫陪同才可通行。夏季，每隔两三天会允许一个卖新鲜水果的商贩进入营地。日本当局从未向被拘留者提供过衣物。

从 1942 年 10 月 29 日被集体拘留的第一天，到 1943 年 1 月 27 日，被拘留者必须自食其力。到 1 月 27 日时，只有 1 号房、2 号房和 3 号房内不到一半的被拘留者尚有财力支付费用。

此时，他们已经欠食品商、木匠和铁匠相当大一笔钱。在日本接管我们的生活保障之后，瑞士代表艾格（V. E. Egger）先生提供了一个月的救济金，并从 1942 年 12 月开始提供慰问金。有这些资金后，除一位特殊人员外，被拘留的侨民都能够还清所有的拖欠费用。从 1943 年 1 月 27 日开始，日本定期提供每人伪联银券 4 元（相当于 0.64 美元），用于支付所有费用，包括食物、照明、供暖、修理、更换、住院等。从 1943 年 3 月开始，他们向被拘留者每人每月出售半袋面粉和一磅的糖，后来又增加了肥皂，这些商品的价格非常合理。

七、医疗和牙科护理

医生和专科医生的可用性。如果日本医生被指派到营地，他们的专业能力和培训情况如何？在集中营外住院，是在西方医院还是东方医院？治疗和护理质量如何？谁支付费用？

集中营的医疗事务由芝罘的日本公共卫生医生负责，战前他曾与传教医院的医生保持友好关系。由于非常忙碌，他请求集中营内的医疗传教士照顾病患并向他报告病例。当被召唤时，他会到集中营视察，其他时候则会不规律地访问，将需要在诊所治疗或住院的病患送往两个街区外的毓璜顶医院。尽管这家医院名义上受到日本人监督，但医院的工作人员是四名中国医生和中国护士，其中既有毕业生，也有在读学生，在医院还由传教团控制时，他们已经在那里工作。他们都具备处理、照顾病患的资格。大部分时间里，集中营内的四名传教医生都会陪同病患前往医院，但在最后两三个月，这一特权被剥夺了，导致医疗的紧密协调中断。

在被拘留后期，一位日本医生每周来营地访问，并与我们的医生就健康问题进行磋商，在少数情况下进行个人检查。整个集中营人员接受了疫苗接种，并接种了针对霍乱的疫苗，在转移之前还接种了防治伤寒的疫苗。有少数需要特殊护理和饮食的患者得到了治疗和护理。营地附近的毓璜顶医院收治了一名产科患者、几名痢疾患者，还进行了血液检查和类似的治疗。一个需要特殊肺部放气治疗的患者会不时到毓璜顶医院接受治疗，后来在市区的日本医院得到了必要的治疗。

八、监督和检查

瑞士政府官员、国际红十字会、梵蒂冈代表、当地救济机构。

被拘留者是否被允许在无证人在场的情况下与瑞士代表交谈？当地居民是否被允许或愿意访问被拘留者？日本人在此类访问期间采取的措施。

得到美国救济委员会的通知后，负责维护美、英利益的瑞士代表艾格先生在被拘留的当天就从青岛来到了集中营。他在侨民被迫集中拘留时就出现在营地，并提供了力所能及的帮助，但他无法改变日本当局的拘留计划，也未能争取到日本当局的让步，允许他们携带必要的行李或装备。他被允许进入营地，但始终受到军事警卫的密切监视。艾格先生时不时返回营地，向被拘留人员提供慰问金，提供信息并获取关于遣返的数据。当被拘留人员想要返回家中取衣物、床上用品时，艾格先生在帮助他们获得相关许可方面发挥了重要作用，但几乎每次他们都发现这些物品已被洗劫一空。每次他来到营地，通常都由一名懂英语的日本警卫监督，因此他不被允许与任何被拘留人员私下交谈。仅有一次监督不严格的情况，他获得警卫负责人的许可，在没有警卫陪同的情况下与被拘留人员共进午餐。

芝罘的一个德国家庭与被拘留者关系非常友好，并为许多人在当地市场获得食物和衣物方面提供了宝贵的帮助。中国朋友和仆人被允许在营地大门口与被拘留者交谈，直到 1943 年 5 月被迫中止，因为当时日本当局试图切断营地与所有外国和中国的联系。直到那时，被拘留者可以在营外拥有中国仆人，他们在市场购买特殊食物，每周收集和送还清洗的衣物。大多数对话都在当地中国警察的监督下进行，当日本人不在场时，他们非常友好。

芝罘营地从来没有接待过国际红十字会的代表，除了艾格先生。同样，营地也没有接待过任何梵蒂冈代表或当地救济机构的代表。

九、福利和娱乐

娱乐设施。慰问金。个人资金（贷款等）。通行证和临时释放。发放的目的和范围。包裹传递。“假期”。

日本当局没有提供任何形式的娱乐设施。每个花园内都建有一个甲板网球场，第三组还有一个正规的网球场，用于进行网球、曲棍球和其他游戏。日本领事承诺提供其他运动和花园设备，但从未兑现。被拘留者在各个住所组织了其他形式的娱乐活动。他们编写戏剧剧本并演出，举办讲座，还组织了两个乐队。营区的儿童在各个住所学习课程，直到约 6 月获准参加位于第三区的内地会学校课程。面向成人开设的家庭护理、烹饪和现代语言等课程非常受欢迎。

幸运的是，营地住宅的私人图书馆中有大量书籍，被拘留者可以自由取阅。1943 年 3 月之后，各个住所可以读到《北京时事日报》（*Peking Chronicle*）的副本（后来计入各住所的账户），这份报纸的供应相对规律。其他报纸或期刊没有进入营地。

与学校有关的是被拘留者举办了一系列的讲座和音乐会（非正式），但是不允许在住所之间来回活动。每个组每周日都会举行两次定期的礼拜。在周日礼拜的前几天，必须向日本当局提交详细的宣讲稿以备审查，由日本当局批准，但没有任何未获批准的情况。在一两个特殊的日子里，极少数人被允许从一个区到另一个区参加活动。

1. 通行证和休假

没有提出或允许休假。在最初的几个月中，日本当局发放通行证，允许一些被拘留者回家取衣物、床上用品、煤炭和家庭器具。有些人成功获得了必需品，但许多人发现他们的家已经被严重洗劫。大多数被拘留者被允许进行数次此类行程。帕拉迪西斯（Paradissis，一名希腊人）先生和他的妻妹每个月被允许返回家中，那里有帕拉迪西斯夫人、他们病弱的女儿和年迈的祖母。应被拘留者要求，日本当局发放了看牙医的通行证。被拘留者可以获得每两周拜访芝罘营其他两个区的通行证。通常情况下，特定病例可以获得通行证前往医院门诊部就诊。

营地医疗委员会持有紧急通行证，以防发生事故或重病。携带通行证外出时需有警卫监视。

2. 慰问金和个人资金

在 1942 年 10 月 29 日开营之前，除内地会传教士团外，在芝罘生活的美国人和盟国国民由日本领事馆存入芝罘横滨正金银行（Yokohama Specie Bank）的伪联银券 25000 元（折合 4000 美元）的基金提供资金。从 1942 年 1 月开始，日本领事按照美国互助委员会（American Mutual Aid Committee）、英国互助委员会（British Mutual Aid Committee）提交的被拘留者名单和所需金额，从芝罘横滨正金银行基金中提取现金，以支付相关国民的生活费用。

两个委员会按照下列明细将现金分发给他们的国民：

已婚夫妇：伪联银券 300 元，折合 48 美元

单身人士：伪联银券 200 元，折合 32 美元

儿童：伪联银券 50 元，折合 8 美元

按照这个明细表，付款分别于 1942 年 2 月 17 日发放，用于 1 月和 2 月的费用。类似的付款也在 1942 年 3 月、4 月和 5 月进行，当时用于救济的伪联银券 25000 元的原始拨款已经耗尽。

日本当局没有向委员会提供关于未来偿还的任何信息。

在 25000 元伪联银券于 1942 年 5 月耗尽后，日本方面延迟了救济资金的发放。瑞士驻青岛领事打算接手芝罘的美国和盟国国民的救济资金事宜，

但因没有获得日本方面的同意，谈判失败。然而，经过进一步谈判和多次敦促，日本方面于 1942 年 6 月、7 月和 8 月提供了额外的资金。但款项的支付大大延迟，6 月的款项于 7 月发放，而 7 月和 8 月的款项于 9 月才支付。此外，日本当局未再提供更多的救济资金。

当 1942 年 10 月 29 日将被拘留者送往营地时，他们没有收到任何渠道的 9 月、10 月的救济资金。此后，被拘留者自行维持生计，直到 1943 年 1 月 27 日，日本方面开始提供每日伪联银券 4 元（折合 0.64 美元）的津贴。然而，在 1943 年 1 月，在瑞士驻青岛领事的斡旋之下，被拘留者获得了第一个月整月（1942 年 11 月）的救济津贴，具体如下：

已婚夫妇：伪联银券 450 元，折合 72 美元
单身人士：伪联银券 250 元，折合 40 美元
儿童：伪联银券 50 元，折合 8 美元

在从 1942 年 11 月起的四个月里，瑞士领事在 1943 年 1 月向被拘留者提供了每人每月伪联银券 50 元（折合 8 美元）的慰问津贴（Comfort Money）。此后，慰问津贴每月定期支付，直到 1943 年 5 月。1943 年 6 月和 7 月，慰问津贴增加到伪联银券 150 元（折合 24 美元）。8 月和 9 月的慰问津贴直至转移到潍县集中营地后才支付给被拘留者。然而，那些在 1943 年被遣返的被拘留者要求支付他们 8 月和 9 月的慰问津贴，一部分应该由驻扎在潍县的日军汇至上海的圣约翰营，他们在登上遣返船帝亚丸（Teia Maru）之前暂住那里，另一部分应汇到遣返船上。他们在潍县签收了 8 月和 9 月慰问津贴的收据，但实际上只收到了汇至上海的圣约翰营地的那部分，他们在船上时的那部分从未收到。

隶属中国内地会的国民也获得了相同金额的慰问津贴，但他们拒绝接受，因为中国内地会及其成员的政策并不各自承担经济责任。

十、通信

被拘留者寄信和寄贺卡的频率；对长度和内容的限制。邮件接收的规律性。转运时间。特别重要的是，可以引用一些事实来说明在哪些地方可能发生了延误。

在芝罘，允许被拘留者每月发送一封红十字会信件。这些信件是通过位于青岛的瑞士领事馆的艾格先生带出去的，没有直接通过日本当局发送。艾格先生带回了一小批红十字会信件，偶尔也会有日本领事代表带来一封。后来要求被拘留者准备一个名单，列出他们希望发送信件的收件人和他们预计会收到来信的人。经过审查和重写后，允许发送 100 字以内的信件给名单上的人。没有提供其他的通信方式。有关集中营的描述、位置、被拘留者人数、生活条件和某些活动的内容，都是审查人员最常删除的部分。

国际红十字会也可以代为发送信件，但这些信件需要很长时间才能送达。例如，1942 年 11 月和 12 月在美国邮寄的红十字会信件直到 1943 年 9 月 14 日才到达潍县集中营。一张盖有 2 月芝罘邮局邮戳的明信片直到四个月后才被送达，而且这只是一张问候卡片，上面没有个人信息。

直到 1943 年 5 月日本人发现这一通信渠道，我们一直把英文信件装在写有中国地址的中文信封中，由中国邮递员秘密送达，再通过类似的渠道回复。这是我们与非沦陷区和母国之间的主要联系方式。

十一、劳动

种类和地点。是自愿还是有报酬的；支付方式，是货币还是实物、食物等。如果用货币支付，能购买什么。那些在工作过程中受伤的人会得到什么补偿。

所有的工作都由被拘留者完成。抽水，生火做饭，所有的烹饪和食物准备，洗碗，洗衣服（也偶有例外，如一些大件可送到中国洗衣店，但这些洗衣店会接受非常严格的检查，工作效果不是很令人满意）。

修理工作（除了一些需要铁匠来修理泵和管道的工作）由被拘留者完成，包括制作一些家具。每天苦力会带来几车水，补充从井中抽出的水，市政当局提供苦力来清理夜便。除此之外，不允许任何帮助。有一段时间，允许裁缝和鞋匠进来接收制作新鞋和衣服的订单。此外，还有一些保姆来做一些补缀和缝纫的工作。

被拘留者可以在集中营外进行任何劳动，但营内的所有劳动都由他们完成。男性、女性和年龄较大的儿童组成劳动小组，由集中营执行委员会安排、指定他们的工作。除了老弱病残外，每个被拘留者都要参加一个或多个劳动小组。日本当局不允许有仆人跟随，所以也就没有考虑薪酬问题。

十二、惩罚

对美国人施加的惩罚，尤其是对企图逃跑的人员的惩罚。对被告的审判程序是什么样的。非司法程序规定的纪律措施是什么。

没有出现需要处罚或违反纪律的情况。有一次，早在被拘留之前，两个男孩在悬崖边徘徊，闯入一个有防御工事的地方。他们被扣留了一晚，但没有受到虐待，第二天被释放了。

当日本领事从军队接管集中营时，日本领事警察的负责人被委以重任。对所有被关押者来说，这是一个幸运的选择，因为这个人真正关心集中营的利益。他的权力有限，但他尽其所能为我们做了一切。他赢得了与之打交道的所有人的尊重和赞赏。

十三、被拘留者的供给物资

红十字会或其他组织送到集中营的物资有哪些。物资的性质、到达日期、分发方式。哪些财物被没收而没有收据。

没有红十字会或其他救援物资到达芝罘集中营。

当被拘留者离开家时，他们被允许带走非常有限的必需品，留在家中的物品也没有提供收据。所有的钥匙都必须交给军队。大部分住宅几乎马上就被洗劫一空。1943 年 3 月，当日本领事警察负责守卫集中营时，营内所有的自行车都被没收，没有开具收据。

乐器、家具、自行车（许多是属于学生的）、书籍、相机、收音机、挂图都被拿走，也没有开具收据。

1942 年 10 月，中国内地会的成员被拘留时，至少有 500 张床留在芝罘的中国内地会大院内。因为日方不允许这些传教士将任何床铺带到芝罘的集中营，因此他们不得不忍受相当程度的不便。从 1942 年 10 月到 1943 年 9 月，在芝罘的整个拘留期间，除了在毓璜顶建筑内找到的床铺外，没有其他床铺可用。而这些建筑只是简单的外国风格的单户住宅。1943 年 9 月，当被拘留者离开芝罘前往潍县的那个早晨，日本人的箱子已经在芝罘营的大门口等待，以转运不允许被拘留者带走或他们不得不放弃的设备。

最糟糕的是在从芝罘到潍县的转移过程中，在日本人的看管之下，被拘留者的行李遭到了大规模抢劫。尽管女装也被拿走，但掠夺者似乎特别想要男子的冬装、鞋子和被褥。显然，他们会一次性打开几件物品并选择想要的，而重新包装剩余物品时，经常会将它们放错。一些侨民失去了所有的冬装，损失非常严重。甚至有些遣返者的行李也在从芝罘到上海的船只上被掠夺。

十四、被拘留者的个人待遇

总体而言，希望了解是否有任何被拘留者曾遭受暴力、侮辱或公众好奇心的烦扰。

除了一个例外，没有人遭受过暴力、侮辱或公众好奇的烦扰。有一次，集中营的一群人被带到海滩上装沙袋，准备集中营防空，随行的卫兵将左轮手枪留在指挥部，只携带了一把惯用的短刀。

一名被拘留者是英国传教士的遗孀，她的母亲是中国人，与当地中国人联系密切。警卫发现她收到了一些中国朋友的来信，就将她带到警卫处审讯，其间她被一名警卫用手杖击打。但她只是有一些神经紧张反应，没有遭受更多伤害。

被拘留初期，集中营由军方负责，几乎没有什么秩序和监督制度。后来，日本领事机构接管。监管变得更加严格，但更加规范。集中营的大门紧锁，早晚两次点名。除了几位年长者、一位病患和一个新生婴儿，所有人都必须参加点名。

山东潍县外国被拘留者的生活

（1944 年 1 月 21 日）

来自特别处

美利坚合众国大使馆

国务院

日期：1944 年 1 月 21 日

重庆，1943 年 12 月 17 日

编号：1921

主题：山东潍县外国被拘留者的生活

致美国国务卿

先生：

谨随函附上桂林副领事于 1943 年 11 月 25 日发出的 89 号文件及其附文的翻译，该附文由日本人控制的报纸《北京时事日报》的一名工作人员撰写。

虽然引用的文章可能包含一定的事实信息，但文本整体似乎并不完全值得接受，因为作者及其所在的报纸都受到日本人的严格监管。

关于这篇文章的摘要已包含在所引用文件中。

谨此

C. E. 高斯

附件

1943 年 11 月 25 日 89 号文件的副本

山东潍县外国被拘留者生活的描述

根据日本大东亚省（the Japanese Ministry of Greater East Asia Affairs）最新的统计数据，目前在中国境内的敌对国英国、美国居民分别为 7500 人和 2100 人，其他国家的敌对国民除外。在战争爆发之前，他们无疑是“曾经榨取中国人民的魔鬼”。但是战争爆发后，他们的生活如何？我们现在了解到，尽管他们被拘留，但生活相对舒适，这证明了日本宽宏大量的精神之伟大。在山东潍县，大约有 2000 名敌国人被拘留。最近，《北京时事日报》的记者威特·康特（Witte Kant）前往集中营，对被拘留者的生活进行了如下描述：

> 在山东潍县，有大约 2000 名敌国人被拘留四个半月了。在那个地方逗留两天，你会发现尽管他们在宗教、种族、阶级或职业上存在差异，但他们现在已经习惯了新的环境，并在一个令人惊讶的和谐氛围中生活着。无论哪里，都透露出他们的团结精神战胜了个人主义。集中营位于潍县城墙附近的一片高地上，能俯瞰四周的乡村。从远处看，前长老会教堂给我们留下了美丽的印象。教堂外是一片茂密的树林，红色的墙壁和灰色的屋顶从树木中显现出来，使教堂更加庄重。
>
> 一名来自日本领事馆的警官查看了访客递交的通行证，将他指引至通往集中营的中央入口。一旦进入，你将置身于社交生活的热闹中。观察这些居民的生活将会发现，他们过着相对舒适的生活，而且到处都充满了愉快和友好的氛围。
>
> 这些外国被拘留者有自己的委员会来管理自己的事务。共有五个委员会，包括负责卫生的医疗委员会，负责教育、接待和财务的公共福利委员会，负责一般事务的综合事务委员会，负责供应和管理事务

的供应委员会，以及负责分配劳动任务和维修事务的培训委员会。这五个委员会满足了他们的生活需求，是他们日常活动的中心。

总体而言，他们在营地内享有完全的自由。他们的行动没有限制，他们可以拜访朋友、举办茶话会、阅读、写作和锻炼，但他们必须按照委员会分配给他们的任务从事劳动。委员会会给每个人分配特定的工作，由于健壮的男性和女性数量众多，每个人承担的工作量不多，一般性的工作平均分配给他们。除了儿童和老年人外，平均每个人每天工作两个半小时。除了工作时间，其余的时间留给他们自由支配，可以随意安排。

集中营内还设有一所学校，所有儿童都被要求参加课程，配有优秀的传教士教师，包括男性和女性、天主教徒和新教徒。因为许多学生和教师来自同一所学校，原来的班级得以保持，课本没有改变。日本领事馆的警卫与学生很熟悉，他们经常送给学生一些玩偶、玩具和小鸟作为礼物。

集中营的医院是一座明亮、通风、凉爽的建筑，房间干净整洁。医生的数量不少于 17 人，其中大部分是知名的医学专家，护士们也很好地履行了他们的职责。重要的隔离区位于小手术室和产科室之间。从 4 月开始已经有四名婴儿出生，还有更多的新生儿即将降生。

确切的被拘留人数是 1794 人，他们来自各个国家。小店的生意很好，提供各种日常必需品和个人所需物品，所以其供应也在增加。被拘留者每月有特别津贴 100 元，他们可以从自己在（集中营的）中央银行的账户中提取。凭借这笔钱，每个人可以获得更多的享受。

他们的食物数量充足，也卫生。根据集中营当局的说法，没有必要由外界的朋友送来大量的食物，但可以接受适量的慰问物资。报纸不应用作包装材料。易腐烂的食物不应送进来，因为需要一些时间才能将食物送达收件人。每位被拘留者每月可以寄出一封信或一张明信片，当然所有的通信都要经过审查。

允许订阅《北京时事日报》，报纸每四五天寄出一次。

他们有一个乐队；与救世军的乐队一起，定期举行音乐会。他们还有一个戏剧社团，已经进行过一场表演，门庭若市。

在营地内还有一所图书馆，拥有1000多册图书和杂志供公众阅读。

他们主要的运动项目是棒球、排球和网球，并且定期举办比赛。营地随处可见告示板，张贴着各种活动预告。

集中营受到来自东京的日本副领事的监督，他专门负责这项事务。他和他能干的助手对营地内的秩序井然功不可没。唯一负责监视的人员是领事馆警察。

从上述描述中我们可以看出，被拘留者过着健康而有规律的生活。各项事务的进展已达到模范集中营的程度。

来源：Heung Top Yat Po，香港

1943年9月15日

潍县集中营报告

（1944 年 3 月 9 日）

美利坚合众国外交事务
美国领事馆通过航空邮袋发送
1944 年 3 月 9 日，伯尔尼
主题：美国利益 - 中国
集中营报告第 2 号
日期：1944 年 3 月 9 日
上海
总领事馆调查问卷
潍县集中营

一、概况

1. 日本集中营负责人

月川先生此前是领事机构的一员，战争爆发时曾是日本派驻火奴鲁鲁总领事馆副领事（Vice Consul at Honolulu），现为青岛总领事喜多（Kita）先生麾下。喜多先生坚称他和他的工作人员在火奴鲁鲁遭受了非常粗暴的对待，这也是日方在山东省设立集中营的主要原因。

月川先生是集中营负责人（the Official Camp Director），但真正负责的是日本驻青岛领事挂川岩先生。不幸的是，月川先生经常无法做出最终的决定，大多数甚至全部的决策都由他在集中营各部门的负责人制定或至少受其影响。

2. **集中营代表**

分别来自北京、天津、青岛和天主教徒的四个群体的被拘留者。

3. **内部组织**

青岛及外埠的侨民奉命在以下九个委员会中选出一个代表，每个委员会的四名成员选举主席，作为该部门的联络官。

序号	委员会	主席	入营前驻地	国籍
1	教育	W. 普赖尔（W. Pryor）	天津	英国
2	总务	W. B. 克里斯琴（W. B. Christian）	北京	美国
3	工程和维修	L. D. 琼斯（L. D. Jones）	青岛	英国
4	住宿	T. 沃特斯（T. F. R. Waters）	天津	英国
5	医疗	H. 劳克斯（H. Loucks）	北京	美国
6	食品供应	P. A. 怀廷（P. A. Whiting）	青岛	英国
7	财务	E. W. 托里（E. W. Torrey）	天津	美国
8	劳动	N. A. 戈尔曼（N. A. Gorman）	天津	美国
9	纪律	E. 麦克拉伦（E. McLaren）	天津	英国

四位日本事务官分别负责委员会 1 和委员会 2、委员会 3 和委员会 4、委员会 5 和委员会 6、委员会 7 和委员会 8，而第 9 个委员会直接受警察长的指挥。这个系统烦琐，导致工作重复，但随着时间的推移，重复工作正在逐渐减少。最大的问题是需要紧急决策的事项常常被日本人反复推诿，转交给其他部门，往往可能是故意为之。被拘留者有足够的才能完成集中营内的所有工作，但遗憾的是，工具和材料严重短缺，他们改善生存条件的努力一直受阻。

尽管也有例外情况，但部门负责人并不是不好打交道的人，只是他们被束缚住了，他们极难说服包括军方在内的北京和青岛的上级，因而为集中营提供基本的生活必需品面临困难。

集中营的日本工作人员时常变动，但大致包括 1 名集中营所长、4 名部门负责人、3 名警官、30 名或 40 名警察或卫兵。

4. **被拘留者人数**

国籍	男性	女性	儿童（5~17 岁）	婴幼儿（5 岁以下）	共计
美国	227	234	47	18	526
比利时	173	51	5	4	233
英国	305	306	126	41	778
加拿大	25	29	12	1	67
荷兰	111	38	1	—	150
希腊	6	4	—	1	11
伊朗	3	3	1	1	8
挪威	3	3	—	1	7
总计	853	668	192	67	1780

正在准备一份详细的被拘留者名单，并将随附所有相关信息一起邮寄。

5. **日常作息**

点名：7:30

早餐：8:00~8:30

午餐：12:30~13:15

晚餐：18:00~18:30

熄灯：20:00

除了清理化粪池之外，所有工作由被拘留者承担，例如准备、烹饪和提供餐食，烘焙，抽水，清洁厕所和浴室，搬运物品、煤炭等，砌砖，木工，医院，清洁街道和垃圾清运，挤牛奶等。有关工作时间等的详细信息，请参阅“七、劳动”的有关说明。由于分配的劳动任务不同，被拘留者的日常安排差异很大。工作时间并不算过长，面临的一个问题是在集中营被清理完毕并安定下来后如何防止无聊。运动场地的容量有些不足，导致观众过多，参与者过少；同时，几乎没有娱乐室，这使年长者没有地方进行打牌等活动，由于住房拥挤，无法在室内玩耍。夏天，他们可以在门口的草席上进行户外活动，图书馆也供他们使用。除了分配的劳动任务外，所有成年人还需要协助清扫他们所在楼栋或宿舍前面的道路，以及清洁宿舍，等等。每个楼栋或宿舍由一名舍监（被拘留者）负责管理，执行集中营纪律以及委员会颁布的各项规定。

二、房屋描述

个别住房建筑多采用空心的石砖，用石灰砂浆砌筑；大部分没有围墙。

屋顶采用无釉瓦，天花板用高粱秆铺盖，天花板的平均高度约为9英尺；然而，50号房的屋顶采用波纹铁皮，天花板类似。

地板是涂漆的木质地板，铺设在几乎没有空气间隙的土质地面上。地板分别采用间距为24英寸、0.5英寸的软松木质板材。两层建筑物质量较好，是原来的传教站建筑。

所有房屋的采暖设施都使用煤炉，没有提供任何其他类型的供暖设备，每栋房屋都有一个炉管穿过后墙，但在目前过度拥挤的房间和宿舍安装炉具将是相当困难的。目前还没有安装炉具，不过日本当局有存货，尽管具体数量未知，但据信足够。

通过房屋前面的一个窗户和后墙上的一个小窗户来通风，唯一的例外是位于北边界墙沿线的43号房屋，共有27个房间，后墙上没有窗户。

每个房间都提供一个40瓦的灯泡和灯具，按宿舍区域的面积大致均等分配——这样的照明不足以供晚上阅读或进行任何细致的工作。照明灯在黄昏时点亮，晚上10点关闭主开关。除非事先获得许可，否则不得在此时间之后使用。

1. 集中营总容量

预计只能容纳 1400 人。

2. 房间数量

长宽分别为 12 英尺 6 英寸（3.8 米）、8 英尺 6 英寸（2.6 米）的房间，共 430 间。

这些房间每间适合 2 人居住，但被安排了 3 人，并且有 21 个房间居住了 4 人（其中两个是小孩）。在冬季使用炉子时，存在一定的窒息和发生火灾的危险。这些房间几乎全部用于家庭住宿。

3. 宿舍数量

有 9 座建筑物包括医院在内都被用作宿舍。

23 号楼有 13 个房间，总面积约为 7480 平方英尺，居住着 180 人，人均面积约为 41.5 平方英尺。居住者是天主教修女和未婚女士。

24 号楼有 9 个房间，总面积约为 4900 平方英尺，居住着 90 人，人均面积约为 54.4 平方英尺。居住者是天主教修女和未婚女士。

35 号楼有 5 个房间，总面积为 2140 平方英尺，居住着 38 人，人均面积约为 56 平方英尺。实际上，其中 4 个房间面积为 240 平方英尺，每间容纳 5~6 人，每人不到 50 平方英尺。该建筑由未婚女士居住。

44 号楼有 6 个房间，总面积为 2060 平方英尺，居住着 32 人，每人约占用 64 平方英尺。然而，其中 3 个房间面积约为 96 平方英尺，共容纳 5 人。该建筑由未婚男士居住。

49 号楼是一个总面积为 960 平方英尺的单一房间，居住着 14 名未婚男士，每人约占用 64 平方英尺。

50 号楼有 8 个房间，总面积为 5770 平方英尺，居住着 98 名未婚男士。其中一个房间是屋顶阁楼，容纳 11 人。二楼有一个面积为 2093 平方英尺的大宿舍，容纳 32 人。

56 号、57 号和 61 号楼的顶层都被天主教神父占用，明显拥挤不堪。

这些建筑物（除了 61 号楼）都由小房间组成，由 2 位、3 位或 4 位天主教神父共用。

61 号楼一楼保留用作医院，楼上有 31 个房间，居住着 157 位神父。

投诉

随着温暖的天气来临，过度拥挤的问题不再那么重要，因为许多人可以在户外睡觉。但是，随着寒冷的冬天来临，当所有房间都需要放置炉具时，发生火灾和窒息的危险将大大增加。小房间不应该超过 2 人，因为（除了宿舍以外的房间）天花板较低。正在进行增加空间的谈判，但截至目前还没有做出明确决定。

4. 水供应

（1）数量

由被拘留者手动抽水供水，共有 8 个手动抽水泵，分别位于厨房（3 个）（据报道，4 号厨房已改为医院厨房）、每个锅炉房（2 个）、医院和其他两个地方。锅炉房和医院的抽水泵连接着不同容量的水塔，水泵每冲程约为 1 夸脱。某些水井曾经干涸，特别是 2 号厨房、1 号厨房和女士淋浴室的水井。

自开营以来，一直存在用水限制，并且无法解除。日本当局曾承诺提供电动水泵，由于所有用水都需要从八口井抽取，而抽水设备不足，可以肯定供水是不足的。除非通过电动方式从河流或深井抽取，供水很难达到令人满意的程度，但至今北京方面尚未批准该项支出。

（2）质量

由于化粪池、渗滤坑等与水井紧密相连，被拘留者普遍认为水源遭受细菌感染是肯定的。所有的水井都是用本地砖块和石灰砂浆建造的，它们的井壁不够令人满意，大量受污染的地表水必然会渗入其中。在接管营地时，这些水井并没有被清理过，这一点从某些水井底部有大量残渣可以得到证明。

与被拘留者的意见相反，来自青岛的日本陆军和海军的细菌学家坚称水质良好，甚至比青岛的还好，而且不存在渗透的可能性，因为水必须通过 40~50 英尺的砂层，经过远距离的砂层过滤后的水不可能含有细菌，分析结果已经证明了这一点，所以请不要过于担心。在营地生活多年的传教士证实，煮沸的水是相当安全的；因为该营地以前有超过 1200 名学生，没有发生过供水引起的疾病。

水的硬度中等，会在水壶、锅碗瓢盆、锅炉等器具中产生相当多的水垢沉积。

所有饮用水都必须煮沸，整个山东省内都一样，除了天津，那里有自流井。

（3）烧水设备

抵达集中营时，除了每个厨房安装的炊具外，没有其他煮沸水的设施。被拘留者工程委员会救出了两台垂直热水锅炉，并安装在 1 号和 2 号厨房。

为供给淋浴室加热的蒸汽，锅炉现已与储水箱相连，所得的蒸馏水被收集和供应，这再次完全归功于被拘留者工程委员会。以上措施在一定程度上改善了饮用水状况，但在数量方面仍不足，如果完全依靠当局解决，情况将非常严重。

5. 洗手间

为男士提供了三个带有冷水的洗手间，水温低于 10 摄氏度，由上述水塔供水。为女士提供了一个类似的洗手间。女士洗手间的容量不足，因为她们需要较长时间洗涤。

目前集中营内几乎没有洗衣设施，而室外的洗衣房则受限，详见洗衣报告。

6. 厕所

有两种类型：（a）蹲式坑厕，排入化粪池；（b）中国式露天厕所。

共有 22 个蹲坑，通常有 18~20 个可用。它们是“中国”式样，没有提供坐板甚至扶手来帮助矫正蹲姿。最初它们被设计成冲水式的，但由于材料质量差（在三天内全部破损），现在每位使用者都需要用水桶进行冲洗；

女性和儿童发现这是一项困难的任务。每个蹲坑旁都有一个陶瓷缸用于存放使用过的脏水。这些厕所分为四组，分别是 4 个、5 个、5 个和 8 个（女士用）。没有防蝇屏。这些蹲坑中排泄的粪便进入 4 个化粪池，但没有溢流设施。它们必须由中国劳工每天清空，他们使用装在杆式运输工具上的汽油罐运输；下雨时，由于道路不通，清空工作变得困难。对于其中一组，营地劳工义务挖了一个临时的溢流坑。至于其他组，则是不可能的，因为日本当局拒绝协助提供管道等。

共有 40 个中国式露天厕所，有 6 个一组的，有 5 个一组的，有 4 个一组的，也有 1 个一组的。每天由中国工人清空一次。

只有 5 个一组的有防蝇屏。没有提供氯化石灰，只能使用灰烬和熟石灰。其中 12 个厕所安装了坐便器。

当局严禁并阻止他们挖掘军队式的沟渠厕所。然而，谈判仍在进行中。

投诉

预计被拘留者将自行进行修理工作，但到目前为止，除了一些木材外，当局几乎没有提供任何材料，也没有可用的工具。从集中营的状况来看，很明显，营地尚未做好接收被拘留者的准备，当局对他们的任务范围没有明确的概念。

供水问题是一个亟待关注的问题。厕所的清洁同样重要，我将尽一切努力争取使用电动水泵。应当获得定期供应充足燃料的保证，但没有迹象表明当局考虑过供水储备。

7. **洗衣设施**

洗衣设施现在几乎不存在。医院的地下室中有一个房间，现在称为第 4 号洗衣房，只能处理部分集中营的洗衣工作。距离集中营约 8 英里的坊子有一个日本洗衣店，自集中营设立以来一直洗涤床单、毛巾和其他重物，但这项服务一直令人不满意，目前由于坊子洗衣店和集中营官员之间的误解，这项服务完全停止，但将很快恢复（目前尚未恢复）。

与此同时，几乎所有洗衣工作都由侨民个人在居所中艰难完成。

三、物资

1. 小商店

这家小商店的运营迟缓。日本当局的北京上级曾经告知被拘留者，当他们进入集中营时，一个货物充足的小商店将等待着他们。实际上，小商店直到人们到达三个星期后才开始运营，而且只售卖五种劣质卫生用品。每人每月只能购买一件。

然而，在过去的一个月里，小商店的组织工作已经显著完善和改进，尽管价格很高，但与集中营外的相比，并不过于昂贵。

小商店的设施一直非常不足，员工和公众克服了很多困难，但目前已经安排了更宽敞的设施，并相信小商店很快将达到令人满意的水平。

被拘留者一再敦促集中营当局提供诸如鸡蛋、蜂蜜和花生油等物品的库存，这些物品在山东省和潍县都可以自由获取，如果以合理的数量提供，将有助于保证充足的营养。日本当局回答称，他们无法获得超过有限数量的产品，这导致销售受到严格限制。例如，鸡蛋的供应量是每人每周两个，到目前为止还没有出售蜂蜜或花生油。缺乏新鲜水果也给饮食造成了不必要的困难。

下面是已订购和收到的物品清单以及小商店的库存是否能够满足集中营需求的说明。

种类	物品	库存
食品	罐装牛奶	无货
	罐装水果	无货
	新鲜水果	不足
	干果	充足
	果酱	无货
	咖啡	无货
	茶	无货
	罐装肉类	无货
	罐装鱼（沙丁鱼等）	无货
	各种糖果	充足
	糖	无货
	蜂蜜	不足
	可可粉	无货
	口香糖	无货
	花生	充足
	鸡蛋	不足
	干枣	充足
	干柿子	无货
	味精	无货
	软饮料	充足
卫生用品	牙刷	充足
	牙膏	无货
	牙粉	充足

续表

种类	物品	库存
服装	工作手套	无货
	工作服	无货
	袜子	无货
	工作鞋	无货
	胶鞋	无货
	防水鞋套	无货
	苦力布	无货
	中国鞋	充足
	草帽	充足
	木鞋	不足
	卡其布	无货
	纽扣	无货
	男士内衣	无货
	女士内衣	无货
家居用品	水桶	不足
	刷子	不足
	拖把	无货
	热水瓶	充足
	扫帚	充足
	水罐	无货
	锡盘	无货
	锡杯	无货
	肥皂	充足
	鞋油	充足
	鞋带	充足

续表

种类	物品	库存
家居用品	针	无货
	线	无货
	毛线	充足
	剃须刀片	充足
	剃须皂	无货
	墨水	不足
	铅笔	无货
	笔记本	无货
	梳子	无货
	镜子	充足
	杀虫剂	无货
	蚊香	无货
	太阳镜	充足
	毛巾	无货
	爽身粉	充足
	冷霜	充足
	洗发水	无货
	香水	无货
	驱蚊香	无货
	烟草	无货
	香烟	有限配给
	烟斗	无货
	烟叶	无货
	火柴	不足
	香烟嘴	无货

续表

种类	物品	库存
家居用品	烟斗清洁器	无货
	鼻烟	无货
	刀	无货
	叉子	无货
	勺子	无货
	洗脸盆	无货
	厕纸	充足
	洗衣皂	不足
	图钉	充足
	大头钉	无货
	蜡烛	不足
	维多利亚针	无货
	手电筒电池	无货
	挂锁	无货
	毯子	无货
	折叠凳	无货
	各种工具（锤子等）	无货
	大茶杯	不足
	防蝇拍	充足
	抹布	无货
	簸箕	无货
	水壶	无货

2. 一般服装

集中营内没有供应可出售的服装，也没有制作男装或女装的设施。

3. 修补设施

已经提供相当令人满意的修补服务，由集中营内的妇女管理。修补需求非常大，用于修补的材料如线、纽扣等始终供应不足，获得这些物资也时常遇到困难。

四、收发信件服务

1. 每月信件数量

收件：进入集中营的邮件一直非常不理想，在许多情况下，天津和北京的人们在5月中旬写的信中提到，之前已经写了五六封信，但集中营一封都没有收到。据估计，大约有75%的寄往集中营的信件未被接收。根据潍县邮局的说法，有一封信于6月12日到达潍县邮局——在潍县县城内滞留了53天。

发件：3月24日至5月3日，当局每周接收一次要发送的邮件，对每人的信件、明信片的数量、内容长度没有限制，只是限制在一张纸以内——可以使用任何尺寸的纸张，也可以两面书写。4月12日、19日、26日和5月3日的信件和明信片总共有2097份。

从5月10日起，所有信件和明信片都必须用打字或书写体，并决定将先前当局已接收但尚未发出、不符合要求的信件退还给发件人。由此退还的数量总计为1374份。5月31日只接收明信片，并且做了限制，10岁以上的被拘留者只能寄一张。在那天共收到640张明信片。6月7日接受了请求简短的信件或仅限10岁以上的人寄出的明信片，总计为581份。

目前，部分5月31日接收的明信片、6月7日接收的所有信件和明信片都未能在6月14日离开集中营，已暂停进一步接收邮件。

据他们所知，北京或青岛方面截至5月12日，天津方面截至5月27日，没有收到任何在上述日期之前寄出的信件或明信片。

暂定的安排是允许 10 岁以上的被拘留者每四周寄出一封不超过 150 字的信件和三张不超过 50 字的明信片，信件或明信片只能在每周一交给集中营邮局。

2. **包裹服务**

没有外寄包裹服务，但收到包裹服务似乎相当良好。根据集中营的记录，委员会所知大约 150 个派往集中营的包裹中，只有一个丢失了。

3. **定期宗教仪式**

对宗教仪式没有任何限制。所有教派、任何信仰都可以在任何时间或地点举行仪式，只要情况允许。（请参阅以前的报告）

五、健康状况

1. **总体健康状况**

鉴于目前的生活环境，潍县集中营被拘留者的健康状况出奇地良好，特别是考虑到年长者、患有慢性疾病的人口众多。长时间的休息和睡眠、定期锻炼、充足的新鲜空气和阳光、简单（即使不充分）的饮食、无法获得酒精以及在有组织生活中无须承担责任和烦恼等因素似乎都有助于这一结果。此外，到目前为止，气候也非常宜人。

2. **自营地开放以来的死亡人数**

自营地开放以来只发生了一起死亡事件。此人名叫斯托弗（F. C. Stoffer），美国籍，35 岁，有色人种，来自天津，于 4 月 5 日清晨突发急性胃溃疡穿孔。当时，集中营医院不具备进行重大手术的条件，所以必须将患者送往其他地方接受治疗。有人建议将其送往青岛的德国医院，但患者最终被送往该市的一家日本医院。一位集中营的医生获准陪同他前往青岛，并在穿孔发生约 24 小时后进行了手术。几天后，患者去世。如果能够立即进行手术，他获救的可能性约为 80%。

3. **疾病：数量和性质**

到达集中营后大约 10 天，一位来自杨家坪的熙笃会传教士感染了斑疹伤寒。幸运的是，症状较轻，最后完全康复。显然，这种疾病是从外部带入集中营的，采取了严格的隔离和消除虱子的措施，防止传播给其他人。在赫普利医生（Dr. Hoeppli）向当局申请后，被拘留者很快收到了 25 份斑疹伤寒疫苗，并接种给之前未曾接种过疫苗的接触者。然而，集中营中仍有许多人从未接种过这种疫苗。目前，一些宿舍的居住条件普遍过于拥挤，如果这种情况持续到冬季，则必须严肃考虑爆发斑疹伤寒的可能性。希望在那之前能够找到某种方法提供大量的疫苗。

水痘、流行性腮腺炎和百日咳都在一开始时被带入集中营，但症状都较轻，采取隔离措施后很快就得到控制。

由于卫生设施不足，厨房、餐厅和洗手间完全没有任何防护措施，医务人员每天都在担心爆发痢疾。由于医院床位不足、药品供应不足和设备短缺，他们担心这种爆发可能会带来灾难性后果。

流感性感冒病例很多，但幸运的是，只观察到少数几个支气管肺炎的病例。

腰痛、腰椎病、坐骨神经痛和骶髂关节劳损很常见，慢性关节炎和脚部疾病也很常见，这些都是不习惯重体力劳动和各种职业所致。许多这类疾病正在随着天气变暖、肌肉和韧带逐渐增强而有所改善，但在相当多的情况下，这些疾病是相当棘手的，由于缺乏物理治疗设施，无法获得腰带、支撑器、鞋子、足弓支撑或任何其他种类的矫形设备，医务人员在治疗此类患者时受到很多限制。

集中营中有许多人患有溃疡、消化性溃疡、糖尿病、肺结核和其他急性、慢性疾病，需要特殊类型、数量和烹饪方式的食物进行适当治疗。在最初的两个月里，他们的饮食需求几乎得不到任何满足。集中营牛奶始终供应不足且不定量，不过他们被允许每天通过医院食堂购买不超过一枚鸡蛋。除此之外，这些病人不得不尽力适应常规的集中营饮食，并在可能的情况下通过私人供应来补充。在 5 月的最后一周，终于可以在医院地下室设置一个特殊的饮食厨房，为这些病人提供食物，现在可以在烹饪食物方面关注个体需求，但食物种类或数量仍未得到特别关注。刚刚通过艾格先生和约格先生（6 月 14 日）收到的物资补给将非常有价值。最近集中营内引进了一头奶牛，这应该有助于改善牛奶供应。医院估计住院患者和门诊患者（包括婴儿和成长中的儿童）的最低需求为每天 30 加仑。迄今为止，牛奶供应量为 15 加仑到 22 加仑不等。就患者而言，每天供应 50 加仑的牛奶是有好处的。

集中营已有 25 名患者确认患有活跃期或可能活跃期的肺结核。在没有 X 光设备的情况下，准确诊断非常困难。这些人中，有许多人需要住院或疗养护理，大多数人需要隔离，所有人都需要额外的食物和特殊的饮食护理。医院的 26 张住院床位已为这些患者留出 8 张，但无论是住院患者还是门诊患者，都无法为其提供标准的抗结核治疗。有几个人需要接受气胸治疗，但没有气胸治疗设备或 X 射线设备可用。在截至 6 月 5 日的一周内，发生了食物中毒事件，据推测是某个餐厅供应的肉类感染引起的。约有 75 名患者，其中 20 人病情严重，但最终所有人都康复了。

观察到一例急性阑尾炎和一例急性肠梗阻。这两个病例的手术都取得了成功。还完成了两次分娩手术。

4. 医生、牙医

（1）日本医生。（2）来访的医生、牙医。（3）被拘留的医生。

被拘留者中有足够数量的医疗人员。然而，他们在骨科、耳鼻喉科或泌尿科等领域没有接受过特殊培训，这在一定程度上对他们造成了困扰。以下是医疗人员名单。没有日本籍常驻医生或来访医生。

被拘留医生名册

姓名	国籍	先前工作地	职业
窦威廉（W. H. Adolph）	美国	北京	实验室
安德森（H. H. Anderson）	美国	北京	药理学与实验室

续表

姓名	国籍	先前工作地	职业
柏理生（A. G. Bryson）	英国	北戴河	外科
厄内斯特·克莱（Ernest Clay）	美国	昌黎	外科
科基（E. C. Corkey）	美国	昌黎	产科与妇科
陈医生（G. H. Chan）	加拿大	青岛	普通内科
高尔特（H. S. Gault）	美国	济南	内科与医学检验
基恩士（G. Geens）	比利时	绥远	眼科与普通内科
格赖斯（J. W. H. Grice）	英国	天津	外科与普通内科
辛克豪斯（M.J. Hinkhouse）	美国	保定府	产科、妇科与儿科
霍普金斯（S. Hopkins）	美国	北京	眼科
劳克斯（H. H. Loucks）	美国	北京	外科
刘易斯（R. C. Lewis）	美国	顺德府	儿科与普通内科（检疫）
纳丁（Clara Nutting）	美国	天津	营养学
普伦蒂斯（W. B. Prentice）	美国	北京	牙科
罗宾逊（J. B. Robinson）	英国	唐山	脑神经科（卫生干事）
斯科维尔（F. G. Scovel）	美国	大名	结核病
西曼斯（C. M. Seamans）	美国	北京	外科与皮肤科
斯特普西拉斯（A. Staphilars）	希腊	青岛	牙科

5. 集中营诊所

潍县乐道院医院（The Shadyside Hospital of the Weihsien Presbyterian Mission）在战争爆发前享有声誉，被认为是华北地区设计、建造和设备最好的传教医院之一。然而，在1943年3月营地设立时，该医院完全无法使用。所有的管道系统，包括供水、供暖系统和用于操作灭菌设备的蒸汽系统的管道大部分已被拆除和带走。管道被从墙上拆除，留下了洞口。厨房的炉灶被破坏，所有的医院器具和家政设备都不见了。大约一半的床位还留存着，但所有的床垫、毯子、床单和亚麻布都被带走了。X 射线设备和所有外科手术器械以及其他设备也被带走了。药房中还残留了一些药品，走廊和房间里散落着一些零碎的设备，大多数都已受损或破损，满是尘土和污垢。没有任何整顿医院的措施。二层和三层（包括手术室套房）被分配为比利时神父的宿舍，他们还占据了主楼一楼两个病房中的一个。随后这个病房被清空。

经过义工的努力，医院的主楼和地下室逐渐清理干净，配备了由被拘留者带入或从废墟中抢救出来或临时拼凑的用品。当时几乎不可能获得桶、刷子或任何其他清洁设备。使用的肥皂大多数是由侨民从他们的私人存货中捐赠的。所有的水都必须人工拎进来。不过，即使如此，医疗和外科门诊也已于 3 月 29 日开始运营。第一名患者于 4 月 6 日入院。4 月 20 日，每个楼层终于安装了两个自来水出口。床上用品、毛巾、脸盆和餐具，患者必须自己准备。所有的食物都必须从各个营地厨房搬运，直到 5 月 4 日医院厨房才配备了足够的烹饪器具。缺乏简单的家政设备一直是一个很大的不利因素。

（1）床位数量

医院现有成人床位 26 张，其中女性床位 12 张、男性床位 12 张、产科 2 张。另有儿童床位 5 张。

在不发生流行病的前提下，就一般急性病例的周转而言，这个病床数量是相当足够的。然而，它并不能充分满足慢性病例的需求，如结核病和心脏病患者。

门诊部有四个诊室，分别为内科、外科、眼科和牙科门诊，另有一个登记处。此外，还有一间手术室、一间实验室、一间药房和几间供应室。

（2）设备

4 月 10 日，详细的设备清单已交给当局。尽管最近已经对床位进行了测量以备购买床垫、毯子、床单和枕套，但这些物资都尚未收到。

手术室配备了急诊手术所需的器械和材料，这些都是被拘留者从北京、天津等地带来的。日本人提供了一个不可调节的手术台、一个煤油灭菌器（没有灯或煤油）、若干注射器、一套直接输血装置、足够的切割和包扎脓肿的仪器以及其他几件不重要的物品。还急需一些器械，如深部牵引器、长夹子以及可靠的蒸馏器和制备静脉注射溶液的烧瓶等。这些需求已经提交给约格先生和艾格先生。

一个小型实验室建立起来，使用了侨民随身带入集中营的物资以及从营内废墟中捡回来的一些其他材料。在赫普利医生的协助下，我们获得了一台令人满意的显微镜。可以进行血液、尿液、痰液和粪便的常规检查，但目前没有可从事细菌学、化学或血清学工作的设备。一个小型培养箱将非常有用。急需一些玻璃器皿，如分液管、移液管和离心管等，还需要血细胞计数器和血红蛋白计量仪（Sahli Haemoglobinometer）。

这些物品已在上述提到的清单中。

医院病房需要各种简单的设备，如盆、桶、刷子、温度计等。

（3）医疗用品

集中营开放时，日本当局提供了一些药物，但无论是数量还是种类都无法满足 1800 人的医疗需求。此后，提供了伤寒和霍乱疫苗以及 2.5 升的酒精。6 月 14 日，还收到了一些其他急需的药物，日本当局表示其他药物将后续提供。只是靠被拘留者带来的大量药物才挽救了局势。在许多情况下，供应已经不足或已完全耗尽。在约格先生和我本人的帮助下，一些急需的药物于 6 月 13 日运达，可能会帮助挽救生命。

幸运的是，当我们来到医院时，在医院周围发现了大量使用过的纱布和粗布敷料。这些物资足够使用几个月。当局没有提供任何这类物品。

（4）免费治疗

医疗、外科和牙科治疗以及药物均对集中营全体被拘留者免费提供。

（5）谁支付供应品费用?

进入集中营的物资是由各种救济委员会以及私人组织和个人提供的。

所有这些都是为营区的共同使用而捐赠的。

6. **牙科治疗**

（1）牙科设备

所有的牙科设备都是北京普伦蒂斯医生的个人财产，并由他带来。

有足够的设备用于填充和拔牙，但缺乏制作牙冠、牙桥和牙齿修复的其他设施。已向集中营当局申领常规牙科用品，但目前尚未收到任何物资。

（2）假牙的供应者是谁，是否免费？

我已经将一些假牙（大约25副）带到青岛修理。修理的费用由个人承担。

7. **眼科治疗**

眼镜、镜片由谁提供？

霍普金斯医生从北京带来了验光设备。他希望能够将眼镜修理说明寄给他惯常交往的制造商。然而，到目前为止，所有损坏的镜片、眼镜框等都已送往青岛修理，费用由侨民个人承担。

8. **医院治疗**

到目前为止，只有两名患者被送出集中营接受治疗。之前提到过的胃溃疡穿孔患者被送到青岛的一家日本医院进行手术。最近，柏理生医生被允许带他的妻子前往北京的德国医院进行X光检查或手术治疗持续性子宫出血。在此情况下，病患可以选择医院和医生，可以乘坐三等座火车。柏理生医生自费改乘二等座。不过，在妻子接受治疗期间，他不得留在北京。

1943年5月医院统计数据：

门诊病人：

内科、外科和眼科门诊1439人次

牙科门诊394人次

白喉接种38人次

伤寒接种39人次

共计1910人次

不包括医生上门探访：

家庭护理：

就诊病人人数 193 人

探访次数 698 人次

住院病人	男性	女性	婴幼儿	共计
4 月 30 日住院	5	2	1	8
5 月入院	15	10	2	27
5 月出院	11	4	2	17
5 月 31 日住院人数	9	8	1	18
住院总天数				409

手术：

重大手术 2 次

小手术 12 次

分娩 2 次

在麻醉下进行的骨折复位 2 次

总计 ：18 次

药房：

配发处方的数量（不包括住院患者使用的药物）：总计 538 份

实验室：

检查数量：总计 438 项

六、食物、烹饪设施

食品供应委员会和我本人从未能够获取关于每个人允许得到的食物比例的任何数据或数字。从集中营开营到 1943 年 6 月 7 日，所有供应食物的称重和分配工作由一位日本事务官负责，我们无法获取他的数据。通常情况下，这样的分配至少是非常不稳定的，而且经常没有使用任何称重器。这种分配方法自然令人非常不满意，经常导致不公平。在被拘留人员持续请求更严格地处理食品供应后，自1943年6月7日开始，日本当局最终允许由食品供应委员会接收批量的食物并分配到四个厨房。虽然没有秤可用，分配只能根据估算，但是却更加公平。被拘留者回收并修复了一对旧秤之后，食品供应委员会得以采用一种更完善和令人满意的分配方法，同时获得人均配给口粮的数据。但由于这些记录的运行时间还较短，目前尚无法提供所有发放的食物品类的完整数据。

以下是不定时发放的食物的清单，以及根据要求提供的相关说明。

1. 肉类

肉类分为（a）和（b）（目前仅限牛肉），猪肉是供日本人食用的。

（a）是每天收到的肉类。一直被“粗暴处理”，即切割不当，因此一级肉的比例过高，二级（炖肉）和三级（汤肉）的比例相对较高。在集中营开放初期，有一段时间将2~3天食用的肉类一次性存放在库房中，但随着炎热天气的到来、缺乏冷藏设施，现在一次只收到1天食用的肉类，并尽快发放到厨房。但即使在这种安排下，因为供应的肉类通过铁路运输到集中营，放在封闭的箱子中，并没有隔热、通风或任何人工冷却，肉类在到达集中营时不免有“异味”，经常发现部分肉类变质、不适合食用。由于供应不足，潍县的屠宰不得不放弃。

人们放弃了屠宰奶牛和公牛。得不到合适的供应。农民只能提供最差的牲畜，而优质的牲畜只能通过日本军队的征用获得。因此，肉类必须来自青岛陆军配给中心，但我将尽力获得更好品质和更多数量的肉类。

（b）是每天发放的肉类。配给完全不足，尤其考虑到部分筋和肌肉无法食用，剩余部分只能用来做汤调味。下面的数字显示了6月7日至12日（6天配给期间）发放的肉类，所有数字均为未煮熟的重量。由于外部供应短缺，肉类供应似乎引起了集中营当局的担忧。观察表明，每天的供应量约为525~550磅，但在上述时期内，有几天的供应量低于这个数字。在撰写本报告时，委员会已收到通知，13日和14日肉类中断供应，15日恢复。为渡过难关，将承诺增加鸡蛋的配给。

6月7~12日	一级肉	1275磅	43%
	二级肉	790磅	27%
	三级肉	880磅	30%
	共计	2945磅	

2. **鱼类**

品种

（a）桶装，从青岛运来，加冰包装，尽早分发。一般来说，供应的鱼类品质令人满意，但随着炎热天气的到来，品质将很难保证。

（b）每周供应一次鱼类，不影响当天的肉类发放。整个集中营的鱼类数量完全不足，目前的供应至少需要加倍。没有重量记录。

3. **面粉（面包等）**

（a）发放了二级面粉，质量令人满意。所有烘焙工作由被拘留者完成。使用了“达瓦鲁”（Dawalu）牌酵母。

（b）目前提供的面粉和面包足够每人每天发放约1.1磅的面包，并额外提供厨房用面粉。每周发放约280袋面粉，以供各种用途。

4. **鸡蛋**

（a）鸡蛋优质新鲜。

（b）每人每周大约供应两个鸡蛋。考虑到集中营内没有谷物、肉类供应不足，鸡蛋配给量是不足的。

食堂商店允许每人每5~6天购买两个鸡蛋。需要指出的是，该集中营所在地曾是中国最大的鸡蛋产区之一，但现在鸡的数量相对较少。

5. 谷物

（a）近一个月没有供应。

（b）在集中营早期，曾发放数量有限的燕麦片，但很快就用完了。此后，尽管食品供应委员会不断请求提供一些谷物，但一直未能获得满意的答复。不过，最近有人主动提供了相关信息，称当局正在关注此事，不久就会提供某种形式的谷物。

6. 马铃薯

（a）质量令人满意。

（b）开始时，集中营内发放的过季马铃薯足够多，这一情况一直保持到约一个月或五周前。之后，供应量非常少且不稳定，并取决于何时收到库存。据称，造成这种短缺的原因是当季马铃薯数量难以满足需求。新季马铃薯现在每隔几天开始进货，并承诺在市场供应更充足时增加配给。这是集中营内果腹的主要食物，非常受欢迎。最近的供应量完全不足。没有重量记录。

7. 新鲜蔬菜

根据季节供应韭菜、菠菜、胡萝卜、萝卜、洋葱、豆芽、卷心菜、萝卜苗、黄瓜等。

（a）蔬菜新鲜且品质良好。不幸的是，由于缺乏冷藏设施，存储超过24小时会对蔬菜产生不利影响。

（b）配给被认为是不足的。当缺乏足够的土豆时，这一点尤为明显，如上所述。目前每人每天的新鲜蔬菜配给约为0.75磅（未煮熟时的重量）。

8. 水果（新鲜水果或其他）

（a）任何时候都没有配给。根据季节，有时在食堂商店有极少量供应。

（b）应该配给某种水果，以维持被拘留者的健康。

9. 食糖

（a）发放的是品质不错且干净的食糖。

（b）配给不足。没有任何时期的配给记录，但最近一次的配给约为每人每天 388 盎司。所有外部人员的食糖都是配给的，包括日本人，每人每月 1 磅。

10. 果酱

（a）仅限于甜味苹果酱。

（b）很少发放。考虑到没有水果供应、糖分供应很少，果酱配给完全不足。上次果酱配给大约为每人 0.75 盎司。

11. 调料（盐和胡椒）

（a）质量达标。

（b）目前的配给在现有基础上令人满意。

12. 玉米淀粉

（a）品质良好。

（b）很少发放。用于增稠。已要求更频繁地发放。

13. 花生油

（a）品质良好。

（b）配给不足。每周配给量为 7 罐或 8 罐 5 加仑。过去曾超过这一数量，但当局认为他们使用得太多，必须减少用量。食品供应委员会一直要求每周至少发放 12 罐 5 加仑的花生油，目前的迹象表明将会允许增加。这是他们烹饪用的重要物品，因为几乎没有油脂可用。食品供应委员会急切希望尽早增加供应。

14. 醋

（a）质量令人满意。

（b）目前的供应量不足，已经请求增加配给。

15. 伍斯特果酱

（a）与家用产品相比略逊一筹，但令人满意。

（b）目前的配给足够。

16. 番茄酱

（a）与家用产品相比略逊一筹，但令人满意。

（b）希望能增加配给。

17. **茶**

（a）二级品质，但令人满意。

（b）目前的配给足够。

18. **咖啡**

（a）华北咖啡公司（North China Coffee Company）的一款大麦产品。

（b）偶尔发放。希望能更频繁地发放，作为茶的替代品。

19. **番茄汤**

（a）质量令人满意的预制产品。

（b）偶尔发放，不是定期供应的配给品。

20. **咖喱粉**

（a）品质较差，但受到欢迎。不幸的是，没有大米可供制作地道的咖喱餐。

（b）目前的配给足够。

21. **人造黄油**

（a）品质略差，但受到欢迎。

（b）配给完全不足。平均每人每周约 1 盎司。

22. **牛奶**

（a）以前牛奶来自青岛和当地农场，无疑掺杂了水。现在已停止这一渠道，在集中营内养了 10 头奶牛，以确保提供品质更好的牛奶。

（b）数量完全不足，仅供年幼的儿童和病患食用。考虑到年龄、健康状况，尽管也有许多人需要牛奶，但他们只能遭到拒绝。没有罐装牛奶或奶粉可供配给，食堂商店至今也没有出售。随着夏季到来，肠胃病频发，对牛奶的需求将增加。

23. **发酵粉、香料、调味料等**

（a） 没有供应。

（b）已经提出相关请求，希望未来会供应。

备注

从上述内容可以看出，除了少数几样小物品外，总体上主要的口粮配给不足。必须要强调的是，大部分被拘留者需要从事大量的重体力工作，以确保集中营正常运转，而这些繁重的劳动需要工人摄入足够的饮食来保持体力。食品供应委员会一直向集中营当局施压，要求增加许多物品的配给，但是相关规定难以改变，任何回应都很缓慢。

以下是由被拘留者中的一位膳食专家制作的报告，显示了他对集中营12天（1943年5月1~12日）内膳食的研究结果，涵盖了一个约供应400人的厨房食物的情况。该专家仔细测量了摄入食品，并使用标准的分析表格计算食物价值。

每人每天平均摄入量（克）	
土豆	216
胡萝卜和萝卜	66
洋葱和韭菜	52
绿叶蔬菜	162
面粉	344
糖	14
牛肉	121
黄油	1
脂肪和油	20
鱼类	16
鸡蛋	0.25
调味品	无

每人每天计算得出的营养价值（平均需求）

（这是适用于久坐不动个体的需求数据）

	实际供应量（每人每天）	个体需求量（每人每天）
卡路里	1917 焦	2400 焦
蛋白质	75 克	700 克
钙	0.26 克	0.68 克
磷	0.86 克	1.00 克
铁	0.012 克	0.012 克
维生素 A	可能充足	
维生素 B	低	
维生素 C	零	

注：1. 维生素的摄入量和需求不容易用数字来表达（数据不足）。

2. 统计不包括橙子（富含维生素 C，偶尔可以通过食堂商店获得）。

缺乏：最明显的是钙、维生素 B、维生素 C 和热量。可以通过提供以下食物来补充：钙，牛奶和豆类（见下面的说明）；维生素 B，全谷物和豆类；维生素 C，新鲜水果；热量，全谷物和豆类。

说明：上述四种物质中，最严重的是缺钙。如果无法获得牛奶和豆类，是否可以提供充足的骨粉，或者提供制作骨粉的原材料（骨头）和适当的磨粉机。为了部分满足儿童和青少年的钙摄入需求，我们正在研磨蛋壳并喂食。然而，蛋壳不如骨粉，可能只能部分满足需求；此外，蛋壳的供应也是完全不足的。

建议：可以安排食堂商店提供一系列营养食品，包括：（1）充足的水果，某种水果的稳定供应；（2）燕麦片和其他各种谷物；（3）各种罐装食品，尤其是牛奶和蛋制品。

在集中营开放时，没有为老弱病患提供特殊饮食的规定。医疗委员会就此提出要求，获得了在医院地下室布置厨房的许可。这一厨房的重新装修完全由被拘留者自己完成，某些设施和设备由当局提供。尽管厨房的容量和烹饪能力不能说足以满足所有需求，但已经完全证明了它的价值。目前，特殊膳食厨房照顾所有 3 岁以下的儿童、老年人和需要特殊膳食的人以及住院患者。这一厨房每天供应的人数在 130~150 人。由于没有提供特殊食物，使用的是普通厨房的口粮。今天，我送来了一些特殊膳食厨房所需的食品，受到厨房负责人的高度赞赏。希望这个厨房最终为更多年龄段的儿童提供服务。

毫无疑问，许多被拘留者携带了储备粮，由于食物配给不足，他们在很大程度上依赖自己的储备粮。当然，经过三个月的集中营生活后，个人储备的食品逐渐消耗殆尽，人们越来越多地完全依赖集中营提供的口粮，除非收到外部包裹。

除了邮寄之外，没有任何购买外部食品的渠道。有关此事，请参阅纪律委员会的报告。迄今为止，食堂商店未有可供出售的食品库存。

厨房设施非常简陋，主要的食物制备工作是煮和炖，一定程度上可以使用当地的灶具进行煎炒，但大部分需要这样处理的餐点中，煎炒必须用“锅”（大锅）来完成。一开始，煮沸设施不足以烹饪、处理大量需要饮用或冲泡茶水的水，但目前被拘留者已经修理了一些旧锅炉，这在很大程度上缓解了紧缺情况。集中营有四个厨房：

厨房	供应人数（人）
1 号厨房	755
2 号厨房	497
3 号厨房	411
4 号厨房（特殊膳食厨房）	129
总计供应人数	1792

（a）各个方面的厨房器具完全不足。被拘留者不断提出要求，以增加、补充现有配备。有时会收到一些物品，但不能够满足如此众多的烹饪需求。目前，相关部门已列出一份相当长的清单，可以由食品供应委员会不定期订购清单上的食品，但除了口头承诺外，尚未获得物资补充。

餐厅的座位共可容纳 800 人左右，通常需要分两次就餐。人们会自发地“错开”就餐时间，这样就可以连续用餐，从而或多或少解决这一问题。

（b）目前燃料充足，但没有准备库存，需要时会带进来煤炭和柴火。

一个外国住宅被改造成食物供应总库房。每个厨房都有一个相邻的小房间，用于存放他们从总库房接收到的物品。应该强调的是，除了不时收到的 1000 或 1200 袋面粉之外，一般来说，食品储备极少，其他的库存大约只能维持不到 24 小时，也没有任何肉类、蛋类和蔬菜。我们了解到，日本当局将会做出安排，并提供必要的材料来储存一小部分的肉类，但考虑到目前肉类短缺，不能确定这一计划何时能够实施。

一些冰箱是由天津的被拘留者运进来的（共有 14 台），其中有 4 台因机械故障而无法使用。这是集中营中现有的唯一的冷藏设备，但考虑到需要冷藏大量食品，这些设备显然完全不够用。

唯一可以自制食物的设施是被拘留者自己在住所附近建造的砖砌、泥制小炉灶。

七、劳动

在潍县集中营，劳动几乎是强制性的，因为被拘留者必须亲手完成日常生活中的几乎一切工作。

他们负责处理、准备、烹饪和上菜，包括烘焙面包；搬运燃料，炉火加料；为各种用途抽水、搬水；进行木工、管道安装和砌筑工作；自行洗涤大部分衣物，并经营一个售卖有限必需品的小商店。他们最引人注目的成就之一是投入巨大的劳动力修复了医院。这一医疗机构完全由他们中的医生和护士组成，并经营着一个至关重要的特殊膳食厨房。从劳动角度来看，清理集中营累积的污秽（他们到达时发现的垃圾、残骸等）是一项相当艰巨的任务，此后，他们通过自己的持续努力保持清洁。粪便由中国劳工清理，但厨余和其他垃圾由被拘留者搬到围墙外。拘留人员中的工程师规划了整体的排水方案，在雨季来临之前施工。目前已经启动，并有相当数量的男性忙于挖掘地面排水沟。

前述工作需要所有身体健康的成年人提供不同数量的劳动，除个人工作之外，成年拘留者每天还要从事集中营社区工作。尽管许多人每天都工作五六个小时，不过女性平均工作时长为每天 2.5 小时，男性为 3.5 小时。

在某些情况下，集中营当局明确要求他们立即完成某些特定的具体任务，不过，也可以辩解称，所有这些工作都是为了改善集中营的条件和设施。然而，当局要求他们做的许多工作，事后却证明是不必要的，缺乏计划导致了工作的重复。至今尚未涉及雇佣工作的问题。

八、教育

教育委员会成员包括扬宁神父（Frank J. Janning，天主教组），桑美德（Margaret Bailey Speer，北京组），雅各布（Jacob，青岛组）和普赖尔（W. Pryor，天津组），他们商定由普赖尔先生代表他们与挂川岩先生和集中营当局进行交涉。

委员会组织或负责的活动包括：为 6 岁以下儿童设立幼儿园和托儿所；为 6~17 岁儿童和未成年人设立两所学校，一种根据英国教育系统，一种根据美国教育系统；成人班；公开讲座；一个音乐协会；一个戏剧社团。

1. 幼儿园和托儿所

［校长：克拉克（Eleanor Louise Clarke）］

学生人数：65 人

教师人数：8 人

班级数：3 个（过渡班、幼儿园和托儿所）

这个委员会的活动由雅各布先生监督。两个班级安置在25号楼的两个房间，而第三个托儿所有35个年龄最小的孩子，只能在南边的运动场外活动。

工作时间：每天上午9点30分至中午12点，周六和周日除外。

这些学校的住宿和设施远未令人满意，使儿童的适当教育变得困难。然而，当局已经承诺为25号楼的教室提供小桌子和长凳，为使用南边运动场的班级提供“棚子”和储藏室来存放设备，一旦完成，状况将极大地改善。

2. 儿童和未成年人的学校

（由普赖尔先生监督）

（1）英国学校［校长：福克斯利（G. T. Foxlee）］

学生人数：117人

教师人数：14人

班级数：12个

工作时间：5个初级班，每天上午9点至中午12点，周六、周日除外。

7个高级班，上午9点至中午12点20分，下午2点至3点30分，周六和周日除外。

5个初级班共有54名学生，安置在24号楼地下室两个较大的房间里。其余7个班级安置在教堂建筑内。

该学校的组建得到了一些便利，因为其中三分之二的学生和大多数教师都来自天津，委员会得以恢复此前在天津开办的英国学校，并将集中营内来自他地的英国孩子纳入其中。

这所学校的住宿和设备差强人意。

（2）美国学校［校长：穆尔（Alice Florence Moore）］

学生人数：55人

教师人数：14人（不包括天主教修女）

年级数：12个（包括辅助工作人员）

工作时间：6个低年级（即1~6年级），上午9点至中午12点，周六、日除外。

6 个高年级（即 7~12 年级），上午 9 点至中午 12 点 20 分，下午 2 点至 3 点 30 分，周六、周日除外。

6 个低年级共有 24 名学生，安置在 24 号楼地下室两个较小的房间里。6 个高级年级的学生上午要么在教堂院子里（户外），要么在 1 号厨房上课；下午则在 24 号楼地下室两个较小的房间上课。

这所学校的大部分学生要么来自北京美国学校，要么来自青岛之前开办的学校。为了不干扰每个群体的学习，允许 6 名高年级的学生在从北京和青岛随同而来的教师的指导下继续学习，直至学年结束（即 6 月底）。暑假结束学校重新开学后，可以考虑重新组织 7~12 年级。

该学校的设施令人满意，但 6 个高年级班的住宿条件较差，似乎在现有条件下无法改善。

3. 成人班

成人班由扬宁神父专门负责，尽管这是一项艰巨的任务，但已经取得了极大成功。

集中营内拘留了大量高素质的教师，他们慷慨而热情地利用空闲时间来协助开展工作，得到学习机会的被拘留者也做出了令人满意的回应。

由于缺乏充足的空间，以及必须在不与教师、学生的集中营劳动任务冲突的前提下安排课程，教学遇到了严重的困难。但在相关人员的合作和调整下，这些困难得以适当解决。

查看这些课程表，可以判断这些课程给集中营被拘留者带来怎样的益处。附上一份副本，记录了以下统计数据：教师，78 人；班级，113 个；每周上课次数，309 次；学生，1575 人；每周学生学时，3763 小时。

课程于 1943 年 5 月 7 日开始，持续到 7 月 17 日，之后计划在第二学期开始之前短期休假。

4. 公开讲座

这部分活动由桑美德女士负责，她负责邀请讲演者并安排讲座。

委员会的目标是每周三晚上 8 点举办一场讲座。迄今为止已举办了以下四场讲座，参与人数众多，受到了极高的赞赏。

5 月 5 日，窦威廉博士："身体的智慧"或"我们吃的食物发生了什么"。

5 月 12 日，司甘霖神父（Father Scanlan）："修道院的生活"。

5 月 19 日，艾哈迈德·卡迈勒（Ahmad Kamal）："中亚"。

5 月 26 日，西奥多·博德（Theodore Bodde）："行星"。

希望能够继续在 25 号楼的讲堂每周定期举办这样的讲座，但如果座位容量不足，可以使用教堂。

5. 音乐协会

协会由被拘留者选出的专门委员会负责，柯蒂斯·格兰姆斯（Curtis Grimes）担任主席。

该协会的活动很多，提供的娱乐活动非常受欢迎。除了 25 号楼每周定期的留声机音乐会（Victrola concerts）和偶尔举行的集中营合唱会，每周六晚上在教堂还提供音乐会或轻音乐娱乐活动。教堂的座位容量（约 640 人）是不足的。因此，现在普遍的规定是在周五和周六晚上提供内容相同的音乐节目。

6. 戏剧协会

这个协会于 4 月底成立，由选举产生的专门委员会负责，蒂佩尔（Tipper）女士担任主席。目前正在研究几部剧目并开始排练，有希望在 6 月底之前演出。

总体评价

集中营内有众多的教育人才，被拘留者对此表示高度赞赏，他们积极参加相关活动并从中受益。集中营的儿童和未成年人都受到了良好的教育，这受到了所有父母的高度赞赏。三分之一的成年人正在参加一门或多门课程，几乎所有人都享受到了音乐活动的乐趣。

九、娱乐设施

1943 年 4 月 27 日至 6 月 12 日期间的娱乐活动报告。

表 1　迄今为止在集中营举行的体育活动

运动	比赛数量	参与人数	备注
垒球（男）	37	205	场地空间限制
棒球（男）	4	36	场地完全不足
垒球（女）	12	46	—
日本棒球（男）	6	70	场地完全不足
排球（男）	14	77	—
排球（女）	3	21	—
网球	—	—	没有安排
篮球（男）	1	16	—
篮球（女）	3	32	—
板球（男）	—	—	场地完全不足
曲棍球（男）	22	56	场地不足，每队只有 6 人
曲棍球（女）	3	12	场地不足，每队只有 6 人
乒乓球	—	—	没有球桌
英式足球	—	—	场地完全不足

表 2　提供的场地和设备

运动	运动场地（个）	集中营当局提供的设备
垒球	1	无
排球	2	无
网球	1	无

续表

运动	运动场地（个）	集中营当局提供的设备
篮球	1	无
英式足球	无	无
板球	无	无
棒球	无	7 只手套 12 根球棒 5 瓶手套油 12 个日本橡胶球

注：1. 集中营当局要求这些设备在货物交付时以现金支付。

2. 到目前为止，所有使用的设备都是由被拘留者提供的。目前，这些设备几乎已经完全耗尽。

3. 打垒球是这个营地最有趣和最令人兴奋的娱乐方式，无论是对于球员还是观众。然而，因为目前垒球已完全耗尽，这一游戏将不得不在本周内停止。

表 3　有限的体育和娱乐活动所需的其他杂项

杂物	集中营当局提供的设备
公告、宣传用纸张	100 张
铅笔、墨等其他办公用品	无
修建和铺设球场的设备	2 个镀锌水桶
修建和铺设球场的石灰	无
口哨	无

十、纪律

由各组被拘留者选出的委员会成员如下：天津组，麦克拉伦（E. McLaren，主席）；青岛组，奥尔森（H. E. Olsen）；北京组，劳利斯（P. J. Lawless）；天主教组，拉瑟福德（Rutherford）神父。

警卫负责人中西（Nakanishi）和他的助手吉滩（Yoshinada）是受过教育的人，迄今为止对待拘留者的态度还不算没有理性，是可以进行理性对话的人。然而，这一论断不适用于普通警卫。他们在某些情况下过于随意地使用武力，比如经常自行决定逮捕、审判和惩罚那些不幸的被拘留者。到目前为止，已发生了三起“扇耳光”事件。

博晨光（L. C. Porter），62 岁，美国人。因为被指控撞到警卫而被逮捕，带到警卫办公室后，他被扇了耳光。从警卫负责人那里获得了含糊其词的道歉。

布莱克（A. Black），38 岁，英国人。在纪律委员会主席努力争取释放她时，她在警卫办公室被警卫掌掴。当时房间里没有任何警卫在场。

兰伯特（A. Lambert），16 岁，英国人。因试图从墙外的中国人手里购买蜂蜜而被警卫逮捕并遭到殴打。

警卫负责人口头同意了违纪者只能在纪律委员会主席在场并经过合理审判后，他才能下令处罚。此外，一旦违纪者被逮捕，纪律委员会的一名成员将会立即参与。但即使是口头同意之后，上述第二、三起事件仍然发生了。

这三起案件之后，制定了一份经口头确认但尚未签署的协议，详细说明了应遵循的程序：

（1）警卫负责巡逻、控制边界墙和“禁区”。

（2）集中营内的所有纪律执法工作由纪律委员会负责，该委员会仅对警卫负责人直接负责。

（3）所有轻微的不端行为由纪律委员会酌情自行处理，但涉及严重犯罪的案件应立即向警卫负责人报告。

（4）纪律委员会向警卫负责人推荐处理违法行为的纪律措施，并由警卫负责人作出决定。

（5）将组建一个由被拘留者组成的消防队，在纪律委员会的监督下运作。

（6）被逮捕的人将被带到警卫办公室，在纪律委员会主席的陪同下由警察审理他们的案件，只能由警卫负责人下令处罚。

必须说明的是，即使警卫负责人签署了这份协议，也可能无法达到避免集中营当局任意采取行动的目的。考虑到这些下级警卫的培训和成长背景，他们很难实现我们所熟悉的公正，而且警卫官员显然很难完全控制下级警卫的行为。

食物短缺迫使被拘留者采取措施增加食物，并在围墙外建立了“黑市”，人们在那里购买鸡蛋、花生油、蜂蜜和其他本地产品。警卫部门明确禁止被拘留者与中国人交往，现在他们正在采取措施阻止黑市，并宣称从6月10日起将执行以下措施：

（1）所有靠近或在出现在集中营边界墙附近的中国人将被当场击毙。（自那以后没有发生任何事情，黑市仍然照常进行，我相信没有人会被射杀，也不会有任何人被逮捕。可以友好地作出安排，适应各方需求。）

（2）将在集中营周围安装电网围栏。

（3）被抓到进行交易的人将被判处不同时间的单独监禁。

除上述措施之外，目前集中营当局拦截了所有进货的马车。在装卸货物时，中国苦力必须留在车外，而被拘留者则负责推动货车并卸下货物。据我们了解，这么做是为了防止被拘留者与中国人交流。毋庸置疑，这项规定并没有得到广泛的赞同，被拘留人员在如下方面提出抗议：虽然被拘留人员准备且有义务在集中营内从事合理的工作，但将食品交付到仓库是当局的责任。

所有这些不满情绪，以及纪律方面的最大风险的根源都是食物短缺。已经多次向当局指出，解决方法掌握在他们手中，即增加口粮配给并安排足够的本地产品供应集中营食堂。警卫负责人理解这一观点，并努力提供帮助。不幸的是，这一努力的结果只是小商店供应了极少量的鸡蛋，近乎荒谬。供应部门要么不愿意，要么自身也无法获得足够的供应。

十一、消防

已多次提请当局注意，大型两层宿舍存在严重的火灾风险，所有这些宿舍都有木质楼梯、木瓦或木质镀锌铁皮屋顶。然而，申请提供消防装备、组织消防队的提议都徒劳无功，至今仍未提供任何装备。这些房屋内的住户面临着巨大的危险，一旦火灾爆发，将可能造成严重的人员伤亡。

有关成人教育的课程表副本将稍后邮寄。

签名：艾格

山东代表

日本档案

张圣东　译

刘家峰　校

在支敵國籍人等集團生活ニ關スル件（案）

（昭和十七、七、十三　亞一）

第一 方針

(一) 在支敵國籍人中抑留セラレサルモノニ對シテハ之ヲ集團生活セシムルモノトス但シ必要ニ應シ特例ヲ認ムルコトヲ得

(二) 集團生活實施ニ際シテハ務メテ公正ヲ期シ敵國側ヲシテ報復ノ擧ニ出ツル口實ヲ與ヘサルカ如ク措置ス

第二 要領

方針(一)ニ關シ

(一) 在支敵國籍人ニシテ抑留セラレサルモノハ我方ニ於テ利用中ノモノヲ除キ集團生活セシム

條約局
第三課

A—Ⅷ—1—1—(一)

在华敌国人集团生活草案*

（1942 年 10 月 13 日）

在支敌国人集团生活（草案）

（1942 年 10 月 13 日 东亚局第一课）

一、方针

（一）令在支敌国人中未被拘留者进行集团生活。不过，如有必要，可以允许特例。

（二）实施集团生活之际，努力保证公正，不给敌国留下采取报复举措的口实。

二、要领

关于方针（一）

1. 除正被我方利用者之外，令在支敌国人中未被拘留者进行集团生活。不过，以下各项人员得以免除。

（1）拥有敌国国籍的支那人。

（2）中立国人抚养的敌国籍家属。

（3）其他有特殊理由者。

2. 对于在支的断交国人，亦准照对待敌国人的处理，令其进行集团生活。不过，对于下列国籍人士加以特殊考虑。

（1）挪威人。

* 以下档案来源为日本外务省外交史料馆。

（2）希腊人。

（3）伊朗人。

对于拥有已消失国家国籍者（旧波兰人、旧捷克人、旧南斯拉夫人、旧波罗的海三国人等），亦准照上述（1）~（3）进行处理。

3. 对于下列人物，如特别有必要，亦令其进行集团生活。

（1）南方占领地区人及印度人。

（2）由敌国人雇佣的支那人、白俄移民等家务佣人。

（3）敌国人抚养的非敌国籍家属。

关于方针（二）

1. 集团生活所的设施以质朴为宗旨。但要注意努力保持清洁卫生，不给敌方留下批判我方处理方式的口实。

2. 允许被收容者在集团生活所内进行高度的自治。除对所内秩序造成重大影响的情况外，不干涉其内部生活。

（1）尊重宗教自由并提供必要的方便。

（2）提供合适的食材，令集团生活者自行分配、烹调。

（3）特别注意卫生，令其在所内组织卫生班，并向其提供必要的资材。

3. 关于集团生活所与外部的联系，作如下处理。

（1）除有特殊理由外，不允许被收容者离开集团生活所。

（2）集团生活者与外来者的会面须得到负责官员的许可，还须在我方人员陪同下进行。

（3）允许通过信件、电报等进行自由通信，但均须先经过审查。

（4）外部可自由向所内寄送慰劳品，不过每次均须获得许可。

4. 关于集团生活者的财产，作如下处理。

（1）现在其从事中的和平性业务，或交由我方管理或令其售卖。

（2）关于集团生活者所拥有的动产，如果收容所能够承受，允许其携带可以带进收容所的动产。对于剩下的财产，由我方以合适的价格进行收购，或者令集团生活者自行售卖。

（3）集团生活者经营的文化设施暂且代为管理。

由上述措施（1）（2）产生的收益及收购资金，暂由我方代集团生活者保管，至于其处分方式，日后再行决定。

（备考）

一、关于集团生活必要的经费，须保证能够顺利支出。

二、本纲要以能够收容相当人数且与外部完全隔离的大规模团体生活所为前提而制定。如果没有适当的场所，可在领事馆所在地的各个城市设置集团生活者居住区域（一个城市内部可以设置数个区域），准照本纲要实施。

在华敌国人集团生活所事务处理准则等文件草案

（1942 年 12 月）

支总秘第 142 号

1942 年 12 月 24 日

大东亚省支那事务局局长

致在敌国居留民保护事务室铃木公使

呈送在支敌国人集团生活所事务处理准则等文件

特呈送在支敌国人集团生活所事务处理准则等下列文件，如有高见还请回示。

另外，下列文件作为实施在支敌国人集团生活的准备以及实施之际的大致规范，由驻南京大使馆起草。根据各地情况不同，可能多少存在需要修改的部分。

一、集团生活所事务处理准则

二、集团生活开展要领

三、集团生活事务所（暂定）官制草案

四、集团生活事务所（暂定）部门划分草案

一、集团生活所事务处理准则

集团生活所的事务重点在于将集团生活者同外部阻断隔离。只要不违背这一点，集团生活的方式尽量以遵照其祖国的生活习惯为目标，按照以下规定，在情况允许范围内尽可能地给予宽大处理。

1. 令敌国人宣誓不做出通敌行为。

2. 每日上午和下午，对敌国人各进行一次人员点名。

3. 敌国人外出需要审批，而且外出之际需要有监视员跟随。

4. 是否允许敌国人收发电报信件，视审查结果而定。包裹、书籍、报纸、杂志、慰问袋等亦同样处理。

5. 允许同敌国人会面的，仅限获得集团生活所所长批准的委托保护国官员及其他有特殊关系者。

会面之际须指定使用的语言，并安排一名以上通晓该语言的职员在场。会面中，若认为对话内容在反间谍方面存在风险，可以中止会面。

6. 熄灯和开灯由职员负责，事务所以外地方的开关灯进行统一管理。

7. 敌国人有信教的自由，可以参与所信宗教的宗教仪式。

8. 敌国人的现金由事务所保管，根据需要交付相应额度。

9. 可令敌国人从事与集团生活直接或间接相关的工作，但不得驱使其从事无关的工作。不过，敌国人如果有工作意愿则不在此限。

10. 除以上列举事项之外，基本任由集团生活者进行自治，但是禁止有害警备、风纪、卫生及秩序安定的事项。

11. 令敌国人从内部互选出以下委员，按照下表的体系，在日本人职员的指导下处理业务。

敌国人委员：庶务委员、会计委员、炊事委员、医疗委员、房屋委员、备品委员、劳动委员、教育委员、风纪委员。

12. 警备负责人由有警务经验的日本职员充任。

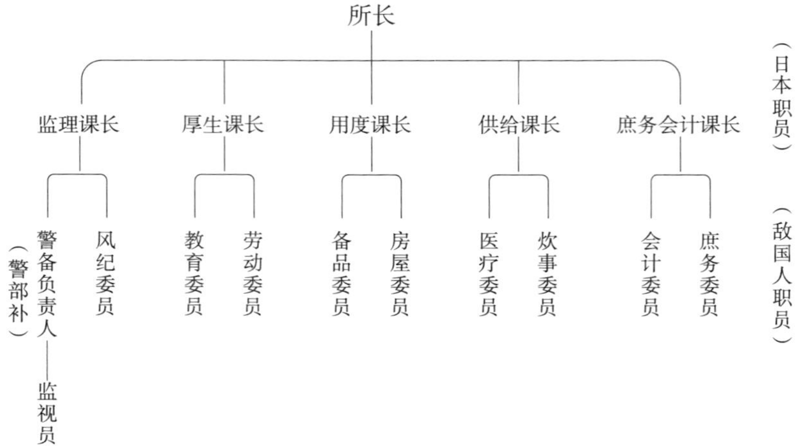

13. 供应依照以下标准。

配给物资	每人每日配给量
大米	约 240 克
小麦粉	约 270 克
食盐	约 12 克
砂糖	约 15 克
花生油	约 9 克
柴薪	约 600 克
副食	肉、蔬菜、鲜鱼若干

对于婴幼儿，帮忙介绍有偿购买其所需的特殊食物的途径。

14. 除上列规定之外，各集团生活所事务所所长可以根据各自情况规定专门的事务处理细则。

二、集团生活开展要领

1. 目前暂令实施集团生活的对象为除菲律宾人、马来人、缅甸人、持英美国籍的日本人和支那人、荷属印尼人以外的尚未被军方拘留的敌国人（不含断交国人），不论其性别和年龄，但入狱和住院者除外。

2. 集团生活的开始不必等待完成集团生活建筑物的修理和设备的整备，只要厨房、厕所、盥洗室、浴室等最低限度的设施完成后便可开始，事务所、公共大厅（兼礼拜堂）、洗衣房、暖气设备（仅限寒冷的地方）等设施待日后逐步完善。

3. 为方便集团生活者处理其财产，提前一周通告，给予准备的时间。

关于通告，可以令各国侨民会会长传达。

4. 令集团生活者按如下方式处理财产。

（1）集团生活所所需物品。（甲）整套寝具，（乙）衣服，（丙）随身物品，（丁）餐具类。

以上物品允许带入集团生活所，但每种物品仅限必需的最小量。以上物品中，（甲）另行运送（如有必要分成数次），（乙）（丙）（丁）则由各人携带可搬运的量，剩余的另行运送。

（2）贵重物品（银器、宝石）装箱后交由委托保护国官员保管。

（3）令其变卖的物品。原则上允许自由处理，但电冰箱、电器、缝纫机、打字机等必要物品须在领事的监督下通过拍卖处理。

（4）扣押物品。照相机、望远镜、收音机、电话以及有必要禁止携带的书籍、文件、地图等物品。

5. 考虑到运输能力，可将敌国人分批次运送。运送计划由各领事馆制订，实施之际请求军方支援配合。

三、集团生活事务所（暂定）官制草案

1. 为管理在支敌国人及断交国人的集团生活，设置在支敌国人集团生活事务所。

2. 在支敌国人集团事务所内设置所长 1 名、事务官 5 名、监视员数名。

3. 所长接受驻支大使的指挥、监督，总揽事务，指挥和监督事务官。

4. 事务官受命于所长，负责庶务、会计、供给、用度、厚生事务，指挥自敌国人集团生活者中选出的委员，并负责监理事务，指挥和命令负责警备的职员。

5. 驻支大使为监督各集团生活事务所，随时派遣主管人员前往视察业务。

四、集团生活事务所（暂定）部门划分草案

1. 在支敌国人集团事务所内设置庶务会计课、供给课、用度课、厚生课及监理课。

2. 课长由日本职员充任。

3. 庶务会计课内设置庶务负责人和会计负责人。

4. 庶务负责人负责收发文件、统计及制作报告、甄选敌国人委员。

会计负责人负责会计、出纳以及采购物资。

5. 供给课内设置炊事负责人和医疗负责人。

6. 炊事负责人负责粮食计划、烹调、送餐。

医疗负责人负责所内卫生、防疫以及对伤病者的医疗。

7. 用度课内设置房屋负责人和备品负责人。

8. 房屋负责人负责办公用和住宿用房屋的修缮改造或对后者进行监督。

备品负责人负责备品的整理和修理或对前者的监督。

9. 厚生课内设置劳动负责人和教育负责人。

10. 劳动负责人负责劳动的筹划、计划和实施。

教育负责人负责教授日语，筹划、计划并组织演讲会、座谈会、娱乐活动、竞技运动。

11. 监理课内设置风纪负责人和警备负责人。

12. 风纪负责人负责监视与纠正所内的风纪和风俗。

警备负责人指挥命令监视员，负责所内外的警备，必要时与军方联络。

13. 除警备负责人外的各个负责人由从敌国人中互选出的委员充任。

潍县敌国人集团生活所收容情况报告

（1943年4月）

机密第2号

1943年4月15日

潍县敌国人集团生活所所长月川左门

致大东亚省大臣青木一男

潍县敌国人集团生活所收容情况等的报告

关于标题之内容，以附件形式呈报。

本信副本送至北京大使馆、南京大使馆、上海大使馆事务所、张家口大使馆事务所、天津、青岛、山海关、济南、大同、太原、开封、石门、坊子。

附件

目录

一、收容情况

二、人员家庭一览表

三、供给情况

四、卫生情况

五、用度情况

六、教育及劳动安排情况

七、警备情况

八、潍县敌国人集团生活所布局图

一、收容情况

对敌国人的收容从 1943 年 3 月 20 日开始。实施收容前原预定有 2144 名，实际收容人数为 1750 名。被收容人员每 50 名配置 1 名领事馆员，每 30 名配置 1 名警察官。在有关人员率领和监视下，到达潍县车站后立即让他们分乘华北自动车营业所的巴士汽车。车站及沿途的警戒得到了宪兵分队及中方警备机关的协助。抵达收容所后，先将他们集结到收容所内的广场，在进行点名后，让他们作了关于集团生活的宣誓。有家属者，一家一室。单身者，按性别分入各个集体宿舍。如此，顺利完成了收容。每日的收容人员情况如下：

收容日期	抵达车站时间	人数	地区分类
3 月 20 日	14 时 49 分	146	青岛
3 月 21 日	15 时 48 分、18 时 38 分	89	济南、张店
3 月 22 日	15 时 48 分	149	开封、山海关、唐山
3 月 23 日	15 时 48 分	194	蒙疆
3 月 24 日	15 时 48 分	241	天津（第一班）
3 月 25 日	15 时 48 分	275	北京（第一班）、太原、石门
3 月 29 日	15 时 48 分	237	天津（第二班）
3 月 30 日	15 时 48 分	188	北京（第二班）
3 月 31 日	15 时 48 分	231	天津（第三班）
合计		1750	

二、人员家庭一览表

国籍	人数	家庭数	备考
美国	498	61	
英国	786	191	
加拿大	38	6	
荷兰	148	5	
比利时	230	7	
挪威	7	3	
希腊	11	3	
伊朗	8	3	
敌对无国籍者	3	—	
巴勒斯坦	6	—	
印度	5	—	
敌性支那人	1	—	
古巴	7	2	
巴拿马	2	1	
合计	1750	282	

三、供给情况（自 1943 年 3 月 20 日至 1943 年 3 月 31 日）

（一）对敌国人的供给原本打算基本按照《集团生活所事务处理准则》（今年 1 月 27 日，北京大使馆致南京大使馆公信秘第 6 号，北大别秘第 1 号）进行处理。但是，在供给物资中，主食及主要调味料（盐、砂糖、食用油）虽有单位定量，其他物资则只是列举了每月所需总量的概算，并无其他可以依据的细则。所以，我们将以下各项条件考虑在内，开始供给。

1. 每月供给总量限于上述所需总量的范围内。

2. 每月总量的经费必须在支给预算的范围内。

3. 所需物资虽大部分交由青岛总领事馆筹措，肉类、蔬菜、柴薪等则遵照应在当地筹措的（青岛总领事馆）指示，将副食限于当地及附近所生产之物。筹措副食之际，注意不给当地的消费方面造成太大影响。因此，筹措时不预先提出所需之量，只止于可获得之量。

4. 将来的供给目标应定在上述各项条件的范围之内，并且敌国人通过每日供给获得的热量一般限制在可以保持健康的最低限度。

（二）3 月 20 日开始收容后至月末的人员增加情况如“一、收容情况”所记。

1. 主食以小麦粉为主（出于种种原因，目前难以获得大米和杂粮），面包预计可实现自给自足。不过，生活所内面包工坊的设备到 29 日才安装完成，开始生产。因此，在最初的 20 日至 29 日间不得不依靠从青岛送来的约 9000 个面包（每个约 319 克），累计分发了 7862 人次（人均每日 350 克）。到 30 日，才得以定量供给。

2. 副食中食盐、砂糖、食用油等按定量供给，其他副食在 12 日累计供给 11130 人次的总量如下：

副食	供应量
牛肉	1470 公斤
葱	1440 公斤
胡萝卜	490 公斤
菠菜	750 公斤
白萝卜	380 公斤
马铃薯	2450 公斤
燕麦	180 公斤

其他还有调味汁、醋、淀粉、胡椒、鲜鱼等若干。至于敌国人所必需的红茶、黄油、果酱、鸡蛋、咖啡等，仅限于极少量供给，甚至不提供。

3. 牛奶目前只供给婴幼儿及有医生开具证明的病人和老人。12 日间累计供给 1800 人次的牛奶总量约为 182 升。

（三）综合以上内容，因为刚开始实施收容，考虑到所需物资难以按时送达以及经费、物资、惯例等，对最初的供给量特别进行了严格压缩，结果主食和副食合起来只能达到供给定量的一半。收容者中很多人抱怨吃不饱，之后（4 月）供给有所增加，饿肚子者减少。但是，对糖分供应不足的抱怨依然没有消失（糖分的供给量视情况再行决定）。关于所需经费和供给物资的筹措方法及数额，以及保持被收容者最低限度体力的供给必需量（净量）等，须尽早确立相互间的关联调整方针。因此，目前正努力完善相关工作。

四、卫生情况

（一）收容所院内有一栋三层建筑，原为潍县基督教医院。但在收容所开设时，在设施上其作为医院已经完全不堪使用。用于自来水管、暖气、汽锅、消毒等的铅管类设备均被拆除，或流用他途，或因腐蚀不堪其用。炊事设备被破坏，病床的半数流作他用，床垫、床单及其他医疗用布、外科器具等全无，剩余的药物只有一部分还可使用。因此，依靠自青岛总领事馆送来的极少的急救药品及医疗器具，以及自北京、天津送来的若干药物，暂且在该建筑的一层和地下室开设了医院，从敌国收容者中挑选了 15 名医生、25 名护士和若干勤杂人员，开始了清扫。设置了手术室、药房、诊疗室以及男、女和儿童病房各 1 间，隔离病房 2 间。按收容所总人数（2000 人）1.75% 的比例准备了 35 张病床，其中成人病床 24 张、儿童病床 5 张、幼儿病床 6 张。

病房内已设置好厨房和洗衣房，待日用必需品配给后随时可以使用。尽管急需自来水设施，但现在用于清扫等的清水不得不用水桶从外部搬运。

下水道及厕所排水设施等也均未完备。病房用的床垫、床单、抹布等急需补充。从斑疹伤寒患者（请参照4月上旬致贵大臣的电报）的情况来看，若不进行消毒杀菌的话，即使患者使用自己的寝具也是不行的。地下室的一部分现充作厨房、消毒室、一般幼儿及患者用的特别食堂以及洗衣房。

（二）从3月29日开始收诊收容者中的一般患者，每日平均诊疗18人，已累计诊疗240人，完成种痘和注射伤寒疫苗者达875人。虽然对与4月7日发病的斑疹伤寒患者相关的所有密切接触者已经完成了注射，但仍有人希望获得后续的疫苗。另外，对水痘、百日咳等传染病的患者也进行了隔离。另因医院设备不全，将1名急性盲肠炎患者移送至青岛同仁会（请参照4月上旬致贵大臣的电报）。

（三）将约2000人收容至一狭窄之处生活，水井、厕所、污水池、厨余垃圾丢弃场所等公共卫生设施则更须确保万无一失，以预防夏季传染病的发生。然而，在收容所内许多地方，污水池、下水道窨井距离饮用水井过近，恐难以充分过滤细菌，而且厕所下水管管道过细，已经有一部分出现阻塞。污水池内满是污水和污物，有溢出之虞。我们认为需要每隔一天清扫一次，计划近期内开始执行。支那式厕所的淘取也不够彻底，随着苍蝇产生的时节日渐接近，存在引发伤寒、霍乱等传染病的风险，亟须采取对策。

另外，水井现在虽有八处，但其中一处一开始便无法使用；其他七处也因连日不断大量取水而水量逐渐减少。特别是其中一处在使用后数日内便陷入缺水状态。因此，今后必须再挖掘两三处水井。

五、用度情况

（一）敌国人相关情况（含事务所相关情况）

因为收容设施是快马加鞭修理和改造的，开始实施收容的当时，在集团生活上产生了诸多不便，特别是在厕所、食堂、浴室等方面深感不完备。经过逐步改修，现在的整备情况比起开始收容当初大有改观。

因为是利用既有房屋给收容者分配房屋，各房屋的面积多大致相同，在分配家庭住房上会产生困难和些许浪费。不过，我们努力进行合理分配后，加上收容人员有所减少，顺利地完成了收容，并产生一些富余。但是，教室、商店等设施仍难以分配适当的房屋，因此可以说已经达到了饱和状态。今后收容因疾病及其他事由而暂未到的 394 人（最初预定的 2144 人减去现在收容的 1750 人）时，必然会感到极度拥挤。

因为在青岛难以采购，在当地也难以筹措，所以储备物资、消耗品的出借、支给情况不甚如意。不过，我们正尽力采取灵活的使用方式，同时努力获取目前必需的物资。行李的抵达情况基本良好，除青岛、济南方面，其他方面的寝具类物资的抵达存在迟延。

（二）设施情况

关于收容设施的进展情况，除公共设施外，普通的收容房屋已基本完成。但已完成的房屋中存在连锁房屋，这种房屋只能从一处出入，因此正考虑马上对其进行改修。

食堂及澡堂目前难以做到供所有人同时用餐及入浴，但会适宜安排其运营负责人。

相较收容人数，目前使用中的厕所难以满足需求，因此已经着手对既存的中式厕所进行紧急改修。

设施情况如下：

类别	数量	备注
分配给收容者的房屋	58 栋	其中单身男士房屋约 7 栋，单身女士房屋约 4 栋
食堂	3 处	
冲水厕所	4 处	
盥洗室	4 处	
浴室	2 处	

续表

类别	数量	备注
面包工坊	1 处	
医院	1 处	
礼拜堂	1 栋	
变电所	1 栋	
仓库	4 处	
洗衣房	2 处	
事务所相关建筑	4 栋	

（三）分配情况

敌国人连日抵达，我们基本按照抵达顺序不间断地给他们分配了房屋。同时，对于单身者，按照性别分别安排了比较开阔的房间。对于天主教相关人员，考虑到他们信仰、日常生活上的方便，在收容所划出一片区域予以收容。

（四）储备物资与消耗品出借、支给情况

尽量避免在当地筹措，通过青岛总领事馆仰仗青岛地区供给。但因前述情况的原因，不得不在当地购入少量必需品应急。不过，因为筹措困难，主要讲求共同使用的方法，以谋集体生活的圆融。

（五）行李抵达情况

为避免加重收容者的不便与心劳，在与潍县站及运送公司的紧密联系下，对从各地抵达的行李迅速加以运输。但如前述，因寝具类的送达发生延迟，产生些许混乱。

领取行李时，由本所所员对照发货单后再交付敌国人。送抵行李多达6008 个（不含本人自行携带的行李）。

（六）职员宿舍情况

本收容所内的职员宿舍设施与中国的警备队驻扎当时相比，无任何变化。虽亟待整备，但本着以收容敌国人为第一要务的宗旨，推迟了改修。目前考虑，将完成收容作为一个阶段，下一阶段抓紧进行整备，以确保职员的日夜执勤万无一失。

六、教育及劳动安排情况

（一）教育情况

敌国人中，3 岁至 17 岁的儿童有 215 名。将其分为三组（美国人组 55 名、英国人组 120 名以及幼儿园 40 名），分别进行教育。但是，因为充作教室的房间不够，无法同时开始上课，因此暂且将第三食堂第二层用作幼儿园。该幼儿园于 4 月 10 日开始授课。保育员主要由收容敌国人中的修女充任。其他两组也计划待教室的整备完成后开始授课。

（二）劳动安排情况

目前正计划利用院内的空地让敌国人从事蔬菜类作物的栽培，也考虑让他们饲养一些家畜。

七、警备情况

我们将配备本所的 42 名警官编为 1 个小队，让他们依照《潍县（乐道院）敌国人集团生活所警备规程》进行工作。

潍县（乐道院）敌国人集团生活所警备规程

第一章　总则

第一条　本规程以保护在潍县（乐道院）敌国人集团生活所（以下简称“生活所”）内居住者及被收容者的生命财产等作为任务。

第二条　本规程分为平时与紧急状态两部分。

第三条　实施本规程时，依据附近日军宿营地区警备规定，谋求与各警备机关联络协调。

第四条　生活所警备警官的长官（以下称“监理课长”）接受生活所所长的指示，按照本规程指挥和监督部下警官，统管所内警备相关事宜。

第五条　在所内执勤的警官除遵守生活所所属警官的执勤内部规定外，依照本规程进行工作。

第二章　警备配置及要领

第一　平时

第六条　监理课长关于生活所内警备，须进行周到的准备和训练，确保警备万无一失。

第七条　监理课长根据需要，按下列区分指定事务负责人。

一、警务负责人，二、保安负责人，三、司法负责人，四、高等负责人[①]，五、收容所所长事务辅助负责人，六、外勤负责人。

第八条　警务、保安、司法、高等负责人基本依照领事馆警察署勤务规程执勤。

第九条　外勤负责人依据下列规定负责警备警戒。

一、在监理课内置警备本部，由值班外勤主任（警部补）负责指挥。

二、将外勤者分为甲、乙两部分，每隔一天执勤一次。

三、外勤监督部长奉值班外勤主任之命，指挥和监督所属的警官。

四、白天外勤值班人员的半数位于正门的值班室，负责生活所内外的警备警戒，其他半数于本部待命。

根据需要，待命人员除协助对敌国人进行点名外，还应从事特别命令的勤务。

五、夜间前项的值班人员位于本部，分为两部分从事下列警戒勤务。

① 高等警察、思想警察之意。——译者注

甲、在所内要冲的两处望楼站岗（多人站岗），负责警戒。

乙、巡查员（两名以上）应每小时巡视一次所内并与站岗勤务员相联络。

丙、白天与夜间的时刻，根据季节不同，由监理课长定之。

第十条　发生紧急事态时，值班外勤主任应指挥值班人员采取应急措施，并急报监理课长，同时联系驻潍县的各警备机关。

第二　紧急状态

第十一条　发生紧急事态时，联络驻潍县的各警备机关的要领如下。

一、敌人来袭的情况

甲、电话

乙、使用照明灯，大约间隔三秒点亮，熄灭十回。

丙、红色烟花

二、火灾的情况

甲、电话

乙、警钟

丙、白色烟花

三、空袭的情况

遵从坊子地区防空指挥官的命令。

第十二条　接到紧急集合的命令或侦知紧急事态的情况，立即集结于本部，按下列编组编成小队。

小队长　监理课长

第一分队（长）　警务负责监督部长

除外勤外的所有警官

第二分队（长）　甲部外勤主任

甲部外勤人员

第三分队（长）　乙部外勤主任

乙部外勤人员

从第一分队中派出所需人数作为小队长的传令。

第十三条 应对敌人来袭时的处理基本如下。

一、第一分队负责警戒所内要冲，并担任对敌国人的监视、警戒及避难指挥。根据情况，接受小队长之命，负责处理重要文件。

二、第二、三分队就位火线，负责防御战。

第十四条 应对火灾时的处理基本如下。

一、第一分队负责将重要文件带出，并指挥敌国人妇女、儿童避难，同时担任所内要冲的警戒。

二、外勤值班分队担任对敌人来袭的警备与警戒。

三、非值班分队指挥敌国人，负责防止火灾蔓延。

第十五条 应对空袭时的处理基本如下。

一、第一分队负责管制灯火及传达警报，担任所内要冲的警备。

二、外勤值班分队担任对敌人来袭的警备与警戒。

三、非值班分队编成防火班、救护班，如有需要，前往协助第一分队。

第十六条 小队长可根据情况变更紧急状况下的配备。

面临其他紧急事态之际，遵从小队长的指挥。

第十七条 1943年3月20日目前的小队编成人名如下。

小队长 缺

第一分队长 吉广部长

上野、吉田、光本、后藤、小柳津、秋山、日野巡查

第二分队长 吉田警部补

永尾、西尾部长

武藤、冈田、小早川、鲇泽、久能、小林、大野、大屋、松原、高桥、山口、盐见、石田、铃木巡查

第三分队长 石村警部补

木村、穗积部长

望月、森、佐藤、岩永、盐岛、冈野、地家、古贺、木村、石川、坂本、西原、船田、加藤巡查

八、潍县敌国人集团生活所布局图

潍县集团生活所邮递包裹检查制度的变更

（1944年2月）

1944年　52190　暗　北京　2月9日18:30发

本省　10日01:05收

盐泽公使致大东亚省大臣青木

K（致大东亚省、外务省各大臣）第7号

（潍县集团生活所邮递包裹检查制度的变更）

本官致青岛电报

第63号

本地的瑞士利益代表鉴于最近寄往潍县集团生活所的邮递包裹频繁发生丢失事故，为避免此类事故再次发生，请求我方探讨、改进现行的邮递包裹检查制度。我等与军方协商后决定，只要涉及包裹，今后的检查均完全交由当地大东亚省机关裁量，本地此前实施的检查将不再进行。因此，烦请会同潍县宪兵队及该地邮政机关协商筹划，妥善安排检查实施方案，并将协商的结果回示我等。

另外，潍县宪兵队及当地邮政机关应该分别会收到当地军方与邮政总局的通知。

已转电两位大臣、支[1]、上海、天津。

已转报北京总领事。

---

① 疑为“支那事务局”。——译者注

潍县敌国人集团生活所情况报告

（1944 年 10 月）

青岛总极秘第 688 号

1945 年 2 月 26 日

驻青岛总领事喜多长雄

致大东亚省大臣重光葵

潍县敌国人集团生活所情况报告

关于标题之内容，特将 1944 年 11 月报告通过附件呈送。

本信送至大臣、北京、驻支那大使。

副本送至上海总领事。

附件

潍县敌国人集团生活所《10 月情况报告》（1944 年 11 月 1 日）

《10 月情况报告》目录

一、收容人员增减表

二、人员家庭男女分类一览表

三、职业分类一览表

四、供给情况

五、邮寄物品收发情况

六、监理情况

一、收容人员增减表（1944 年 10 月末）

9 月末当前	增	减	10 月末当前	备考
1529	—	3	1526	减少的 3 人为死亡

（一）增员部分

无相关情况。

（二）减员部分

变动日期	国籍	人员	性别	备注
10 月 14 日	意大利	1	女	死亡
10 月 15 日	挪威	1	男	死亡
10 月 27 日	英国	1	女	死亡

二、人员家庭性别分类一览表（1944 年 10 月末）

国籍	人数	男	女	家庭数	摘要
美国	199	108	91	41	
英国	1051	496	555	251	10 月 27 日 1 名女性死亡
加拿大	22	8	14	7	
荷兰	27	12	15	7	
比利时	51	30	21	11	
挪威	14	6	8	5	10 月 15 日 1 名男性死亡
希腊	17	10	7	5	
伊朗	9	4	5	3	
敌性无国籍人	3	0	3	0	
巴勒斯坦	8	5	3	2	

续表

国籍	人数	男	女	家庭数	摘要
印度	5	1	4	0	
敌性支那人	1	0	1	0	
古巴	7	5	2	2	
巴拿马	2	1	1	1	
乌拉圭	1	1	0	0	
德国	1	0	1	0	
意大利	108	61	47	32	10月14日1名女性死亡
合计	1526	748	778	367	

三、职业分类一览表（1944年10月末）

国籍	性别	公司职员及店员	传教士及修女	商人	政府相关人员	教师	女佣、保姆及护士	医生	报社记者及通讯员	曲艺人	无业	小计	合计
英国	男	121	34	82	70	18	—	4	5	—	162	496	1051
	女	38	41	15	23	39	23	4	2	—	370	555	
美国	男	12	22	25	5	8	—	7	3	7	19	108	199
	女	4	54	1	3	—	3	—	—	—	26	91	
加拿大	男	2	—	1	2	—	—	—	—	—	3	8	22
	女	1	2	—	1	2	1	—	—	—	7	14	
荷兰	男	—	5	1	3	1	—	—	—	—	2	12	27
	女	—	2	—	—	2	—	—	—	—	11	15	
比利时	男	5	8	3	3	—	—	—	—	—	11	30	51
	女	1	—	—	1	—	—	—	1	—	18	21	

续表

国籍	性别	公司职员及店员	传教士及修女	商人	政府相关人员	教师	女佣、保姆及护士	医生	报社记者及通讯员	曲艺人	无业	小计	合计
挪威	男	—	1	—	—	—	—	—	—	—	5	6	14
	女	—	1	—	—	—	—	—	—	—	7	8	
希腊	男	1	—	7	—	—	—	—	—	—	2	10	17
	女	—	—	1	—	—	—	—	—	—	6	7	
伊朗	男	—	—	3	—	—	—	—	—	—	1	4	9
	女	—	—	—	—	—	—	—	—	—	5	5	
敌性无国籍人	男	—	—	—	—	—	—	—	—	—	—	—	3
	女	—	—	—	—	—	—	—	—	2	1	3	
巴勒斯坦	男	3	—	—	—	—	—	—	—	—	2	5	8
	女	—	2	—	—	1	—	—	—	—	—	3	
印度	男	1	—	—	—	—	—	—	—	—	—	1	5
	女	—	—	—	—	—	—	—	—	—	4	4	
敌性支那人	男	—	—	—	—	—	—	—	—	—	—	—	1
	女	—	—	—	—	—	—	—	—	—	1	1	
古巴	男	2	—	—	—	—	—	—	—	—	3	5	7
	女	—	—	—	—	—	—	—	—	—	2	2	
巴拿马	男	—	—	1	—	—	—	—	—	—	—	1	2
	女	—	—	—	—	—	—	—	—	—	1	1	
乌拉圭	男	—	—	1	—	—	—	—	—	—	—	1	1
	女	—	—	—	—	—	—	—	—	—	—	—	

续表

国籍	性别	公司职员及店员	传教士及修女	商人	政府相关人员	教师	女佣、保姆及护士	医生	报社记者及通讯员	曲艺人	无业	小计	合计
德国	男	—	—	—	—	—	—	—	—	—	—	—	1
	女	—	—	—	—	—	—	—	—	—	1	1	
意大利	男	13	1	18	5	4	—	1	5	—	15	62	108
	女	—	—	—	—	1	—	—	—	—	45	46	
合计		204	173	159	116	76	27	16	16	9	730	1526	1526

四、供给情况

10 月份的食物供给量如下（总人数 1526 人，内含 108 名意大利人）。

1. **主食**　18304 **公斤**

小麦粉　18304 公斤

2. **肉类**　7568 **公斤**

牛肉　7568 公斤

3. **蔬菜**　21685.5 **公斤**

马铃薯　10344 公斤

白萝卜　2645 公斤

胡萝卜　786 公斤

大葱　1497 公斤

白菜　2927 公斤

豆芽　1436 公斤

菠菜　973 公斤

番薯　320 公斤

卷心菜　488 公斤

洋葱　255 公斤

辣椒　4.5公斤
大蒜　15公斤
生姜　15公斤
4. 调味品
砂糖　579公斤
食盐　765公斤
食用油　473公斤
鸡蛋　444公斤
红茶　170磅
咖啡　250磅
黄油　840磅
食醋　144升
调味汁　126升
淀粉　80公斤

相比于规定供给量的供给情况：主食为81%，肉类为79%，蔬菜为114%，砂糖、食盐、食用油及其他调味品为100%。不过，作为主食的杂粮和调味品因到货情况不佳，将来难以保证定量供给。

五、邮寄物品收发情况

（一）寄来部分

邮寄物品种类	数量	备考
信件	500	
明信片	133	
包裹	576	
报纸	约190人一周的份数	

（二）寄出部分

邮寄物品种类	数量	备考
信件	975	
明信片	187	

六、监理情况

（一）出入者情况

出入本所者主要为自外部搬入物资者以及本所的中国工人。前者以潍县纳入组合（即合作社）、山东运输、山东殖产等为主；后者为从事本所设施施工的中国人及掏粪工等，中国人均在日本人指导下作业。本期也与上期一样，为强化本所的警备设施，有许多苦力出入。人数每日在30人左右。鉴于这些出入者中存在趁着监视的空隙与所收容之敌国人进行接近、联系等现象，我们正在努力调查上述动向。不过，在严密的监视管理下，并未发现特别需要记录的事项。此外，还有一些因临时需要而来本所的日本人和中国人，不过人数很少，未发现异常言行。本期内，美英的利益代表瑞士人艾格访问本所，为所收容之敌国人带来了慰问品及受所收容之敌国人通过正式手续委托而代为购置的物品，并与所长会面。此外，济南天主教会德国人弗拉施为本所收容的敌国人带来了慰问品。以上两次均在警官在场的情况下对所带来的物品进行了检查，并调查了其动向，并无异状。

（二）须注意人、物的动向

对于须多加注意的人物的动向，目前正在努力调查中。在警备员的严密监视、管理下，表面上并无异常情况。不过，他们可能会暗地里秘密策动，因此我们细心注意对其进行秘密侦查，不断探明他们的动向。本期内，收容的敌国人中，英国人达拉斯（A. N. Dallas，42岁）的小儿子达拉斯（G. N. Dallas，13岁）于今年某日白天伙同他的朋友英国人卡特（D. I. Carter，14岁）翻越本所事务室后面的砖墙，从厕所通过仓库西侧的窗户侵入内部，从该仓库所保管的物品中盗取2个铁桶、1个木制煤炭桶、2袋日本茶。我们对此展开了搜查，10月25日，本所所员监视煤炭的分发时，在现场发现1名提着新铁桶的敌国人儿童。所员认为可疑，将其带入事务所调查铁桶来源，得知为盗窃物。此外，该儿童自首说在自家房间还藏匿有1个铁桶和1个煤炭箱。于是，我们立即对其房间进行了搜查，收缴了上述赃物。该儿童是名惯犯，曾因今年9月4日盗窃在所内施工的中国木工的工具而受到严厉批评，虽说是儿童，但实为不逞之徒。其父母对此视而不见则性质更加恶劣，负有全部责任，难以宽恕。因此，令收容的敌国人对这一家人进行陪审审判，暂停父亲在收容所内的特权两个月，暂停母亲的特权一个月，命令父母对孩子加强监护，将孩子关禁闭并令其发誓悔改。而且，即便达拉斯是儿童，仍有必要对其动向严加注意，因此本期将其列入须注意监视人员，对其今后的动向严加监视。

本期须注意监视人员的情况如下：

国籍	男	女	新列入		备考
			男	女	
美国	5	6	—	—	27名
英国	1	2	1	—	
加拿大	1	1	—	—	
比利时	3	2	—	—	
荷兰	1	1	—	—	
乌拉圭	1	—	—	—	
意大利	2	—	—	—	
合计	14	12	1	—	

（三）监视管理情况

关于对收容的敌国人的监视管理，鉴于他们微妙的思想动向，我们力求慎重，以图万全。随着战争的长期化，他们在被收容前幻想的只需短期决战就能赢得胜利的美梦已经破灭，但基本都故作平静。在众多收容敌国人中，经常出现趁所员监管的间隙而斗胆行违禁之事的不逞之徒。10 月 9 日，所员在监视苦力从事作业过程中发现，下午 2 时半左右有人来到中国人的施工工地附近，往工地上的空水果篮里混着木屑塞入若干面包。所员认为可疑便进行了盘问。见其回答暧昧，加之粮食仓库附近有很多中国木工正在作业，所员判断该人或许是图谋与这些中国人联系，于是直接将该人带到本所监理课进行调查。该人闪烁其词，故意隐瞒事实。最终，对其进行严重警告后令其回屋。另外，10 月 16 日，我们发现两名手拎垃圾桶、举动可疑的人员，检查后发现他们装了 30~40 块砖正准备带走，因此对他们进行了调查。他们声称是为给收容者中的一名老者安装灶台兼供暖设备，从本所施工苦力处领取的。但当时附近地区并无施工，明显就是找借口，无非因目前物资匮乏，想要作为安装灶台的报酬换取烟草等钱物。因此，我们对他们进行了严重警告。此外，孩子们在收容所内过着一成不变的生活，受异常的集体生活的影响，相对缺乏纯真，往往行为古怪。10 月 28 日，有儿童在好奇心驱使下不顾危险爬到通有电线的柳树上玩耍。我们严厉训诫了他，同时警告其父母，要求对其进行充分的监护。而喜好冒险是他们的国民性。对他们的动向进行监视与管理不容一丝放松，为期万全，我们正时刻保持密切注意。

（四）思想动向

敌我双方的战况通过《北京时事日报》的报道和他们敏锐的感觉，以时喜时忧的状态表现出来。10 月上旬，《北京时事日报》传来关岛、天宁岛两岛的皇军全员战死的消息，他们便欢喜于敌方攻势的激烈与优势。可是等到了 10 月 21 日（周六），他们通过 18 日的《北京时事日报》得知，在台湾东方的海空战中，作为对日作战主力的美国第 58 机动部队在我方无畏的攻势下蒙受沉重打击而仓皇败逃后，马上又脸色大变，陷入沉郁。其后，在莱特湾及菲律宾东部展开了决战，歼灭敌人的机会终于迫近。他们的动向愈发受悲痛驱使，麻木地保持平静，异常关心敌我战争形势。于是，1 名收容的敌国人如此形容他们的样子："他们认为敌方占据优势，能够让关岛、天宁岛两岛的皇军全员战死的时候，过于欢喜，脸都变圆了，可是之后得知 10 月 19 日台湾附近海域的大惨败后，马上又陷入悲观，脸都变长了；今后接连不断的不利战局将会越发加重其程度。"收容的敌国人中，美英人还在幻想反轴心国方取得最后的胜利，期待着在胜利的那一天可以得到解放。不过，他们看起来对长期被收容的单调生活感到厌倦，期待战争早点结束。

弱小敌国的人仍存在依附美英的倾向。此外，他们觉得战争还在进行中，即使被释放也会因为目前地方上物价的高涨而陷入生活困难，最终还是希望在战争结束后获得释放。而且，他们不在乎哪方获胜，只盼望战争早期结束与和平到来。因此，与其祖国作为弱小国家追随美英，相信并站在美英一边相反，他们十分憎恨主动挑战的美英。

（五）敌匪情况

各匪团虽高喊"8 月攻势"或"对日总反攻"，各地蠢蠢欲动，但并无任何值得注意的行动，就这样度过了夏季——高秆植物的繁茂时节。这期间各匪团完成了越冬所需的各种物资的储备，正在谋划接下来的冬季策动。鲁省挺进军第 15 纵队第 3 支队张所聚匪、第 2 支队夏振东匪、第 8 支队于东华匪，今年 8 月下旬向我方透露归顺之意，表面装作归顺，企图于 9 月 18 日袭击高密县警备队，同时与渤海军区匪相配合，躲避我方攻击，不断拼命扶植己方势力。第 2 支队夏振东匪于 10 月 18 日突然包围攻击昌邑县城，此外，游荡于昌潍两县边境的第 3 支队张所聚匪恰逢 10 月 20 日莱潍道道尹在管内视察，趁此机会于其途中进行了袭击等。他们终于暴露了假意归顺的面目，在各地蠢蠢欲动。他们为躲避皇军的讨伐，转移到平度县以东，与渤海军区匪相联系，高喊彻底抗战，貌似正在逐步做着准备。蒋系第 3

师第28团徐向午匪在今年6月同皇军及新政权合作，主动表示协助收购小麦或驱逐共产军，与县保安队及厉部队相配合。但这只是一时现象，徐向午匪目前在我治安地区内集结，剿共意识依旧不高，一直抱着维持现状的态度。另一方面，渤海军区第5分区司令赵寄舟进入昌邑北方的柳泽，在附近一带拼命奔走于民兵的征发与收麦工作，同时与假意归顺的部队联络，高呼彻底抗战，企图扰乱我治安地区。而伴随这次鲁省挺进军第15纵队的叛变，各地蒋系匪团及共产匪的联络蠢动使得潍县周边地区的治安状况有恶化的倾向，我们目前正全力警戒其动向。

另外，本所周边的匪团情况如下：

匪团名	匪首	兵力	装备	盘踞地	动向
蒋系山东保安新编第3师	张景月	5000	完备	潍县寿光县交界	为与渤海军区杨国夫匪争夺地盘，相争不断
蒋系山东保安新编第3师第5旅	李树贵	500	完备	潍县昌邑县交界	正为征用粮食物资拼命奔走
蒋系山东保安新编第3师第3旅第28团	徐向午	1000	略完备	潍县寿光县交界	与皇协厉部队处于对立状态
中共系渤海军区第5旅	杨国夫	4000	略完备	潍县昌邑县交界	为与蒋系匪争夺地盘，相争不断
中共系渤海军区第5旅独立第3团	赵寄舟	500	略完备	潍县昌邑县交界	拼命奔走于民众动员工作的同时，似乎企图联系鲁省挺进军第15纵队
中共系昌潍独立营营长	何凤池	100	略完备	潍县北方	拼命奔走于怀柔民众的工作
中共系昌潍县工作队队长	钱得胜	100	略完备	潍县北方	拼命奔走于怀柔民众的工作
伪潍县第5区长	—	300	略完备	潍县北方	拼命奔走于怀柔民众的工作

（六）警备警戒状况

10 月 18 日，鲁省挺进军第 15 纵队突然袭击昌邑县城，撕下假意归顺的伪装，破坏昌潍两县间的道路，或是潜入潍县城内进行策动。鉴于潍县及周边地区的治安顷刻恶化，我们目前正付出最大努力保持警备、警戒。本所外围的警备壕沟及围墙上的高压带刺铁丝网已完工，外对敌匪，内对所收容之敌国人，均会在警备、警戒上发挥巨大威力，更加确保万全。

1. 警备设施

本所警备设施有警备壕沟、壕沟附属望楼、壕沟附设高压带刺铁丝网及墙上的高压带刺铁丝。8 月 16 日施工开始以来，工程进展顺利，到本月（11 月末当下），其主体工程已经完工。只剩下警备壕沟附属铁丝网的施工及其他所内设备的改造等，施工也很顺利，预计近期可以完工。

2. 警备壕沟的进展情况

警备壕沟自 8 月 16 日开工以来，工程进展顺利。上月还留有中国工人的通行道路，处于未完成的状态。到本月，中国工人通行的道路也被撤除，终于在本月中旬得以完工。另外，目前正在准备安装警备壕沟附属的高压带刺铁丝网，该工程预计也会在近期完工。

在当局的妥善安排和中国苦力的热心工作下，警备壕沟工程顺利完工，未出现任何问题，彰显着其威容。

（完）

潍县敌国人集团生活所情况报告

（1944 年 11 月）

青岛总极秘第 1247 号
1945 年 4 月 3 日
驻青岛总领事喜多长雄
致大东亚省大臣重光葵

潍县敌国人集团生活所情况报告

关于标题之内容，特将 11 月的报告通过附件呈送。
本信送至大臣、北京、驻支那大使。
副本送至上海总领事。

附件：

潍县敌国人集团生活所《11 月情况报告》（1944 年 12 月 1 日）

《11 月情况报告》目录
一、收容人员增减表
二、人员家庭男女分类一览表
三、11 月敌国人邮寄物品收发表
四、供给情况
五、监理情况

六、敌匪情况

七、警备警戒情况

一、收容人员增减表

10月末当前	增	减	11月末当前	备考
1526人	—	—	1526人	

（一）增员部分

无相关情况。

（二）减员部分

无相关情况。

二、人员家庭性别分类一览表（1944年11月末当时）

单位：人，个

国籍	人数	男	女	家庭数	摘要
美国	199	108	91	41	
英国	1051	496	555	251	
加拿大	22	8	14	7	
荷兰	27	12	15	7	
比利时	51	30	21	11	
挪威	14	6	8	5	
希腊	17	10	7	5	
伊朗	9	4	5	3	
敌性无国籍人	3	0	3	0	
巴勒斯坦	8	5	3	2	
印度	5	1	4	0	

续表

国籍	人数	男	女	家庭数	摘要
敌性支那人	1	0	1	0	
古巴	7	5	2	2	
巴拿马	2	1	1	1	
乌拉圭	1	1	0	0	
德国	1	0	1	0	
意大利	108	61	47	32	
合计	1526	748	778	367	

三、11月敌国人邮寄物品收发表

（一）寄来部分

邮寄物品种类	数量	备考
信件	729件	
明信片	202张	
包裹	680个	
报纸	约190人一周的份数	

（二）寄出部分

邮寄物品种类	数量	备考
信件	1109件	本月未让投寄明信片

四、供应情况（总人数 1523 人，内含意大利人 107 名）

（一）11 月的食物供给量如下

1. 主食　19052 公斤

小麦粉　19052 公斤

2. 肉类　7453 公斤

牛肉　7453 公斤

3. 蔬菜　21492 公斤

马铃薯　7473 公斤

番薯　3350 公斤

白萝卜　701 公斤

白菜　4727 公斤

胡萝卜　1857 公斤

大葱　1841 公斤

菠菜　832 公斤

豆芽　711 公斤

4. 调味品

砂糖　480 公斤

食盐　825.5 公斤

食用油　628.5 公斤

鸡蛋　480 公斤

牛奶　约 2440 升

红茶　255 磅

咖啡　300 磅

黄油　420 磅

食醋　约 72 升

调味汁　约 108 升

淀粉　80 公斤

胡椒　48 磅

咖喱粉　48 磅

相对于定量的供给情况分别为主食 84%、肉类 81%、蔬菜 120%、砂糖 82%、食盐 117%、食用油 135%、鸡蛋 70%，其他调味品基本满足定量供给。食醋和调味汁显示出伴随季节的嗜好变化，供给已满足了他们要求的量，但未达到定量。

蔬菜和食用油之所以超量供给，主要是因为主食中缺乏杂粮，此外还因为肉类和鸡蛋的供给量不足，以及替代口粮的面包迟迟不到货，为制作烧饼等需要用更多的油。整体来看，尽管物价日益高涨，各类物资的获取愈发困难，但供给量与上月相比差距不大，基本上还是定量供给。

物价还会日益上涨，随之各类物资的获取也会更加困难，今后维持定量供给的难度会不断上升，需要考虑应急对策。

五、监理情况

（一）出入者情况

本期出入本所的主要人员为自外部进入本所施工的中国工人、掏粪工以及物资搬运工等，每天有 30~40 人。本月（11 月末当下），本所内的设施除一部分设施未完工外，主体部分基本完成。不过，在各处仍有许多附属的零杂工程，因此在正门对这些施工的中国工人的出入实施严格的身体检查，并且在所内的警戒管理上安排了 4 名专职警察，督促他们用心监察。因为未给工人联系被收容者的可乘之机，而且对掏粪工及其他物资搬运工等的动向也严格管理，所以本月未发生特别需要报告的事情。

（二）须注意人物的动向

对于须注意人物的动向，我们继续实行严厉的监察，努力对同外部的联络、谍报行为及最近因贵金属类的价格高涨而出现的私卖行为等进行了监察，不过本月内并无特别值得报告之事。

另外，本期内须注意人物的情况如下：

国籍	男	女	新列人	备考
美国	5	6		
英国	5	2		
比利时	2	—		
荷兰	1	1		
乌拉圭	2	1		
意大利	2	—		
合计	17	10		27

（三）思想动向

关于本所敌国人的思想动向，我们正在密切注意、努力监察。相对于最近各种物价的暴涨，他们在本所内并无特别的不便，过着极为安乐的生活。我们试探他们的心境后发现，对于遣返回国一事，有积蓄的人希望实现，但目前积蓄不多的人则考虑到回国后不得不从事劳动，与其回国当一个劳动者，不如在既不需要交纳房租也不需要伙食费的本所内忍耐暂时的不自由，希望等战胜后再次活跃于支那，过上往日奢华的生活。另外，他们对获取战局新闻的欲求格外强烈，密切关注着战局的进展。

关于这次台湾附近海域、菲律宾附近海域皇军的巨大战果，他们虽然对大体情况有所了解，但对将来的战局并无失望之色，始终恃美国军需生产能力的强大，认为即使因这次的失败而给战局的推进带来一时的障碍，凭借庞大的机械工业能力及丰富的资源，失去两个便生产五个，损失一百便补充五百，今后两年内重整可以压倒日本的庞大军备，第三年开始攻势的话，不出数年便可击破日军。

另外，他们一面故作平静，一面内心却貌似受到相当大的冲击。关于他们的反应，我们私下侦查了美国人沙尼（男，45 岁）和希腊人佩斯（男，55 岁），综合来看，其结果如下。[①]

（甲）沙尼

通过《北京时事日报》详细得知了发生在台湾近海与菲律宾近海的日美海空战的情况：美国蒙受了很大损失，日本也损失不小；战斗好像还在继续。《北京时事日报》报道了这次台湾近海美军的重大失利，不过本所收容的美英等各国人都说《北京时事日报》是日本人办的报纸，所以报道内容会把 1 架写成 5 架、1 艘写成 5 艘，进行夸大报道，不值得信任。此次美国舰队虽然损失颇大，但大家仍不认为美国会失败。对于此次台湾近海与菲律宾近海之战，大家都只是认为目前正处在激战之中，并不怎么悲观。想来，如同日本人坚信自己的国家会胜利，哪怕美国人损失再多舰船和飞机，我们也相信美国会获胜。我们认为这场战争还将持续很久，但是比起战争的胜负我们更希望战争早日结束、重获自由。

（乙）佩斯

因为阅览了《北京时事日报》，很清楚台湾近海、菲律宾近海之战的情况。美国舰队似乎蒙受了巨大损失。日本似乎也损失不小。虽然《北京时事日报》报道了战斗情况，不过，且不论我，许多美英等各国人貌似并不完全相信关于战果的报道。因为这份报纸是由日本人和德国人一起写的，所以他们对日本这次取得的巨大战果并不怎么感到悲观，也没有太大的反响。被收容者每天都期盼着报纸送来，他们最想读的是报道的内容。比如，东京的报道如果说“罗斯福为了实现自己的政策而拉着美国民众挑起了战争”，他们便会认为这是日本报社记者肆意编造的谎言，如此解读记者所写之事。因此，他们说《北京时事日报》是日本的报纸，所以会编造谎言。

至于对台湾近海、菲律宾近海之战的反应，因为我是希腊人，不怎么

① 译者对照了收容者名单，但均未能找出符合条件的具体人物。

和英美人交谈，所以不清楚美英人的反应如何。不过，仅就我偶然路过时所看到的而言，以美国人为首的其他各国人对美国这次的重大损失貌似也并无与以往特别不同的表现。

（四）监视管理情况

随着本所内外警备等设施的施工进展，出入本所的中国人每天在30~40人。因此，考虑到这些中国人存在被利用于对本所进行秘密活动或与被收容者进行联系等可能，作为监视管理对策，安排了4名特务警察进行妥当的监视管理。这些中国人虽然大部分是从附近农民等良民中召集的，但是因为是些为私利不顾一切之徒，难以预计他们会何时以何种方法接近和联系被收容者。在他们出入之际，会实施严格的身体检查，对于施工现场及其他所内的往来等也会采取尾随等监视手段，不给他们丝毫可乘之机。目前工程进展顺利，没有特别需要报告的事情。

六、敌匪情况

鲁省挺进军第15纵队夏振东支队长于上月18日突然揭下假意归顺的伪装，露出真面目，袭击昌邑县城，将县保安队缴械，绑架王尚志等，反叛作乱。其主力在得知皇军讨伐队出动后，遁走平度县以东，得到渤海军区共产八路匪的援助，整顿兵力后集结于平度县井邱一带，与共产八路匪联系合谋，在各处修挖壕沟等。此外，其一部分换装便衣，分散于昌邑和潍县间，趁皇军警备的间隙，企图再次进入昌邑和潍县境内，拼命夺取地盘。至本月，其活动愈发活跃。

11月初旬，原第4纵队匪部约1000人袭击了驻扎于潍县县城东南方于家庄子的皇协厉部队的两个中队。接报后，皇协厉部队司令部立即派遣两个大队支援，击退了来袭之敌。另外，原第4纵队的一部潜入附近村落，袭击民宅、征发粮食牛马，或是纵火焚烧民宅等，肆意妄为。因此，该县边境附近的百姓跑到我方治安区避难，据闻多达350户。再者，盘踞于昌邑县城附近的便衣匪切断了昌潍两县间的道路，阻断向城内运输粮食和出入，夜间则向城内发射硫黄弹等，逞威肆虐。

此外，共产匪渤海军区第5分区司令赵寄舟呼应反叛的鲁省挺进军第15纵队，进入昌邑北方的柳泽，袭击了县保安队的一个中队并将其缴械，之后将司令部迁至该地，在附近一带拼命征发民兵、开展收麦工作，一方面联系叛乱部队，高喊彻底抗战。这支部队是赵寄舟的亲卫队，装备优良，似乎从渤海军区杨国夫处接到了新任务。另外，赵寄舟部约500人在潍县第5区固堤镇西北方昌潍两县边境附近，对负责警备的皇协厉部队或保安队展开频繁的袭击等。因此，不难预测，今后形势的发展可能会促使鲁省挺进军第15纵队与渤海军区第五分区合作，在国共合作下展开总反击。有情报显示这些匪团也渗透到本所周边，我们目前正严密警戒其动向。

七、警备警戒情况

本所周边约2000米的警备壕沟完工后，与外界的联系被彻底切断，猖獗的私卖团伙也有销声匿迹之征兆。然而，在本所强化防备设施的同时，敌匪对本所的地下工作日益猖獗。有情报显示敌匪似乎穷尽各种手段企图对本所进行阴谋活动。因此，我们密切注意监视警戒，同日中双方警备机关联络，为期万全，格外严加警备警戒。

（一）警备设施

自上月以来，作为本所周边的警备设施，警备壕沟、附属望楼、壕沟附设高压带刺铁丝网及高压带刺铁丝的施工进展顺利。除警备壕沟附设高压带刺铁丝网等所内两三处设施外，基本都于本月（11月末当下）竣工。然而警备壕沟附设高压带刺铁丝网因为施工用的木材迟迟未到，不得不于中途停工。眼下马上面临结冰期，并且从本所周边最近的治安情况来看，我们也认为完成警备设施的建设是当务之急。

（二）警官的执勤情况

鉴于本所的特殊情况，我们将警备警戒的重点放在阻断与敌匪和外部的联络、以及防止收容外国人的逃亡上，并致力于完成这一任务。在监理课长的指挥下，我们将外勤分为甲乙两部，外勤主任由 1 名警部补兼任，配置各巡查部长及 13 名巡查，共计 15 人，以此进行隔日执勤。在所内的监察、管理上，除 1 名负责高等警察的特务部长外，自甲、乙两部各任命 2 名临时负责高等警察的特务。对于联络外部日中各警备机关及收集情报等专门与外部接触的事务，委派 1 名高等警察特务巡查负责。内勤在警务主任（外勤主任兼任）之下，配置 1 名部长和 1 名巡查，负责警官的身份关系以及供给等事务。高等警察事务在高等主任（外勤主任兼任）之下，配置 1 名巡查，除一般高等警察事务外，负责处理有关收容的敌国人的各种监管事务。我们在执行任务上力求完善，同时努力确保警备警戒万无一失。

（三）枪械情况

本所警备用的武器弹药同上月比并无变化。不过，部队相关枪械依然因需要修理而送交坊子警备队。本所相关枪械及部队相关枪械的种类、数量如下：

本所相关枪械的种类及数量

种类	数量	备考
三八式马枪	20 支	
三八式马枪实弹	3322 发	
马克沁水冷重机枪	2 挺	
马克沁水冷重机枪实弹	2426 发	
三八式马枪弹药盒	20 个	
保修工具	12 袋	

部队相关枪械的种类及数量

种类	数量	备考
捷克式轻机枪	5 挺	3 挺交部队修理

续表

种类	数量	备考
三八式步枪实弹	799 发	
三十一式步枪	42 支	36 支提交部队修理
三十一式步枪实弹	1855 发	
毛瑟手枪	15 支	
毛瑟手枪实弹	223 发	
九七式手榴弹	241 发	

潍县敌国人集团生活所卫生状况报告

（1945年4月）

青岛总普通第1310号

1945年4月13日

驻青岛总领事喜多长雄

致大东亚省大臣东乡茂德

潍县敌国人集团生活所卫生状况报告

有关潍县敌国人集团生活所的卫生状况，1945年3月令本馆嘱托同仁会青岛诊疗班主任医师清川谨三进行视察并提交了报告书，特呈送其副本以供参考。

本信送至大东亚省大臣、北京、驻支那大使。

副本送至上海总领事。

附件：

潍县敌国人集团生活所卫生状况视察报告（第2报）

青岛日本总领事馆嘱托

同仁会青岛诊疗班主任医师

清川谨三

我于1945年3月8日、9日及10日的3天里视察了潍县敌国人集团生活所的卫生状况，在此将我的一些感想报告如下。

一、敌国人收容房屋内外的清扫还算良好，不过意大利营地一带地区稍显不良。芝罘学校学生的宿舍（医院楼上）采光很差且清扫得不到位，还有二三名病弱的学生需要充分的监管。

二、食堂、厕所及浴室的卫生状况大致良好，不过夏季应该会产生大量苍蝇，所以须特别注意周边的清扫。

三、发现数处下水道破损导致污物流到地表，或是污水池无盖等。此外，污水池的排水情况很是糟糕。随着夏天的到来，存在发生传染病的风险，需要速加维修。

四、所内医院的住院患者现在有24人，包括伤寒3人，胸膜炎、肺炎及支气管炎各1人，慢性疾患18人。流行性感冒也已经结束，除了上述伤寒外，并无其他需特别报告的流行病，我认为现在所内敌国人的健康状况大致良好。

五、医院在很多方面设备并不健全，特别须留意的有以下几点。

（一）传染病隔离所的设置。

（二）用于检查细菌的孵卵器设备。

（三）X光片胶片的补充（每月一打）。

六、总结以上内容，我认为敌国人的健康状况大致良好，但在所内卫生状况上仍需要注意的地方也不少。

我建议可以从敌国人医师中选任卫生指导员，让其负责指导食堂、厕所等所内的一般卫生工作。

乐道院

柯喜乐（Norman Cliff）著

罗蕊　译

刘家峰　宋佳凡　校

NORMAN CLIFF
courtyard of the happy way
樂道院

作者简介

柯喜乐（Norman Howard Cliff，1925~2007），生于中国烟台，父母均为来华内地会传教士，其曾外祖父海班明（Benjamin Broomhall，1829~1911）曾任内地会总干事。

1942 年 11 月，柯喜乐随芝罘学校师生一同被转移至毓璜顶集中营。次年 8 月，被转移至潍县集中营，直至战争结束与在南非德班传教的父母团聚。1949 年，获得罗德大学商学学士学位。1955 年，在南非联合归正教会（United Reformed Church）担任牧师、会计，后返回英国。1977 年出版《乐道院》（*Courtyard Of The Happy Way*, Evesham：Arthur James Limited, 1977）。1983 年，在英国开放大学获得哲学硕士学位。1995 年，在白金汉大学获得哲学博士学位，论文题目为《中国山东的新教传教史，1859~1951》。1998 年，出版《武士的俘虏：日军在华的平民集中营，1941~1945》。

作者于 1984 年重访潍县，此后又十度重访中国。1995 年，在潍坊纪念潍县集中营解放五十周年大会发表演讲。2005 年，柯喜乐最后一次回到潍坊，出席乐道院潍县集中营解放六十周年纪念仪式。

序 言

太平洋战争首先是中国的灾难，珍珠港事件后，这场灾难也波及英国和美国，但最终以同盟国的胜利、日本的失败和“大东亚共荣圈”愿景的告终而结束。

平民不可避免地陷入了战争的旋涡。日本人在中国大陆、香港、新加坡、印度尼西亚、菲律宾、韩国、台湾和日本本土设立了集中营。这些集中营管理严格，甚至经常是严苛的。三十年过去了，盟军的胜利让那些在日本人手中遭受过极度贫困和暴行的人得到了极大程度的释放。对我们大多数人来说，战争记忆可能日渐褪色，然而，对被拘留者而言，那些年的记忆难以磨灭。

身为当年被拘留者中的一员，柯喜乐的父母都是传教士，母亲是戴德生（James Hudson Taylor，1832~1905）的妹夫海班明的后代。战争开始后，芝罘学校的教职工和孩子们暂时被困于芝罘，最后被转移到内地一个更大的国际社群中。这本书记录了作者在芝罘的成长岁月，是非常个人化的回忆，也记载了作者从高中教育结束到会计和传教士职业生涯开始这段不受欢迎的插曲。

当军队在世界战场上作战的时候，战时强制拘留带给人类越来越大的压力和挫败感，恶劣的生活条件和严重的粮食短缺使得生活困难重重。但有阴影的地方也会有光亮，个别基督徒勇敢、无私的生活态度激励了他人，并帮助提升低迷的士气。作者和其他青少年一样，发现自己的信仰受到考验，但却获得了更深刻、更真实的基督教经历，这使他被召到教会担任牧师。

在那些容易变得肮脏和堕落的故事中，对上帝的信仰和忠诚闪耀着光芒。

克罗伯勒（Crowborough），1977
赖恩荣（Leslie T. Lyall）
海外基督使团（O. M. F.）退休传教士
中国教会史著名学者

自 序

要书写一个人在中日战争结束三十多年后的经历，并非一个容易的任务，尤其我大部分时间远离事件现场。

这本书是我在长达五年的空闲时间里写的。幸运的是，我有一些信件、剪报和照片可以加深我的记忆。

故事的背景是中国芝罘学校和中国内地会。在前两章中介绍它们时，我大量引用了三位中国内地会传教士的作品（在后面的致谢名单中列出）；我要就此向海外传教会致谢。

我要感谢义务协助打字的三位女士，她们分别是来自维多利亚堡的玛丽恩·珀基斯（Marion Purkiss）女士、伊冯·巴克利（Yvonne Barkley）女士和锡诺亚的玛琳·哈丁（Marlene Harding）女士，还有我的妻子莉莲（Lilian），她不仅帮助我打字，还鼓励我完成这项工作。利迪（J. Liddy）先生好心地从语法和文学的角度检查了错误。

本书写作目的可以用芝罘学校的校歌很好地概括：

> 我们轻描淡写地评价人们的喝彩，
> 我们定下更崇高的目标，
> 将我们一生的辛勤劳动，将荣耀归于神的尊名。

我相信，在这一点上，我在某种程度上是成功的。

桑德兰（Sunderland），1977

柯喜乐

第一章　不愿上学

哦，芝罘的海岸，这片光秃秃的荒野，
多么适合一个诗意的孩子；
这里有棕色的山丘和眩目的风景，
这里有缓慢的舢板和摇摆的桅杆。

我青春的故乡，
是什么样的凡人之手，
能把衣带编织成阳光的丝线？

当我回顾每一个熟悉的场景，
想想过去和现在，
我的灵魂宁愿像昔日一样，
站在你阳光普照、撒满贝壳的岸上。

（作者未知）

背着书包、满面红光的学童，像蜗牛一样慢腾腾地拖着脚步，不情愿地呜咽着上学堂。[①]

（莎士比亚《皆大欢喜》）

我站在校长办公室门口，里面是预备学校校长肯顿（Kendon）小姐，

① 此处选用译本为：［英］莎士比亚：《莎士比亚喜剧集》，朱生豪译，沈阳：万卷出版公司，2014年，第152页。

她左边是我母亲。我刚刚和母亲吻别。

突然，我那幼稚的头脑明白了这一切的意义。这不是去学校的短暂旅行，也不是去参加生日晚会，母亲一定是要回内地的山西黎城和父亲团聚了，而我现在要变成预备学校的一名寄宿生了。

我突然明白了这一切的真相。这是一次创伤性的经历，直到四十四年后的今天，我仍能回忆起这种痛苦，仿佛就在昨天。我下意识地挥了挥手，然后跑到学校操场上，想和其他孩子一起玩，就好像什么也没发生过一样。

我最后看母亲的那一眼，就像一张照片，留在了我记忆中的时光走廊里。她看起来很痛苦；对她来说，这是她第一次和孩子分别。我不是她的长子吗？在这片土地上享有特殊荣誉的孩子？几年后，柯赞美（Lelia Cliff）将是下一个离开鸟巢的雏鸟，然后是柯荣耀（Estelle Cliff），她现在仍是襁褓中的婴儿。

一个小时后，我站在教学楼外，俯瞰着北面的操场。在海湾的另一边，一艘汽船在断崖前驶出港口，然后它转向北方，消失在视线中，只留下一缕轻烟。有生以来，我第一次感到孤单。

那是1931年，这个地方名叫芝罘，位于上海以北500英里处，是一个安静的港口。那时我六岁。十年前，父亲放弃了在伦敦的药剂学讲师职位，成为中国内地会的一名传教士。这是一个在中国内地省份工作的大型跨宗派团体。他把安全和舒适抛在身后，在神灵的召唤下，过着节俭、危险且和家人分离的生活，后续的故事将体现这一点。

母亲在中国的传教可以追溯到在那片土地上工作的上两代人。1865年一个星期天的早晨，她祖母的弟弟戴德生博士正在布莱顿海滩（the Brighton Beach）上散步。退潮了，海滩上空空如也。教堂的钟声召唤信徒们去做礼拜，但这位曾舅姥爷——戴德生这名年轻的约克郡人——在荒芜的海岸踱步时，正面临着一个重大决定。

那天晚上，他在《圣经》扉页上潦草地写道："1865年6月25日，在布莱顿为24名熟练义工祈祷。"周二晚上，他记录道："6月27日，和皮尔斯（Pearse）先生一起去了伦敦郡银行，为中国内地代表团开了一个账户。”

1866 年 5 月 26 日[①]，戴德生带着更多的信念而非资金，和那群传教士新兵登上了载重达 760 吨的“拉默缪尔”（Lammermuir）号。我的外祖父海国禄（Hudson Broomhall）那时还是个毛头小伙，他和一群祝福者站在蒂尔伯里码头上，其中大部分是海氏家族（Broomhalls）的人。这艘历史悠久的巨轮沿着泰晤士河航行，开始了它四个月的危险航行，而后到达上海。

我的曾外祖父海班明娶了戴德生的妹妹，住在伦敦的贝斯沃特（Bays Water）。他参加了许多活动，包括任职反奴隶制协会（Anti-slavery Association）的秘书长，特别是参与反鸦片运动。为了反鸦片运动，他在英国上下奔走，试图唤起国民对鸦片造成的日益增长的罪恶的良知，并在媒体上撰文、采访国会议员等。他的儿子海恩波（Marshall），也就是我外祖父的弟弟，临终前给他读了《泰晤士报》驻北京记者莫里循先生（G. E. Morrison, 1862~1920）的报道。这段文字包括：“……该协议意味着至少在两年甚至更早的时间内，鸦片贸易将彻底消失。”曾外祖父的临终遗言之一是“感谢上帝，我能活着看到它”。

后来，他搬到伦敦皮兰路 2 号负责中国内地会的第一个住所。在这里他不仅需要招待来往中国的传教士，还需要面试差会的候选人。此外，除了他们自己的四个儿子和六个女儿，他还要照顾戴德生的七个孩子，与此同时，他开拓了内地会在这一领域的工作。三年后，他被任命为该会秘书长。外祖父海国禄（他直到临终都没有忘记第一次乘“拉默缪尔”号离开伦敦码头的场景）也去了中国，最终成为上海新闸路总部内地会信任的代理人。因此，母亲于 1894 年出生于江西牯岭。

我面前有一份褪色的证书，由英国驻汉口的代理领事签署，上面记载着海宽爱（Mary Gertrude Broomhall）于 1894 年 1 月 15 日出生。1901 年，

① 原文 1865 年，应为 1866 年。——译者注

她也被送到了芝罘学校，而她的父母和家里的年轻人则去了英国休假。第一次世界大战期间，她在伦敦取得了药剂师资格。1922 年，她开始在上海工作，那里离差会旧总部很近，她的父亲当时还在那里的行政办公室工作。

事实证明，遗传、环境和职业的吸引力太大了，她也加入了中国内地会。就在这里，在上海虹口区的老总部，柯尽忠（Howard Cliff）遇见了海宽爱。结婚证书上的日期是 1923 年 12 月 14 日，证书记载他们“根据英国国教的仪式在圣三一教堂（the Cathedral of the Holy Trinity）结婚”。

他们的第一个家安在开封，在教会医院当药剂师。他们从开封去了芝罘迎接我的出生，那是 1925 年 4 月 4 日。那一年正是教会成立的钻禧纪念，教会成员中有了 1000 名传教士。

不祥的阴云笼罩着中国。孙中山刚刚去世，共产主义开始广泛传播，土匪抢劫和不法行为开始在这片土地上蔓延。上海公共租界的一个事件引发了大规模的排外情绪。排外情绪蔓延到全国各地，严重破坏了教会的财产，包括扬州的语言学校（父亲在那里第一次学习复杂的汉语），以及我父母婚后工作的开封的医院。来自不同差会的 5000 名新教传教士被疏散，许多人再也没有回来。1927 年，我随父母去了英国。在开往英国的船上，一个大风天刺激我第一次开口说话。很明显，我讲的是一句中文“不要大风”（Pu iao to feng）。

在德文郡托基（Torquay, Devonshire）的一家小型疗养院里，离我父亲儿时的家不远，柯赞美出生了。祖父母感到高兴，因为中国的排外风气把他们的儿子和家人从遥远的地方吹到托基来迎接赞美的出生。我依稀记得托基温莎路（Windsor Road）花园的老苹果树、伦敦纽因顿绿地（Newington Green）阴暗的建筑，以及一次伦敦动物园的旅行。

那么，这就是多年来的前情提要，他们把我带到了那重要的一天：轮船从我的视线中消失了，而我现在是寄宿学校的一百个“预科生”之一，其他人在这里的原因大抵与我相同。

父亲和母亲真正理解了《圣经》上的言语。十九个世纪以前，基督说:

“凡撇下房屋，或弟兄姐妹，或父母，或妻子儿女，或田地的，为我的名得着百倍，并且承受永生。”（马太福音 19：29）

然而，对于一个想家的男孩来说，这一切都是冷冰冰的安慰：这是一个奇怪的新世界。晚上我们在一间大宿舍里脱衣服，跳进锡制的小浴缸。阿妈们进进出出，提着一桶桶的热水。值班老师是加拿大人，她从一个澡盆移到另一个澡盆，帮助每个孩子清洗身体。她看到我红红的眼睛，知道我是新来的，在我脸上亲了一下。这个吻给我带来了无法估量的安慰。

祷告过后，我上床睡觉。我看见旁边的墙上有一个相框，里面装着全家人的合影。父亲也在其中，像他在河北获鹿（Hwailu）（几年前我们的家就是宣教所）时那样，伸开双臂跪在地上。我想再一次跑进那强有力的、充满爱的臂弯里，就这么想象着睡着了。

第二章　昨日的田野

1881 年，芝罘学校开始办学，
阳光下最好的学校，
芝罘，芝罘，永远的芝罘。

作业、网球、板球、茶，
划船、游泳在海洋，
足球、曲棍球，
芝罘，芝罘，永远的芝罘。

1882 年，他们开始打板球，
胡子和头饰使景色更美，
芝罘，芝罘，永远的芝罘。

1883 年，足球是一种残酷的欢乐，
踝关节、胫骨、膝盖都伤了，
芝罘，芝罘，永远的芝罘。

1884 年，他们开始划船，
腰酸背痛、手也酸，
芝罘，芝罘，永远的芝罘。

1896 年，他们用稻草和砖块建成了学校，
学者们开始玩起了花招，
芝罘，芝罘，永远的芝罘。

1930 年，瞧麦卡锡欢迎 P.A.B.，
他们都是很好的人，所以我们说，
芝罘，芝罘，永远的芝罘。
（在芝罘唱的一首歌。其余部分见第九章。）

他有时穿过昨天的田野，向我走来，
一个刚刚从球场上回来的小男孩，
——我曾经是那个男孩。

（托马斯·琼斯《有时》）

芝罘和芝罘学校将是我未来十二年的家、学校和生活的社区。事实上，我没有其他地方可以称得上是“家”，因为父母要从山西黎城搬到顺德（Shenteh，今河北邢台），再到南方的杭州，在某个地方长时间停留，然后再休假。后来由于战火蔓延，他们在华北的住所我从未去过，对我而言，那只是家书上的一个地址。

芝罘是位于上海以北 500 英里的山东省的一个港口，坐落于一个宁静、曲折的海湾，有着黄色的海滨沙滩，后面是绵延的群山。它是一个理想的教育和培训中心。尽管冬天北风凛冽，那里的气候还是干燥、宜人，且阳光明媚。

在这充满饥荒、贫穷、土匪、内战和水灾的土地上，一代又一代传教士的后代们乘着骡车、山羊皮筏子、小船从中国内陆的偏远省份来到这里。对他们而言，这里是噩梦，因为他们在昆虫出没的路边客栈过夜，还面临着武装土匪的袭击和感染传染病的风险。直到最后一段靠近海岸的旅程，

芝罘学校校徽

景象不再那么原始，因为这一段是乘坐火车和蒸汽轮船的旅途。

芝罘学校的院落包括一所男校、女校、后来的男女合校、纪念馆（纪念在第一次世界大战中死去的老男孩们）、疗养院、一个营业部、员工住所、运动场，就在大院外的“三巷”（San Lane）那边，还有我已经提到过的预科学校。这个独特的学习中心是如何形成的？这再一次证明了传奇性的先驱传教士戴德生博士的成就。

1879 年 5 月 8 日，差会成立约十四年后，戴德生博士在伦敦宣教协会约翰逊博士（Dr. Johnson）的命令下，乘“宝塔”（Pao Tah）号抵达这个彼时还不发达的海岸港口。对于这位身患疾病的传教士来说，芝罘的空气是一种理想的滋补品，他很快就写信把这个地方介绍给其他需要休息和康复的病人。在卵石滩的东端，离城镇不远，有一片豆田，是戴德生博士“以极低的价格买下的”。第一栋建筑使用了两艘失事船只“基督徒”（Christian）号和“艾达”（Ada）号的木材。随后，更多的土地被购买，更多的建筑被建造。

受过教育培训的伊利斯顿（Elliston）先生对山西省的饥荒救济工作感到疲惫，就来到了芝罘。他很快就开始指导另一对正在康复的传教士夫妇的四个儿子，由此发展出早期被称为“新教学校”（The Protestant Collegiate School）的学校。其他差会的孩子们也加入了这个小团体，其次是芝罘和上海的商人的孩子们，但最大的一个群体还是来自中国内地会的学生。直到 1901 年，位于院落东面的建筑才被买下，正式成为预备学校。学校的工作人员都是传教士，其中很多人都毕业于英国和北美的大学。学校以英国公学为模板，有板球、足球、曲棍球、划船和网球等校园活动。学生在 16 岁时会参加牛津大学入学考试，试卷被送往英国评分。芝罘学校在学年成绩中始终名列前茅。

虽然我曾提到过，在它所属的这块动荡不安的土地上，芝罘学校是一个避风港，但在六十年的历史中，这种安宁偶尔也会被打破。1894 年的甲午战争、各种流行病（包括肺鼠疫）、严重台风、土匪集团之间爆发的战斗，都对学校生活产生了短暂的影响，其中影响的最大是日本侵华，这则故事后面会讲到。凭借高标准的教育水平、良好的体育素质、严明的纪律性和浓厚的宗教氛围，芝罘学校被誉为“苏伊士运河以东最好的学校”。

一大部分聪慧勤奋的芝罘学校毕业生以传教士的身份返回了他们的祖国。还有许多人在母国做了医生、教授、作家等，获得成功。这些人包括《时代》《生活》杂志的主编亨利・卢斯（Henry Luce）、哥伦比亚大学汉学系教授富路德（Carrington Goodrich）、作家和剧作家桑顿・怀尔德（Thornton Wilder）、加拿大国家铁路公司副总裁维维安・贡德（Vivian Gonder），还有英国工党前议员杰里米・布雷（Jeremy Bray）。

对我来说，预科学校的生活很快就变成了一种快乐的日常。我们的老师都是敬业的女传教士，她们认真地教导我们阅读、书写和算术。课间休息时，我们就跑出教室绕圈球、玩弹珠和捉迷藏。星期天早上，我们列队步行去联合教堂（Union Church）。沿着这座中国小城的边缘到达了定居点，我们来到了教会大院前，那里有芝罘俱乐部和现代的西式店铺，然后爬上毓璜顶，来到教堂，在那里可以看到港口对面的风景。那座建筑又长又暗，礼拜活动似乎又冷又慢。我们以家庭小组的形式返回，活动结束后，我们又与男校和女校的兄弟姐妹联系在一起。相比之下，下午在纪念堂举行的礼拜仪式则正式而多样。学校经常提供实物课程，活动的每个部分都更容易理解。

预备学校的前面是海滩和学校的洗澡间。在天气温暖的季节，我们每天都在这里游泳。节假日，在学校后面的山上野餐是最受欢迎的，比如“亚当圆丘”（Adam’s Knob），或者更远的竹林寺（Bamboo Temple）。每年夏天至少有一次乘船去灯塔岛（Lighthouse Island）的全天野餐。

在天气炎热的季节里，在纪念堂礼拜时，中国仆人为我们做饭，轮流拉着风箱。裹着小脚的阿妈们为我们铺床。每周五的课上，都有一位阿妈轮流走进每个教室，一个接一个地为孩子们剪指甲，这是我们已经接受的每周例行仪式。每周还有一节课是专门给家里写信。老师一般将建议的主题，以及我们不会拼写的生词写在黑板上。校长负责审查所有的对外信件。家信会在进餐的时候收到。学长们或坐在桌子末端的老师会帮助孩子们读信。

临近年底的时候，老师都会在黑板上写下各家各队乘船回家过圣诞假期的日期，然后我们会写信将日期告知家里，并开始计算距离出发还有多少天。我清楚地记得我第一次过圣诞节的那个小村庄。

赞美和荣耀还太小，我没法和她们一起玩，而父母又全神贯注于传教工作。那里没有白人儿童，因为最近的传教站也有好几英里远。我很高兴能和父母在一起，但又因为缺少娱乐而感到无聊。

福音堂的礼拜是最简单的。里面的长凳是硬板凳，大厅前面写着汉字，有一个摇摇欲坠的讲坛和一架旧管风琴。农民们带着啼哭的婴儿和衣衫褴褛的孩子，高声歌唱，热切地听着布道。我只能在祷告结束的“是的，耶稣爱我”和“阿门”声中加入。沿着村里唯一的道路，信教的人步履沉重地来到当地的寺庙。在寺庙昏暗的内部，人们可以看到面目狰狞、多角的众神，闻到朝圣者送来的熏香。

回到学校的头几个星期，我总是充满了强烈的思乡之情。直至收到来自家里的信件，又回到同学和朋友的关系、校园节目中，心理才逐渐恢复平衡。

接下来的圣诞节，我和父母在顺德度过，这意味着我可以减少旅行的时间，多接触西方人的生活方式，因为几英里外就是友好的美国长老会传教站。圣诞节的内容包括给孤儿院的孩子们送礼物，去长老会的中文学校听他们唱颂歌。

学前班、过渡班、低年级和高年级的时光过得飞快又欢乐。预科学校的最后几年发生了变化。我们把老预科学校——昔日的旅馆冰冷的宿舍和吱吱作响的地板抛在身后，进入了一所美丽的新学校，这里规划周密，建筑牢固，温暖而舒适。

第三章　战神

战神醉于血，大地昏倒衰败。[①]

（《挪威国王格温》）

1935 年 8 月，我和一年级的男生一起搬到男校读二年级。这带来了许多变化。为了我们的教育，我们搬到了男女同校的街区。法语和拉丁语成为课程的一部分。星期一、星期三和星期五放学后，学校有运动必修课——夏季是板球，冬季则有足球和曲棍球。星期二和星期四是可以离校外出的日子。在从值班校长那里获得许可后，我们可以步行或骑自行车，出院门到第二海滩，或到学校后面的“亚当圆丘”去。1935 年，我连续第三年到杭州过圣诞节，这是唯一我不止一个假期去过的城市。

我们的家紧挨着圣经学校（Bible School），有一个漂亮的花园，很舒适。与黎城和顺德不同，这个城市有许多西方人。我们经常去英国圣公会的院子里，和伊芙琳（Evelyn）、诺埃尔·泰勒（Noel Taylor）一起玩。圣诞节，有许多英国和美国家庭参加的联欢会和颂歌演唱。父亲忙于备课、批改试卷和与学生交谈。当他穿过花园去讲课时，他会和我踢一会儿足球。周六下午，我们并排骑车穿过尘土飞扬的道路，来到著名的杭州西湖。我们会把自行车推到桥顶，然后飞驰而下。

圣经学校的学生来自不同的省份，因此他们说各种各样的方言。他们被训练成中国教会的领袖。他们轮流组织学校的祈祷。从休息室的窗户里，我们经常看到一个学生在狂热地排练他的布道，把头探出大楼二楼尽头的窗户。除了圣经学校之外，还有中国教会，牧师李先生是一位善良的人，

① 英国浪漫主义诗人威廉·布莱克（William Blake，1757~1827）的作品。——译者注

也是一位优秀的领导者。周日上午的礼拜结束后，学生们会在教堂外集合祈祷，手握自行车和一些中文的宗教布道的小册子。祷告结束后，他们两人一组分散在城里，举行露天礼拜。在这里，杭州，是我经历过的最接近家庭生活的地方。

后来的一年，父母去了英国休假，我的圣诞节是在学校和其他孩子一同度过的。他们的父母居住的省份太远，不适合假期旅行。

每年夏天，美国和英国的舰队都在这个海湾停泊。岸上的美国海军为港口经济注入了大量资金。“白俄”女人追求这些高大威猛的水手，他们把时间花在岸上的酒吧和海滩上。英国舰队在足球和板球比赛中向学校发起挑战。星期六下午，男孩们和城里的商人或英国军舰的球队打球。鲍彻上尉（Captain Boucher）是一位传奇的板球运动员，据说是远东舰队中最好的击球手。想象一下，在一个周六，当约克斯通（Yorkstone）在中路击败他时我们骄傲的样子。不久，在学校的规定运动中，海曼（Hayman）击败了约克斯通。很快，学校里许多初出茅庐的板球运动员都把自己描述为“那个打败鲍彻的人”。

1937 年 5 月 12 日对芝罘的英国人来说是个伟大的日子。远在伦敦，国王乔治六世和伊丽莎白王后的加冕礼正在举行。在我们这个东部的港口，在离联合教堂不远的英国领事馆的地界里有一个游乐场。在我们学校的操场上举行了一场感人的仪式，英国海军在此举行了阅兵游行。巡洋舰“达娜厄”（Danae）号在港口鸣放了 21 响礼炮，当晚还燃放了焰火，探照灯也都亮着。我们为自己是英国人而自豪，为停靠在海湾的船只而自豪，为与我们进行体育比赛的海军船员而自豪，也为地图上用红色色块标识的辽阔帝国而自豪。

与此同时，可怕的战争幽灵在我的出生地中国境内抬头。我们从成邦庆（Arnolis Hayman）和薄复礼（Rudolf Alfred Bosshardt）[①]（这两名传

---

① 关于两位传教士被扣留的历史，参见成邦庆：《一个外国传教士俘虏的长征：成邦庆回忆录》，刘家峰、刘莉译，台北：基督教文艺出版社，2016 年。——译者注

教士被红军关押在中国西南部，被迫与他们一起“长征”）的故事，以及学校里一些人的父母的信中知道，共产党军队在贵州和四川行军。在更远的北方，敌对的强盗团伙也带来了同样的破坏。蒋介石指挥他准备不足的军队，同时面临内战和野心勃勃的日本帝国的进攻。日本人口过剩，他们贪婪的目光盯上了这片广阔的土地，把其当作满足经济需要的出口。只要一点火星，战争和轰炸就会把这片土地烧成灰烬。

1937 年 7 月，北京附近发生的卢沟桥事变成了这点火星。平静的芝罘港很快就受到了这种影响。中国青年被征召入伍。我们可以看到他们在训练，在前面的道路上列队行进。苦力们拿着镐和铁锹疯狂地挖壕沟、建碉堡。所有的家庭都被疏散了，留下家徒四壁的泥房子。留下来的人在他们的花园里挖了防空洞。与此同时，山西的来信谈及了被日本人围困的村庄。

我现在十二岁，开始感受到新的能量和活力。每到离校外出日，当我感到被严格的家庭作业、考试和学校的纪律束缚时，就会和格兰特·汉纳（Grant Hanna）和杰克·贝尔（Jack Bell）一起在学校后面的小山上漫步，寻找冒险和刺激。我们闯进山坡上无人居住的中国人的房子，其居住者已迁往内地；我们跳进防空洞里，直到他们让步；我们乱扔石头，直到所有的纸窗户都被击碎。我们用木杆向墙砸去，墙体在我们的打击下倒塌了。

学校大院后面离二马路不远处是一家隔离医院，用于应对麻疹、猩红热等疾病的爆发。一天，我们三个从医院旁边走过。走到尽头，是一个中国管理员的简陋住所，他的房子外面有一堆干草。我一时冲动，对汉纳说：“如果你点一根火柴，我就会去把草点着。”

五分钟后，我们拼命地跑回学校的院子，管理员紧跟着我们，把他能讲出的中文骂人的话都嚷嚷了一遍。向远处望去，我们能看到的只有烟和火。我们躲在疗养院后面喘口气，计划下一步的行动。大家一致同意，如果我们立即坦白这件事，布鲁斯爸[1]（Pa Bruce）对我们的惩罚将会大大减轻。这份坦白带来了回报，因为在他的办公室里待了几分钟后，我们只是被鞭

① 芝罘学校校长步如旭，学生们都亲切地称他为“布鲁斯爸”。

打了三次，关禁闭一个星期。

运动场隔壁是一位住在破旧的泥房子里的中国老农民，他种植着成排的蔬菜。网球和足球不可避免地会越过学校围墙，进入他的菜地。比赛激动人心，年轻的球员们不愿浪费时间，他们跳过墙，侵入菜地，一只眼睛盯着丢失的球，另一只眼睛盯着是否有可能会被愤怒的农民抓住。

一天早上，学校祷告结束后，布鲁斯爸递给我们一份来自这位农夫的诉苦信，提醒我们，我们的父母都是在那片土地上传教的。出生在传教的家庭环境中，常常会在我们的心中造成这种紧张。我们的父母被召唤去做的工作，虽然高尚，却不是我们自己选择的，但即使如此，我们还是必须维持一定的行为标准，这是对传教士子女的期望。

1938 年 2 月一个星期五的早晨，地上的雪融化了一半，到处湿漉漉的，泥泞不堪。我们在一个男女同校街区的学校上学。我上四年级。我们的拉丁语老师马义信（Stanler Gordon Martin）在黑板上画了一条裤子，并在下面写道："防御军团[①]（castra）就像裤子（trousers）这个单词，它在形式上是复数，但在意义上是单数。"他的目光被外面的什么东西吸引住了，然后他平静而意味深长地喊道："那么，这就是我们的新统治者了。"

这是我们第一次见识到日本入侵、占领芝罘。我们从教室的后窗往外看。可以肯定院外前路上有一些日本卫兵在执勤。对我们来说，他们是一个新的民族，戴着钢盔，穿着卡其布制服和笨重的靴子，手持刺刀。和我们熟悉的中国人相比，他们看起来又矮又结实。

日本卡车来来往往。炮艇急速驶进港口。飞机从航空母舰上驶离，飞过上空，散发有关"东亚新秩序"[②]的传单。这一切都发生得那么突然、那么安静。没有战斗，没有轰炸，没有噪音，没有人员伤亡。这是怎么回事？在接下来的几周里，真相浮出水面。

日本早就计划把山东列为其第一批控制的省份。中国的战事刚开始不

---

① 带有防御工事的军团营地，拉丁语中称为 castrum，复数为 castra。

② 参见附录二。

久，他们就私下同当时的省政府主席韩复榘取得了联系。韩知道自己的中央政府军装备不良，完全无法与纪律严明、精锐的日本军队抗衡，几乎没有讨价还价的能力，因此双方达成了某种谅解。他颇具中国特色地派遣军队到山东北部迎战入侵者，与其说是为了打仗，不如说是为了保全面子。不出所料，日军稳步向南推进，芝罘没有抵抗就沦陷了。考虑到内地经历的义和团运动、1927 年的排外运动及其他在芝罘学校历史上对健康、生命和身体的无数次考验，不难看出，在这次安静的撤退和平静的接管背后，有另一只手保护着我们这些雏鸟。

在接下来的几个星期的离校外出日，我骑着自行车走出院区大门，前往军事禁区，以便近距离观察我们的新统治者。他们表现出了敌意和矜持。他们的语言与同为东方同胞的中国人是如此不同。他们的舌头无法发出字母“L”的声音，“克利夫（Cliff）”他们只能发三个音节，如“Ko Ri Fu”。他们之中很大一部分人戴着黑边近视眼镜。他们的嘴里通常镶有一两颗金牙。

中国农民每天骑着自行车或推着吱吱作响的独轮车从牟平和周边村庄涌来，车上装着鸡、蔬菜和猪。他们被仔细搜查，有时会受到惩罚或被枪托击打。他们必须出示通行证，否则就会被再次驱逐出城。

日本书面语的文字来源于汉语，因此，尽管口语完全不同，日本卫兵和中国农民还是通过书写来交流。

新形势下，我们的立场是中立。日本和中国处于战争状态。只要我们不拍摄军事地点的照片或没有任何不谨慎的行为，我们就可以自由进出。渐渐地，栅栏旁的日本守卫对传教士的孩子们变得和蔼起来，他们用不连贯的中文和结结巴巴的英语和我们说话。他们给我们看他们的子弹、他们心爱的人或家人的照片，和我们说笑。我们学会了叫他们的名字，并开始学习用日语数数。

学习和体育活动如常。家里的来信少了些，信中讲述了河北和山西的爆炸和毁坏的故事。

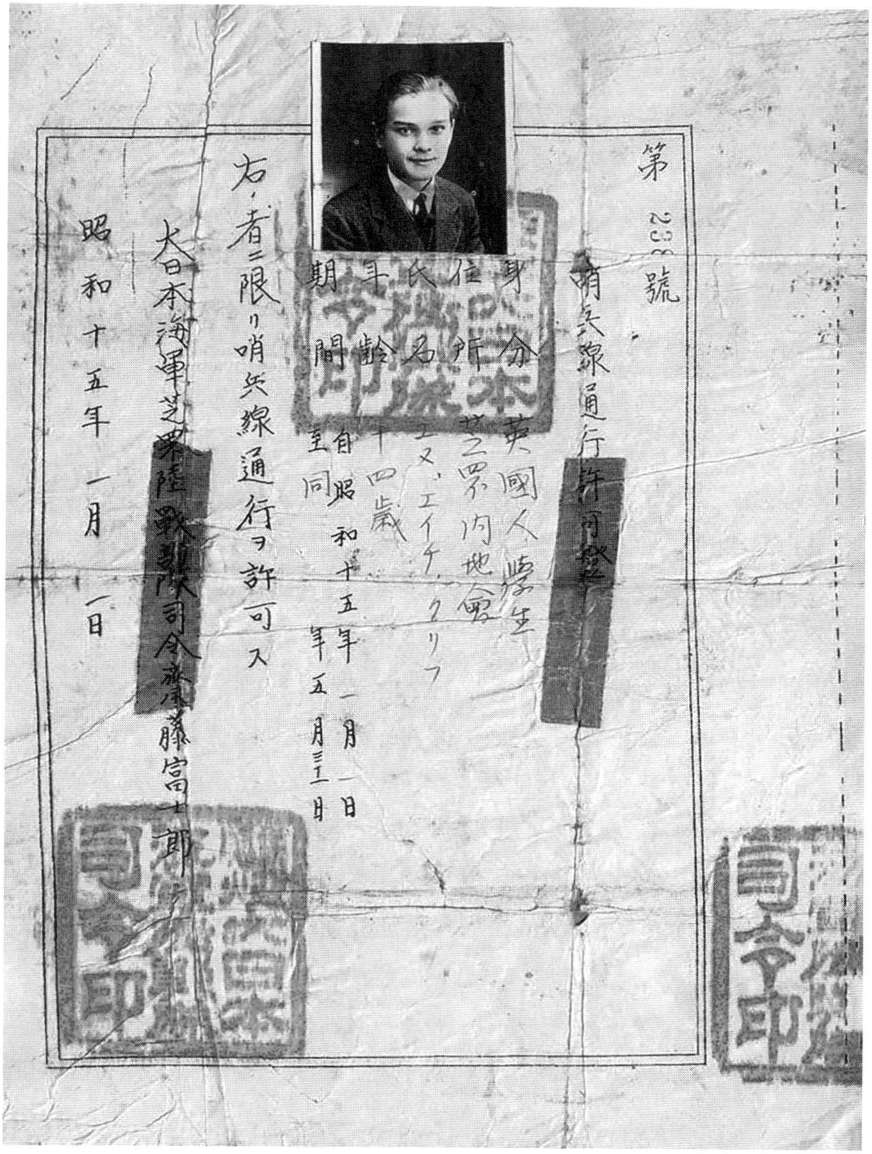
第238號
哨兵線通行[redacted]
身分 英國人學生
住所 芝罘內地會
氏名 エヌ、エイチ、クリフ
年齡 十四歲
期間 自 昭和十五年一月一日
至 同 年五月三十一日
右ノ者ニ限リ哨兵線通行ヲ許可ス
大日本海軍[redacted]藤富士郎
昭和十五年一月一日

日军颁发的通行许可证（柯喜乐，1940 年）

1938 年 9 月，我升入了低五年级（Lower V）。现在进了中学，我加入了辩论社。以下是我们辩论的一些议题：“拥有健康而没有财富胜过富有而不健康”“在学校的课程中，中文应该取代拉丁文”“美国应该加入目前对德战争。”

正是在辩论社的会议上，我学会了在公众面前演讲。有一年时间，我担任文学社和辩论社的干事。

战争的影响逐渐显现，其他教会的一些孩子和父母一起返回了英国和美国。

随着战线在中国中部向南北延伸，旅行变得更加危险，所以更多的孩子假期留在了学校。

1939 年发生了一件事，使我们的体育和社会生活更加有趣。22 名来自英国、北美和澳大拉西亚[①]的新兵被派到芝罘学习语言，因为战况，把他们送到安庆的普通学校是不明智的。他们中有三个是老芝罘人。他们都是充满了宗教热情的年轻人。其中一个 29 岁，比其他人年长，前几年他们曾随商船来到芝罘。他们在学校祈祷，在联合教堂和纪念堂布道。我们未错过他们的任何讲话，听他们讲上帝是如何在澳大利亚的丛林、皇家海军的海域或是在大学时代将他们抓住的。他们组成了两个运动队，在学校举行了许多令人兴奋的板球、足球和曲棍球比赛。当春季田径比赛开始时，他们绕着赛道进行障碍跑，与我们比赛。语言考试结束后，除了牛津大学硕士戴礼文（David Bentley Taylor）加入学校获得终身教职以外，其他人均被派往中国各地。

对中国来说，1939 年是战争的岁月，对河北省来说，这一年还有一场悲惨的洪水。这就影响了我收到家信的频率和我父母到来的次数。我朋友

---

① 澳大拉西亚（Australasia），大洋洲的一个地区，包括澳大利亚、新西兰和邻近的太平洋岛屿。“澳大拉西亚”一词是由法国学者布罗塞（Charles de Brosses）于 1756 年出版的《澳大拉西亚地区航海的历史》（*Histoire des navigations aux terres australes*）一书中提出，取自拉丁文，意思是“亚洲南部”。——译者注

们的父母除了一般的小型布道和教导外，还协助灾后救济、难民工作和紧急医疗工作。

在这一年里，我的父母在芝罘住了大约六个月。由于无法穿过战线到达他们在内地的新传教站，他们在男子学校操场后面的田野上租了一栋叫作摩尔斯堡（Moores Fort）的房子。这是我们可称为家庭生活的最后六年。我们一起去海边游泳，还和从内地来的其他传教士家庭一起野餐。1939 年 3 月底，我和父亲骑自行车到离居民区不远的、中国人住的城外商店去。父亲去永康商店买东西，我留在外面看着自行车。

在不远处的沙袋堆后面站着两名执勤的日军警卫，其中一个走过来，非常友好，问我“你的国家是什么？”，然后是“你的名字是什么？”，我回答完后，他招呼我站在他旁边，他的同伴给我们拍照。在一张从他制服里拿出的破纸上，我写下了自己的名字和地址。

五个星期后，一封信寄到了邮局。这是一封来自前线的信，因为信封上有一张战地邮局的邮票。邮票上的寄信日期显示，这封信花了二十六天才到我手里。我兴奋地拆开信封，里面是一张我和那个士兵的合影，还有下面这封信：“我为不会说英语而失望懊恼。你和我拍完照了。我很高兴有你的照片了。再见了，你的朋友，一个日本士兵。”我把信和照片寄到了《泰晤士报》“读者来照”的版面上，并自豪地获得了一几尼。

几个月后，我惊奇地发现那个士兵在院落大门外执勤。我得知他叫后藤（Goto Toro）。在紧张的战争气氛中，我们很快成了朋友。我在他值勤的时候慢慢与他相熟，走到前面的路上去和他聊天。有一次，在他和其他士兵在第二海滩练习从一个战壕跳到另一个战壕时，我还加入了他们。

接下来的那个冬天，一位先知门徒会（the Sons of the Prophets）的朋友（他后来成为牛津大学的中文教授）从中国南方写信来，说他和一群日本兵乘船横渡长江，其中一个走上前来，拿出一张我的照片，出乎意料地说道：“你知道柯喜乐先生吗？他是我的朋友。”这是我最后一次听到后藤的消息。我常常想知道他是否在那些年的战斗中幸存了下来。

第四章　天堂的猎犬

我日日夜夜躲避他；
我在岁月的拱门下躲避他；
我在自己心灵的迷宫里躲避他；
我在泪水的迷雾中躲避他；
在欢声笑语中，我飞快地奔向希望；
飞奔，加速，
跟着，跟着，跟着那些强壮的人，
陷入“泰坦尼克”号恐惧的阴影。

（弗朗西斯·汤普森，1859~1907）

到目前为止，我没有提及弥漫在芝罘学校生活中强烈的宗教气息。新的一天从早上7点持续一刻钟的静默开始。早餐后，是学校的晨祷。晚上作业完成之前，又有晚祷。星期天的活动包括静默、学校祈祷、早上的联合教堂仪式、下午的十字军战士，以及后来的纪念堂仪式和晚上的祈祷。周日，图书馆的“主日学图书区”开放，其他图书则不对外开放。此外，给父母的信必须在就寝前交上来。星期三晚上有一支乐队，通常是由在海边度假的传教士致辞。总的来说，宗教活动确实是占比很重的。

如果说对我们的教育有什么批评的话，那就是过分强调宗教活动。教育和体育设施非常好，气候和环境都很理想。经过了训诫和实践，这些教师都是对神有极大奉献精神的男男女女。在这样的环境中找到自己的宗教信仰是容易的，也是困难的。容易是因为一切都是现成的。所有的教导和谈话背后都有一个基本的主题：“神是活着的，基督是我们的朋友，《圣经》

是一本充满活力的书。”这很困难，因为人们总觉得成为基督徒只是环境的牺牲品，因为自己的父母和老师都是虔诚的基督徒，而自己有可能屈服于压倒性的宗教气氛的压力。

人们对教派知之甚少，因为内地会大体上是具有合一精神的，它的数千名传教士都来自圣公会、卫理公会、浸信会、长老会、公理会和兄弟会教堂，尽管它的合一精神只限于那些神学方面保守的人。另外，在星期天，少数学者步行去圣安德鲁斯圣公会教堂，而其他人则去联合教堂。这些是我们所知道的唯一的团体活动。

1940 年春天学校的祷告结束后，布鲁斯爸发布了一份年度通告：在 7 月第三个星期天将举行洗礼。那些希望受洗的人必须得到父母的同意，亲自与布鲁斯爸交谈，并开始上指导课。我现在十五岁，上高五年级，正是受洗的年龄。尽管我们的学校生活中不断强调宗教，但我对宗教问题一向非常保守和敏感。

七年前的一个星期六下午，在原来的预备学校，当我们在北边的操场上玩耍时，班上的两个女孩出乎意料地问我是否“相信耶稣”。我觉得我的隐私被侵犯了。这个问题是对我整个成长过程的一种冒犯，因为我的父母和祖父母不是把他们的生命献给了上帝，做了传教的工作吗？我坐在操场的一个角落里，当其他人在双杠上跳来跳去或是在玩即兴的板球游戏时，我的答案突然出现了：基督悬在我面前，钉在十字架上，为我的错误和罪恶牺牲。经过简单的、孩子气的祈祷后，我感觉到上帝已经接受了我。善意的福音传道者和偶尔的“地狱之火”传教士演讲后来试图左右我的情绪，但我始终坚定不移，即“这上帝是我的上帝”。

所以，当宣布洗礼的声明时，我意识到是时候展示自己了。我写信给家里征求父母的同意。当时，由于黄河蜿蜒流经陕西、山西、河南和山东北部，堤坝已经决堤，信件到达和发出的速度都很慢，正常的交通和通信也被封锁。

我紧张地等待他们的答复。在教学楼开始上课时，虽然还没有得到我父母的同意，但我还是得到了准许。

到了7月，河南的传教站仍然没有答复。7月18日，也就是那个大日子的前三天，校长坚定地对我说：“柯喜乐，看来你得再推一年了，还没收到你父母同意的信件。”我苦苦祈祷，希望能发生什么事，让我在下个星期天能够接受洗礼，但一切似乎都不太可能。

一天后，我被叫到校长办公室。布鲁斯爸面带微笑转向我说：“康威先生（Mr. Conway）眼睛严重感染，你父亲已经把他送到海边治疗，明天就来这儿。”

到星期六晚上已经确定，父亲不仅同意了，而且将亲自主持洗礼！

1940年7月21日，星期天，天气很好，海面像玻璃一样平静，来自学校的人群聚集在海滩上，中国人站在道路和人行道上。

我们穿着白色的夏装，在父亲的带领下光着脚沿着海滩慢慢地走到水里。有14个男孩和女孩要受洗。

当往水里走得更深的时候，我们感到又冷又紧张，但我们身后海滩上的会众唱道：

追随，追随，我要追随耶稣，无处不随，处处皆随，我都要追随。
追随，追随，我要追随耶稣，无论他领我到哪里，我都要追随他。

他们所唱的是我发自内心的感受，尽管我不知道在那之后的十八个月里会有什么结果。

我们一个接一个地接受洗礼，两个仪式之间只有一首赞美诗。一切都那么简单，但这个仪式对我来说是精神上的里程碑。到目前为止，宗教还是一个在特定的精神环境里无论我是否愿意都需要接触的存在，但从现在起，我感到我已经做出了自己的选择。

那天接受洗礼的人并不知道，在西方国家，围绕这个简单仪式有神学上的争论。有些人对所需的水量持坚决态度，有些人认为水必须得到适当的祝福，还有人对主持仪式者的合法性不满。也许这样也好。

当我们走回海滩时，人群正在唱着多德里奇（Doddridge）的赞美诗：

他拉着我，我跟着他，
被神的声音吸引……
现在让我久已分裂的心安息吧，
安定在这个幸福的中心，安息吧，
永远不要离开你的主，
和他在一起拥有一切美好。
凡有福气的，听见重誓的，
必将天天听到……

组里所有的男孩都从牧师那里收到了一本带拉链套的《新约》。我的那份里面写道："那能保守你们不失脚，叫你们无瑕无疵、欢欢喜喜站在他荣耀之前的我们的救主——独一的神，愿荣耀、威严、能力、权柄，因我们的主耶稣基督归与他，从万古以前并现今，直到永永远远。阿们！"（《犹大书》，第24~25节）

没过几天，赞美、荣耀和我伤心地与父亲吻别。这将是以后五年半中我们的最后一次接触。

六个星期后，我上了六年级。我现在是级长和校队队长，在学校的板球、足球和曲棍球队里打球。级长的职务带来了特权，也带来责任。

当战争的阴云笼罩在我们周围时，学校的日常生活照常进行。当我们打曲棍球时，我们可以看到许多满载着全副武装的日本士兵的车辆正朝牟平驶去。裁判还没把比赛叫停，这些卡车就回到了离我们运动场不远的总部。我们可以看到他们脸上的绷带、制服上的污渍，等等。

游击队对日本的统治与其说是真正的军事威胁，不如说是一种骚扰。孤独巡逻的士兵遭到藏在灌木丛中的土匪的袭击。几卡车的士兵出去了，秩序又恢复了。在第四海滩（Fourth Beach），一些土匪在路上挖洞，用松动的稻草和草填上，再盖上土，埋伏起来。一辆载着日本士兵的卡车陷了进去，遭到了那些缺乏训练的中国人的袭击。

1940 年圣诞节期间，一百多名学生仍留在学校。由于战争，前往内陆传教站变得越来越困难。

然后，新学期开始了。牛津大学入学考试正在临近。我们复习了维吉尔、恺撒、计量学定理、法语动词、圣保罗的使命之旅和莎士比亚的《暴风雨》，直到我们完全掌握为止。我们根据以前的试卷进行了一系列的模拟考，并习惯了可能被问到的常见问题。

期末考试进行得很顺利，然后是展示日，这是一个庄严的时刻，每一个六年级的学生从公共讲台上走下来，参加接受《圣经》的传统仪式。我们站在讲台的前面，向上帝祷告。

然后是学校院子里的操练表演，最后我们站成金字塔状，唱道：

> 全知全能的主，
> 你是一切美事的作者和给予者，
> 在我们心里种上对你圣名的爱。
> 使我们怀有真正的信仰，
> 借耶稣基督之名，用良善与仁爱滋养我们。

但对于我们三个已经完成学业的人来说，这仅仅是一次象征性的告别。我们的父母要求我们在芝罘待到 12 月，这样他们可以在我们动身去英国和加拿大之前见我们一面。这额外的六个月对我来说将变成额外的四年。如果我和其他六年级学生一起离开，我的故事将会多么不同，但我的精神不会再次听到海滩上的人群在唱：

> 追随，追随，我要追随耶稣，

无论他领我到哪里，我都要追随他。

8月初，一艘船离开港口，我看到它正穿过海湾，驶向大海。船上有和我一起学习多年的男孩和女孩们，他们去了英国、澳大利亚、加拿大和美国。我渴望离开学校，开始自己的事业，到英国继续深造，但未能如愿。

第五章　荷包蛋早餐

这是一个彻底的惊喜。在“内华达”号战列舰上，海军乐队准备演奏国歌。在其他地方，人们点水煮鸡蛋当早餐，写圣诞礼物的地址，浏览周日的报纸，玩游戏，或者只是躺在他们的铺位上。

就在早上 8 点前的几分钟，这个星期天的平静被打破了。日本飞机俯冲下来进行轰炸……

［贾德林（C. Bayne-Jardine）《珍珠港袭击：第二次世界大战》］

现在，我和乔伊·金（Joy King）、格兰特·汉纳和杰克·贝尔在一个新成立的七年级班级里。为了打发从现在到 1941 年 12 月去看望父母、离开中国的这段时间，我们学习了速记、簿记、打字、高级法语和高级拉丁语。

此外，我和金还学习了中文。谭义礼（Tam I Li）是一位有修养的中国基督徒，在院子后面的中国中学教英语。他的发音和英语的掌握能力比我以前听到的其他中国人讲的都要好。我们在纪念堂里每周学习两次汉字。据说，汉语大约有 6 万个单音节的字符，我们只是在学习初级的几千个。这种语言被限制在 400 种发音，每一个音都源自四个音调中的一个，大致与“死”这个字的四种语调相对应：

约翰·布朗死了。（第一声）

死了吗？（第二声）

没死！（第三声）

是的，死了。（第四声）

谭老师给了我们很好的语言教育，让这门课变得非常有趣。

与此同时，日本人正在向中国内陆的西部推进。另一个差会的传教士戴斐司（David Davies）被指控为中国政府从事间谍活动，被关押在山西泽州的一间小监狱里。蒋介石已经把政府迁到了重庆。叶德华（Edward Torjesen）的父亲在陕西的一次空袭中丧生。我的母亲和父亲在河南前线。

父亲在一封信中写道，当警报响起的时候，他正在书房里准备课程。他及时跑到花园的壕沟里。炸弹被投进了院落。当袭击结束时，他的老花镜在废墟中蒙上了厚厚的灰尘。

即使在安静的芝罘，也能感觉到普遍不安的政治氛围。芝罘的商业家族离开了，有些人家只留下了父亲。反英游行是由日本人组织的，每个中国家庭都必须参加。数千人唱着赞美诗，踩着高跷，挥舞着旗帜游行。

日本人招募了一支庞大的中国伪军，以防止游击队和共产党军队的侵袭。日本当局在中国学校里忙着进行反英宣传。英语在教学大纲中曾一直是重要的科目，现在已从每周三四节减少到一节，且只有 20 分钟。取而代之的是日语。如果在街上遇到检查，中国学生就要用入侵者的语言回答。

鉴于以上所有这些情况，问题就来了。在英国和美国直接卷入战争之前，芝罘学校是否应该撤离？驻上海的英国领事官员指出，如果芝罘和上海社区如此多的人离开，中国公众会感到恐慌。教会领导人被要求不要组织大规模的撤离行动，并承诺如果我们被卷入战争，英国政府将保证及时解救我们。

我的父母已经安排我在 12 月的第一周去大院上面的疗养院休养一周。这个星期过了一半，我在走廊里碰到一个传教士，他惊叫道："你听说了吗？日本人袭击了珍珠港的美国舰队。英国和美国现在正与日本交战。[①]布鲁斯爸已经被送到了阿斯特旅馆（Astor House Hotel），城里所有的商人都被集中了起来。"

① 参见附录一《日本帝国宣战诏书》。

我走回了男校。一片乌云笼罩了社区里所有人的生活。日本卫兵在前门执勤，那里贴着一张告示："这些地方由大日本海军控制。"

由学校校长和其他人组成的紧急委员会开会。宣战意味着内地会上海总部不会再有更多的资金可以投入芝罘。学校已经制定了一项基本预算，如果坚持执行则意味着现有资金只能再维持四个半月。这就要求每个师生每天限制吃五片面包，学校里的中国员工急剧减少，打扫、清洁和摆桌子现在只能由年长的学生来做。

谭义礼，我的中文老师，再也没有来给我上课。直到今天，我也没有再见过或听说过这位善良而有教养的绅士。我常常想知道在战争年代他的命运究竟如何。

我们七年级的学生试图评估珍珠港事件对我们未来职业生涯的意义。那年 12 月，我们的父母本应该到海边和我们道别，我们也本应出发去往英国和加拿大深造或从事商业工作。

学校的一个朋友答应在伯明翰的奥斯汀汽车工厂给我一个职位。另外，由于内地会的总部设在伦敦的纽因顿绿地，芝罘学校所有的男孩和女孩都可以获得伦敦郡议会的奖学金，以便他们继续深造。但这一切现在都"在战争未结束期间"暂停了，不知将停到什么时候。

我们想象自己被送到日本做苦工；如果同盟国输掉了战争怎么办？我们会被终身监禁吗？当我们试着洗碗、切面包、布置餐桌时，我们的思考减少了。过去中国仆人一直围绕着我们，做着所有的事情，我们真是被宠坏了。食物配给也受到影响。我们都是正在长身体的男孩，发现自己永远都感到饥饿。

然后，我们想知道被抓的囚犯们在阿斯特旅馆的情况。关于他们被指控进行反日商业活动，接受审问直到深夜的消息逐渐传开。日本军官占领了外国人在城里的房子和汽车。一个以前的校工向日本人提供了一些布鲁斯爸从英国休假回来穿过西伯利亚的消息。这是传教士回来常走的路线。日本人问他为什么要选择这条路线，他帮助了什么政治活动？他肯定首先是个英国间谍，然后才是个传教士吧？

一个寒冬的日子，我走出学校的院子，路过日本警卫。我胳膊上戴着他们要求的臂章——“B”代表英国人。我沿着海边大道向烟台山（Consulate Hill）走去，阿斯特旅馆出现在眼前。地上积着雪，警卫在房屋前站岗。当我直接走到旅馆前时，我警惕地向左看了一眼。每个房间都有一个被关押的人站在窗边，望着大海。我认出他们来了。许多人参加过学校的体育比赛。他们慢慢地向我招手，我继续往前走。这是令人悲伤的景象。在几个星期的时间里，这些杰出的商人失去了他们的生意、他们的房子、他们的汽车，最糟糕的是失去了自由。他们因长时间的盘问而承受着压力并处于紧张之中。

圣诞节到了，旅馆里的所有人都被允许回家。在忐忑不安的战争氛围中，所有人都在大院里庆祝了这短暂的和平。我们在圣诞节礼拜仪式上唱了圣诞颂歌，享用了一顿尽管是限量供应但丰盛的圣诞晚餐。圣诞节过后，俘虏们回到旅馆，一个月后将被释放。

我还清楚地记得，在一场曲棍球比赛中，我们看到运动场围墙外一长列男子在日本卫兵的护送下行进。有些人没刮胡子，有些人显然已经疲惫不堪。他们脸上露出宽慰的笑容；他们已经被释放了，正走在回家的路上，其中就有布鲁斯爸。我们自发地唱道：

> 神仍在宝座上，
> 他也会记住他自己的。

但本地主要实业家鲍勃·麦克马伦（Bob McMullan）长期被关押。他又被拘禁了三个月，在此期间还被转移到青岛监狱一间天花板很低的小牢房里，在那里进出都要用手和膝盖爬行。4 月的一天，麦克马伦太太被告知她的丈夫将在那个月的某一天回家。家人为他的归来做了大量的准备。天一亮，几个日本卫兵从房子前走过，对兴奋的麦克马伦太太漫不经心地喊道：

“麦先生死了。”

后来我们得知，他在狱中每天都读《圣经》。在《圣经》封面和封底里面，他留下了一篇简短的日记。一位医生读了日记中他对疼痛的描述，判断他一定是被下了毒药。

1942 年是不确定性、投机和配给不断增加的一年。城镇街道的反英示威活动有所增加。一天，运动场的几个大门被日本军官打开，很快成千上万的中国人蜂拥而入。运动场的一边竖起了一个大屏幕。我们两个人从楼上卧室的窗户向外窥视，好奇地想知道会发生什么事。银幕上放映的是一部讲述“东亚新秩序”取得成功的影片。我们看到村庄和城镇被占领，日本卡车运来训练有素的士兵，飞机从头顶飞过，中国观众被要求报以掌声。

一个星期天，当我们去教堂的时候，一百名带着头盔和面部护具的日本士兵占用了足球场。他们拿着刺刀互相刺来刺去，齐声喊着“呀”。在我们的运动场上进行刺刀操练已是家常便饭。

正是在这时，日本士兵和中国游击队之间的局部战斗愈演愈烈。一辆辆满载着全副武装的日本士兵的卡车从我们的院子驶过。不久之后，我们听到远处传来战斗的劈啪声。更多的卡车冲了出来。黄昏时分，士兵们又回来了，他们受了伤，疲惫不堪。中国俘虏被绑在一起，后来我听说他们要到日军司令部接受“水刑”。

由于日本警卫下班后走进我们的食品储藏室，私自品尝食物，校厨房的食物短缺问题进一步恶化，打乱了学校精心计划的食物配给制度。这就产生了一个问题。一天，一个传教士用中文写了一张大布告放在每个厨房里。上书：“日本当局没有给我们喂饱日本士兵的指示。” 这是一步险招，但事实证明它成功了。他们再也没有“入侵”食品储藏室。

然后是给身在中国内地的父母写信的问题。自从珍珠港事件后，邮递工作便陷于停顿。我们当时身在沦陷区，而父母大多在自由中国的西部。对许多父母来说，日本人的战争前线正在向他们的栖身之地推进。那里有轰炸，附近的村庄被日本人占领，随后被蒋介石的军队重新夺回。

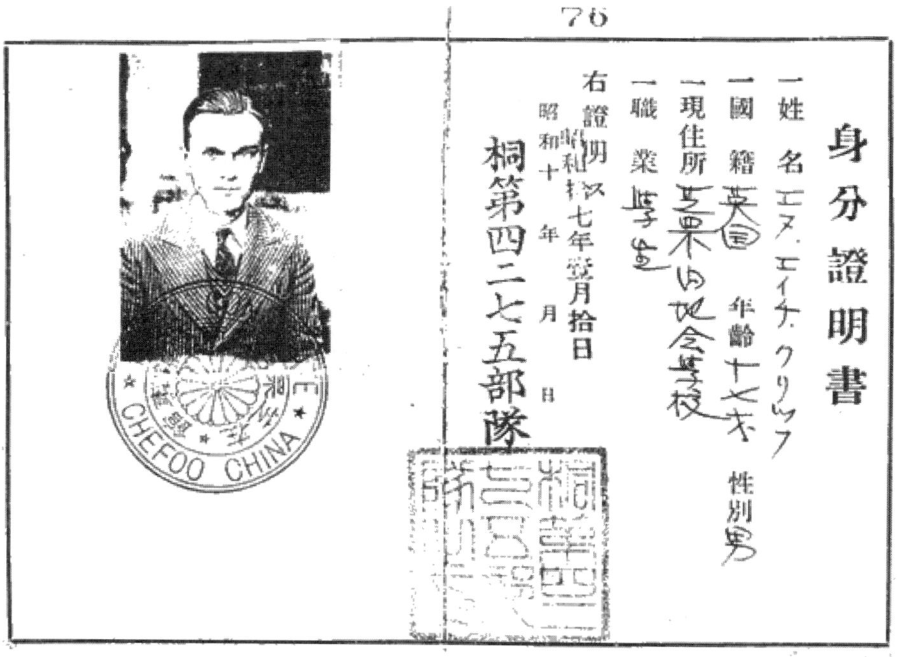

日军颁发的身份证明书（柯喜乐，1942 年）

除了周遭战争的危险之外，他们也会自然而然地担心日本对英美宣战以来他们的孩子们面临的境遇。所有英文书写的信件都被日本人截留了。有时候中国传道者会溜进院子，带来河南或河北这个或那个家庭的消息。除了这些，我们很少能够得到消息。怎么克服交流的困难呢？

到了 1942 年 2 月，院子门口紧张的政治局势开始和缓。日本警卫又和我们这些男学生们谈笑风生了，他们教我们用日语数数和一些打招呼基本用语。我的耳朵渐渐适应了这门新的东方语言，我现在也能说“Ichi，ni，san，shi，go，roku，shichi，hachi，kiu，chiu”（从一到十），“O-ha-yo”（早上好），“sai-yo-na-ra”（再见）。与例行日程中的学校生活相比，和这些士兵在海滩上聊天总归是一个受人欢迎的改变。

一天，当我正在像平时一样去找这些警卫的路上时，就在门口，我看到了一位中国邮差小心翼翼地往门卫的房子里投掷一些信件。门卫向我招

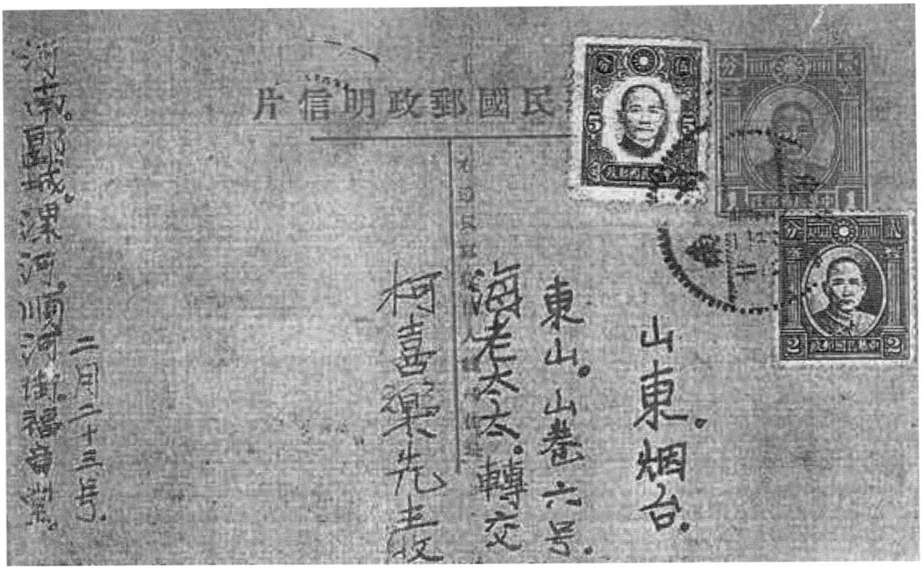

柯喜乐收到的信件

了招手。那些是中式信封，信封上的名字、地址周围都印着红线。我仔细看了看这些汉字——这些是送给不同教职工的信件。我激动地把这些信直接给了韦尔奇（Welch）先生。信封里面是写在薄宣纸上的中文信件。我们认出了那些收件孩子的名字，我帮忙翻译。男孩们激动地把信件带到女子学校、预科学校里他们其他的家庭成员那里。

这些回信都是用中文写的，并被放入中文信封里面，很快就被寄回身在尚未沦陷的中国内地的父母手中。我们用智慧战胜了日本人，他们怎么能把这些用中文写的、收件人是我们父母中文名字的信件认定为敌国通信信件呢？

不久，邮递员每周来一次，每次都带着小批信件。我能够收齐邮件，辨认出收件人姓名，再分发出去。现在，信件往来的间隔时间能够固定下来了。

我们尝试用英文写作，再装到中文信封里面。如果能够成功，我们和父母的联系就会简单许多。真的成功了。富有同情心的中国邮递员送来的一批批信件越来越多。我从未听说任何这样收发的信件被拦截过。

我们的牛津结业考试成绩和证书也是通过同样的路线送来的，成绩和证书从牛津寄到重庆的传教总部，然后使用中文书写的信封寄给我们。我们的成绩是出类拔萃的。这所“苏伊士运河以东最好的学校”无疑保持着它在学业上的良好声誉。

与此同时，显然不可战胜的日本正在击退中国、英国和美国。1941年圣诞节见证了香港以及关岛和威克岛的美国基地落入侵略者手中。两个月后，新加坡沦陷。四个月后，菲律宾沦陷。

日本人在丛林战斗中的技巧以及他们在海上和空中的威力，无疑令盟军措手不及。

至少可以说，前景是黯淡的。1942年8月，“大东亚新秩序”铁板一块，从中国东北的北部边界到内蒙古，穿过著名的长城，覆盖了河北、山东、山西、河南、江苏、安徽和浙江诸省，再往南则包括香港、广东、台湾、法属印度支那、泰国、马来亚、苏门答腊、缅甸、婆罗洲、爪哇和新几内亚的一部分。

中国剩余领土，也许还包括澳大拉西亚的陷落是一个时间问题吗？对我们小小的西方社群而言，盟军似乎太遥远了。我们现在位于一个庞大的日本帝国的中心，这个帝国西至中国山西，东越太平洋到达一些偏远小岛，如威克岛、马绍尔群岛、吉尔伯特群岛。

正是在那个时候，我第一次读到圣保罗那些感人至深的文字：

> 我深信：无论是死，是生，是天使，是掌权的，是有能的，是现在的事，是将来的事，是高处的，是低处的，是别的受造之物，都不能叫我们与神的爱隔绝；这爱是在我们的主基督耶稣里的。（《罗马书》8：38，39）

表面上看，一切都很黯淡。配给越来越严格。曾经的中国仆人向日本人提供情报以换取报酬。战败的氛围正在向我们逼近。日本高级军官每周都来这里，要求我们上报自身的详细信息。一开始，海军给了我们很多页的表格要填，同时向我们保证，我们将永远不必离开这里。后来是一位领事官员，仿佛对海军先前的来访视若无睹，给了一些其他的表格要我们填写，警告说我们很快要被撤到南非去了。紧随其后的是三名军官，他们也是带着复制的表格来的，查看房屋，测量教室和宿舍，提醒我们他们是以大日本帝国陆军的名义赢得了占领这个院子的权利。

更糟糕的是，晚上有一些中国人试图进入院子行窃。中国门卫被要求通宵守夜。我是协助老师们轮流进行突击检查的级长之一，以确保他们清醒并保持警惕。他们往往沉睡不醒。

就是在这样的时刻，我们勇敢地唱道：

维生素或维他命，哪种叫法都不重要。
从 A 到 Z，填补那空缺的需要。
我们在为胜利节约配给，而胜利就在路上；
胜利可能还要很久，但它终像白天一样会来到。

第六章 旧秩序改变了

旧秩序改变了，让位给新的，上帝在许多方面满足了自己。

（丁尼生《亚瑟王之死》）

今晚脱了鞋和袜，不知明朝穿不穿。

（中国谚语）

到1942年8月底，日本人已经占领了医院、医生住宅和一片职工住宅。半个世纪以来，传教士的院子一直为全能的上帝服务，想象一下他们现在走过院子里几棵树的感受吧。树下，一位日本牧师正在进行一种奇怪的仪式，为日本天皇分出地盘。

谣言瞬息万变：一开始说我们将被转移到满洲，然后又说我们将被疏散到好望角，最后又说我们要被转移到上海。我们觉得自己就像那风波诡谲、扑朔迷离的局势中的棋子，兴奋、失落与不确定的情绪日复一日地重复着。

不过，局势很快就明朗起来。10月29日，我们得到权威的消息，说芝罘的商业团体已经被转移到城市西边毓璜顶上一所美国长老会的大院子里去了，一个星期之内我们也将加入他们。

接下来的几天，我们匆忙地遗弃一些不必要的书籍和家具，将它们换成现金以应对未卜的前景，然后挑选一些能够带上人力车跟随我们穿越城市的基本物品。我偷偷地把自行车从学校操场的围墙下推到主干道上，将盛满各色物品的浴缸放在车把上，那里面有学校的刷子、瓶子、父亲一战时留下的小型双筒望远镜，还有一些书。我溜进城里，时不时地驻足停留，向路人兜售我形形色色的物品。

11月5日就是那个大日子。我带着对前途未卜的担忧，在校门口登上了一辆人力车。正是在这个校门口，我收发了那些装在中国信封里的信件；在放假的日子里，我经常通过这道门跋涉到第三海滩与日本警卫聊天。现在，我的脚下是一个大箱子，加上我膝盖上的几条毯子，这就是我的全部家当了。

我的车是一长列人力车中的一辆。我们经过日本警卫，穿过男子学校的前面。我依依不舍地回望了一眼，这里，在这面墙内，我曾经度过了七年的欢乐时光；现在，甚至在刚刚离开的时候，我都能看到一些日本人和中国人迫不及待地冲进这栋我们刚刚腾空的建筑，抢夺战利品。

我们继续前行，来到这座有着狭窄街道、东方韵味的中国城市。店主们都走到门口来观看这一惊人的景象。在狭窄的人行道上卖枣子和花生的小贩扔下他们的货物，惊奇地瞪着眼睛。

我的脑子飞快地运转着，忧心忡忡。“战争结束前的日子”是多长？我们会因饥饿或虐待致死吗？我悲哀的沉思被仁慈地打断了。后面几辆人力车后有个人唱起了歌谣：

> 神仍在宝座上，祂必记念属祂的人。
> 虽然试炼把我们压住，重担叫我们痛苦，
> 祂绝不会遗弃我们。
> 神仍在宝座上，祂必记念属祂的人。
> 祂的应许永远信实，祂必不会忘记你，
> 神仍在宝座上。

歌谣使我安下心来，许多中国围观者眼睛瞪得更大了。洋鬼子的上帝似乎在逆境中帮助了他们。

我们继续前行，经过烟台山，过去我们常常从那里跋涉到联合教堂；路过港口，让人想起早些年我们乘船去天津或上海过圣诞节时的情景。慢慢走到芝罘那些我们不太熟悉的地方。在一条长长巷子的尽头，我们来到了宽敞的传教士之家——“宽敞”是对于一个教会家庭来说的，但七十个

女孩、八个教师、三个男孩和一些来自其他差会的传教士都挤了进来。

人力车上的行李被倒在了可以俯瞰海港的草坪上，我们三个健壮的小伙子把行李一件件搬了进去。女孩们被分配到大阁楼。床垫并排放置，布置成所谓的床。我们三个男孩在地下室的一个房间里安顿下来。从地面一扇装有栅栏的小窗望向外面的人行道。休息室靠墙摆着几只硬皮箱，中间摆着几张桌子。这就是我们混为一体的礼拜堂、餐厅、教室和起居室。

男孩子们制定了在泵房值班的轮班时间表。工作完成后，我们绕着房子走了一圈又一圈，绕了六圈一英里来打发时间。女孩们负责拖地、给蔬菜去皮和做饭。

每天早上我们都点名，用日语报数。值班的警卫会向指挥官敬礼并发表讲话，我们很快就熟悉了。大概是这样的："这是 3 号营，共 98 名囚犯，94 人到场。3 人值班，1 人生病。"

一俟点名结束，我们中就会有两个男孩从泵房旁边的后门抬出一箱垃圾。在清空箱子的时候，我们会把箱子倒着放一会儿，趁这个难得的机会看看美丽的乡村，呼吸一下新鲜的空气。在回到后来被称为"欧文之家"（Irwin House）的狭小空间之前，这是我们享受开放空间的珍贵时刻，这一刻，我们假装自己不是囚犯。

苦寒的冬天来临了。煤和燃料的供应正在迅速减少。我们穿得暖和些以弥补其他方面的不足。圣诞节来了。幸运的是，我们获准在警卫护送下去另外两个营地看望老朋友，比较一下住宿和其他生活条件，然后在下午晚些时候回到"欧文之家"。

营地的女孩们很快就恢复了学习。在体力劳动之余，我开始跟随牧师艾夫斯·斯托克（Rev. Ives Stocker）学习《新约圣经》，他是港口的特派牧师，也在这个营地。我还教授葛雷格式速记（Gregg Shorthand）和簿记，这是我今年 7 月参加牛津大学入学考试后一直在学习的。

毓璜顶集中营的食物还过得去。在神明的裁决下，一个曾经的中国仆人受雇运送食物并接受次日订单。日本警卫会仔细地监督这个仆人的日常行动，但当值班的士兵暂时离开时，仆人就会将外界的消息用中文简短地传达出来。

吉米·默里（Jimmy Murray）的女朋友在隔壁的营地（距离我们的营地两百码），我们会和警卫在泵房长时间攀谈，这样他就跑到隔壁与女友见面。

守卫三个小营地的领事警察小队就住在“欧文之家”旁边的宿舍区。下班的时候，他们会穿上白色的开领衬衫和短裤，走出营地大门，和街上的中国人自由地混在一起。当他们在闲暇时间为自己的国家从事间谍活动时，我们隔着墙注视着他们。

一天晚上，当地的德国传教士阿伦特先生（Mr. Arendt）把几袋大米和一捆来自内地父母们的信件送入营地，其中也有我的一封。河南省遭轰炸情况日益严重，母亲和父亲不堪其扰，乘火车到四川，飞越喜马拉雅山到印度，再乘火车穿过印度，然后乘船到南非德班，父亲在那里担任阿丁顿基督城（Addington Christchurch）的教区牧师。

我把这封信分享给我的两个妹妹——赞美和荣耀。我们讨论了家庭事务。我们的父母似乎是远在另一个大陆，但至少他们脱离了危险。可以说，与他们重聚的可能性似乎微乎其微。

我们通过小道消息得知，美军正在太平洋发起进攻。为预防美军袭击芝罘，日本人开始在各处放置沙袋，晚上房间必须停电。

毓璜顶的拘禁营也需要沙袋，日本人要求我们三个男孩走到海港附近的西海滩，将空袋子装满沙子。这真是一个前所未有的自由的日子。我们在一名警卫的押送下穿过街道。到达海滩后，我们快速把袋子装满，然后转向了领事馆的警察，指了指大海。他点了点头，我们得到了允许游泳的信号。我们迅速脱掉衣服跳进海里，游了十分钟——这是一段我们过后几天反复谈论的经历！当我们穿好衣服时，我依依不舍望向海港、悬崖和熟悉的地标，往日在学校假期时候野餐、自由自在游泳的日子再次浮现眼前。

一个德国犹太牙医被允许在日本警卫宿舍附近的一个房间对我们的牙齿做例行检查。在给我们拔牙、补牙的时候，他用法语和德语把他在家里收音机中听到的消息传递给我们。

正是在这个时候，瑞士红十字会的艾格先生带着红十字会和特派团团长的信件首次造访，他也带来了香港和上海拘禁营的消息。由于他居住在青岛，我们在被拘禁期间得以每隔一段时间就能看到他。

我们这个小社区又出现了一连串谣言。有谣言说学校要搬到马普托[①]去——开普敦有几栋建筑可供我们居住；还有谣言说我们将要去北京继续上学。这些传言都落空了。不久，在一次音乐会上，我们用《英国掷弹兵进行曲》的曲子唱道：

说是要撤离，说是要转移，
还说要迁到北京的古庙去，
任什么消息传来山这边，
我们集中在此，依然喜乐来安居。

说是张三好，说是李四棒，
王五或赵六，众说纷纭谁最强。
但论到芝罘的英雄好汉，无人能比
仗义的艾格先生带来鼓舞话语暖心房。

说是去东非，说是去中国大后方，
或是去上海总部大院，情况不明难开腔。
但论尽全世界的好地方，都比不上
住在毓璜顶后院中的小下房。[②]

① Lourenco Marques，东非国家莫桑比克的首都。——译者注

② 本首歌曲的翻译参考了米大卫的《战地童心》，参见米大卫：《战地童心》，张玫珊译，香港：宣道出版社，2007 年，第 71—72 页。——译者注

在毓璜顶度过的几个月单调乏味地过去了。面粉和煤炭经常是在寥寥无几几近断炊的危险时刻才补充一点。孩子们的衣服破破烂烂，而且随着孩子们长大，衣服也慢慢穿不下了。衣服和衬衫是用营地的窗帘改制的。我们都学会了绞尽脑汁、勉力度日。

1943 年春，“灭烛者”（之所以这么叫，是因为他在点名时听卫兵讲话时的表情）被移交给了小坂（Kosaka）指挥官。这位衣着整洁、面容和蔼、举止无可挑剔、英语流利的男子，在我的记忆中是独一无二的，比我们当时和后来打交道的任何日本官员都高人一等。

他生气时从不提高嗓门，而且总是彬彬有礼地帮助我们，从而消除了那些艰难日子里我们的恐惧和紧张。他会询问我们的健康和幸福，并对年长的传教士表现出特别的关心。

我们推测他受到日本基督教传教士的影响，他自己也是一个基督徒，他自认为被分配在这个大量被俘者是传教士的营地是受神眷顾，以减轻战争对他的基督徒同胞的沉重打击。

1943 年 8 月的一天，在小坂的陪同下，领事总部的一名日本高级军官带着简略的指令来到毓璜顶的三个营地：“立即做好准备，你们将被转移到潍县集中营。”

一些美国人和加拿大人被告知他们将在我们之前经由青岛前往潍县。在潍县，他们将在一次近期的战俘交换中与数百名同胞一起被遣送回国。

我们没有花很长时间就完成打包并做好了准备。在中国内地会的院子里，我们已经丢弃了所有无关紧要的东西，只留下了基本的生活必需品——床垫、毯子、衣服和几本书。

9 月，我们兴奋地登上了港湾的一艘日本小轮船。最终，我们离开了毓璜顶营地的狭小居住处。日本人警告说，他们不会为这次航程提供任何食物，因此一个曾经受雇于差会、每天给毓璜顶营地送面包的面包师同意与我们完成最后一笔交易，他将为我们的短途航行提供充足的食物。

但是当船上的汽笛响起时，面包师还没有到。船开始滑行驶出港口。

校长的脑海里浮现出一船饥肠辘辘的学生，哭喊着要食物的画面。但是，船停在了港口。一艘汽艇正从码头向我们驶来。

意志坚定的面包师为他重要的食品货物找到了运输工具。面包搬上船后，我们的船从崖壁前面滑行离开港口，向宽阔无垠的大海驶去。隔水相望就是整个芝罘港——那是18年前我出生的地方，也是我过去12年间成长的地方，还包括了被拘押的一年。我想，没几个人比我更有资格把这个港口称为家乡。

这里是外滩，我们每个星期天都要途经此地跋涉去联合教堂，去商业社区开展社交活动的芝罘俱乐部，还去烟台山，在过去的日子里，那里有领事馆的办公室。回望的每一眼，万千回忆都会涌上心头。

从甲板上，我们看到了我们的男校、大院、男女同校的院落、浴房，再前面是我们游泳和划船的大海。再仔细看，我们还可以看到日本人改建的马厩和其他建筑物。

到现在为止，我们目之所及只是一小块区域，但正是在那里，我几乎学会了目前我所知道的一切——纪律、体育精神、教育知识，还有最重要的——对上帝的信念。

匆匆瞥了一眼学校后，我们要出海了，但芝罘仍然深深地烙印我心。

我的青春之地！哪只凡人的手
能解开那孝爱的纽带，
将我与你那阳光明媚的海岸分离。

我的脑海里回想起珍珠港事件后两年来的变故——一位德国传教士带到这里来的食物，镇上的商人和布鲁斯爸被捕然后获释，我们在毓璜顶待的十个月，最后及时抵达的面包。

这难道不是以色列人流浪故事的20世纪版本吗？我们这些传教士的孩子是以色列人的孩子，布鲁斯爸是我们的摩西。吗哪从天上降到我们身上。

云柱正在向南移动。荒野就是轮船载着我们穿过的黄海。我们知道在一年中的这个时候它会受到暴风雨和台风的侵袭，但一切都很平静。还有美国海军留下的水雷的危险。我们可以和往昔的信徒一起歌唱：

伯特利的神啊，你恩手叫百姓得饱足；
艰苦的旅途上，你恩领叫列祖得平安。

太阳正在西边一些岛屿的后面落下。我们吃了一些三明治作为晚餐，坐在船舱里的硬“床”上，饥肠辘辘、潮湿、寒冷，难受极了。舷窗覆盖着厚厚的麻袋，以免美国潜艇发现我们。

大约有两三百人并排躺在船舱里。一块临时搭起的幕布（一些军用装备）将男孩与女孩分开，我们听到了她们的笑声和紧张的叽叽喳喳声。

我们试图安顿下来过夜。地板很硬，船在摇晃，我们饿得难受，还有老鼠从我们身上跑过去。睡意朦胧时，我听到“窗帘”另一边几码外的女孩们在和声唱歌：

耶稣救主，领我航，
渡过人生怒涛洋，
未知浪涛前方涌，
暗礁险滩藏其中，
海图、罗盘皆出于你，
耶稣救主，领我航。

两天后的早晨，我们从舷窗望出去，看到了青岛的海港。我们下了船，提着行李从码头走到火车站。从船转到火车的路上，我们遇见了一些中国学生，他们向人行道吐口水以示蔑视。

很快我们就带着床垫、毯子和箱子上了火车。小坂指挥官站在月台上，竭尽全力确保我们离开青岛时尽可能地舒适。火车开动了。小坂立正站好，向我们敬礼——这是我最后一次见到这位伟大的基督徒绅士。那是一次令人伤心的离别。

那天下午，我们到达距青岛内陆 130 英里的潍县车站。我们又累、又热、又脏、又渴，疲惫不堪，但士气仍然很高，我们好奇地想知道要去哪里。

三百名疲惫不堪的旅客很快来到了站台上，周围挤满了箱子、篮子和盒子。一个日本军官正在大声发号施令，而我们根本听不懂。

妇女和小孩都挤上了公共汽车。我跳上了一辆堆满行李的卡车的后斗。我们在尘土飞扬的路上颠簸行驶了好几英里，经过了中国的农田，最后集中关押我们的潍县集中营映入眼帘。只见一排排矗立的刺柏树和宿舍楼，掩映着爱德华七世风格教堂的红瓦屋顶——四周是一堵堵墙，墙上布满了电网和水泥箱。

卡车在崎岖不平的道路上颠簸前行，穿过几棵树拐了个弯。我们现在正驶向营地的入口，那是一扇中国大门，上面有三个汉字——“乐道院”，意思是“通往幸福之路的院子”。门前，日本卫兵手持刺刀正在站岗执勤。

我们坐在车上经过了大门，经过了左边的警卫室，上了小山。卡车停在营地的中央街道上。我们的右手边是教堂，教堂后面是一个运动场。

几条街道的两旁站立着数百名被拘禁者，他们好奇地盯着我们。这些人只穿着卡其布短裤，光着脚，在阳光下工作，晒得黝黑，看上去就像来自另一个世界的生物。当我们从卡车上爬下来时，他们兴奋地围着我们，问着各种各样的问题。

他们中有美国口音、俄罗斯口音、希腊口音和英国口音，确实是一个典型的大都会式的群体。

下面这首名为“这二百九十七人”的诗歌叙述了潍县集中营居民见到我们的故事：

好极了！芝罘人终于来了！

当他们穿过大门时，我们由衷地欢呼，
他们扛着行李，艰难的穿过警卫室，
我们这些“服务员”互相推搡：“天哪，还有更多的人要喂！”
听起来似乎不太好，但我们的口粮是如此少
他们又来自供应丰富之地，你知道
大大小小的学生，加入了青岛厨房，
我们给他们吃面包粥，他们吃得一个不剩！
我们很抱歉，替他们倒着发苦的茶，
他们却说：“你们不加糖能喝，那我们也能。”
然后，一场真正的灾难来了，营地的酵母用完了。
我们的经理说：“甜甜圈！至少要做一千二百个！”
孩子们很快就学会了“抽水”和其他艰苦的工作。
一些女孩成了洗碗工，另一些则加入厨房帮工。
我们越来越喜欢这些勇敢地经受住考验的学童
如果他们需要我们的帮助，我们会乐意尽我们所能！

［格蕾丝·埃塞尔·诺曼（Grace Ethel Norman）］

我们穿过月亮门，来到行政办公室外面的一个院子里。我们站在那里听营地纪律委员会主席——他也是一个被拘禁者——宣读营地的规章制度。一切都比小小的毓璜顶集中营要复杂得多。

这里有三个厨房，每个厨房都有一个餐厅，每个厨房能供应400~500人用餐。我们被安置在1号厨房，那里为我们准备了所能提供的最好的晚餐——韭菜汤、玉米粉和水制成的蛋奶酥、干面包和茶。

我们被带到23号楼睡觉。火车上的所有行李还要三个星期才能到达、整理和分发，所以我们睡在借来的地毯和大衣上，这些都是“潍县人”（Weihsieners）好心借给我们的。

第二天，我们见到了之前从芝罘出发的加拿大人和美国人。他们为即将被遣返回国而兴奋不已。

一周后，他们在教堂外排队。当局规定，除了一本没有任何标记、勾画等的《圣经》外，其他任何印刷品都不能随身携带。日本官员把他们带进教堂，他们光着上身，被仔细搜查。根据国际红十字会的安排，他们将乘坐一艘日本船前往果阿，在那里用他们交换来自北美的日本俘虏，然后返回自己的家。

在妹妹们的要求下，玛丽·珀尔·诺瓦克（Mary Pearl Nowack）记住了我父母在德班的地址。她的行李中有一块由赞美和荣耀刺绣的手帕，她答应把手帕寄给我们的父母，并承诺写信告知我们的状况和境遇。事实证明她言而有信，因为后来我们知道了，这一善行对我们那如饥似渴想知道孩子们消息的父母意味着什么。

对我们这些仍然在营内的人来说，这是一场悲伤的告别。数百人中，有杰克·贝尔和格兰特·汉纳，他们从预科时代就和我是同班同学。卡车满载着兴奋的旅行者，穿过大门，沿着林荫道，绕过拐角，向车站驶去。我们怀着沉重的心情回到了自己的岗位。他们要去享受自由和富足，而我们却不得不在带电的铁丝网后照常工作，前途未卜。

第七章　潍县：一个考验

潍县是一个试炼，它使得我们去思考，一个人的幸福与否，究竟是取决于他拥有什么，还是他是什么呢？取决于外在环境，还是他内心的坚守？取决于一个人的生活经历，还是他从这些经历中获得了什么？

［胡本德[①]（H. Hubbard）］

我们很快就了解到日本官员所描述的潍县平民集中营是如何建立的。

在我们到达潍县的六个月前，被日军占领的华北各地的盟国侨民已被集中拘押。[②]在北京和天津，中国民众站在街道两旁，观看奇怪景象——数以百计的年龄和背景各不相同的英国人和美国人，拖着官方通告中允许携带的行李在街道上艰难行进。这是来自日本人的蓄意侮辱。

他们来自各行各业——北平协和医学院与燕京大学的讲师和教授，伦敦会、英国卫理公会、圣公会的传教士，救世军军官，英美烟草公司的企业主管，来自华北和满洲的牧师和修女。

他们中有两千多人乘坐马车和火车来到这里，疲惫不堪，忧虑不安，对即将到来的体力劳动和艰苦生活毫无准备。他们过去在远东地区西方人的社区里生活轻松，有大量仆人，维持高水准的生活，但这一切突然结束了。

他们被带到一个荒芜的院落，面积 9 万平方英尺，曾是一个繁荣的长老会传教中心，包括一座教堂、一家医院、一排排用来容纳学生的小房间（108 平方英尺）、教学楼，在离大门最远的一端，是美国传教士、教师和医生的员工宿舍。

---

① 胡本德（1887~1975），美国公理会传教士，1908 年来华，在华四十四年，鸟类学家，曾出版《中国东北的鸟类》（1938）、《早期中国共产党的邮票：1928~1938》（1969）。——译者注

② 参见附录三。

在建制之初，就有两位现在非常著名的美国人——《时代》与《生活》杂志的创办者亨利·卢斯（Henry Luce）和以中国生活和风俗为题材的流行小说女作家赛珍珠（Pearl Buck）在这里出生。[①]

新来的人发现房子状况非常糟糕；传教士和中国学生离开后，这里的财产先是被中国土匪抢掠，随后被日军占领；后来又空出来，任其日益衰败。路上到处都是碎石，厕所堵塞，随处可见残破的桌椅，它们已经被打碎当柴烧了。

第一批被关押者以人类特有的聪明才智和决心工作，试图让基本生活更舒适些。他们清理道路，打扫房间，开辟了三个大厨房（1 号厨房给天津社区，2 号厨房供北京来的人使用，3 号厨房供青岛来的人使用），每个厨房供 500 人吃饭。来自比利时、荷兰和美国的天主教牧师大多二十来岁，他们清理厕所，为面包房整了几个大烤箱。

一个组织良好的社区很快就井井有条，大家各司其职。管理结构的顶端是日本指挥官，其下是集中营委员会，他同时担任各委员会领导团的主席，包括总务、纪律、劳动、教育、物资、住宿、医药、工程和财务共 9 个委员会。

当来到这个自给自足的社区时，我们是多么幸运，一切都在顺利而高效地运行。行政机构令人印象最深刻。住宿委员会给我们分配了宿舍，劳动委员会给了我们一些表格，要我们填写以前是否有教学、工程、烹饪、烘焙等方面的经验。

显而易见，这四百名天主教神父和修女对社区产生了巨大且深刻的影响。他们兴致勃勃地做着最卑贱的工作、组织棒球比赛，还帮助开展年轻人的教育活动。

但不可避免的是，来自天津和北京的女孩与来自满洲荒芜之地的独身的比利时和美国神父之间发展了浪漫关系。焦虑不安的梵蒂冈官员与日本人认真谈判，解决了这个微妙的问题，结果除了 30 名神父外，其他所有神父都被调到了北京的他们自己的宗教机构，在那里他们可以在没有女性干

① 这里作者说法有误，卢斯 1898 年出生于山东登州（今蓬莱），赛珍珠 1892 年生于美国。——译者注

扰的情况下冥想。

他们的离开使抽水、做饭和烘焙等工作出现了人力短缺。因此，我们芝罘人员的到来使情况雪上加霜，我们三百人中只有大约二十几人是潜在的劳动力，其余的都是上学的孩子和退休的传教士。

但对我们自己来说，经历了在毓璜顶拥挤而单调的生活后，来到潍县则是打开了一个新世界。在潍县，有见多识广的学者，有其他宗派的传教士，有各种背景的商人。成人教育提供汉语、日语、俄语、簿记、速记和哲学等课程。此外，还有音乐会、哑剧、戏剧、棒球比赛及其他类型的社区活动。

很快，营地的生活变得顺利，我们感到自己是这个新的社会环境的一部分。我和学校的其他男孩住在 23 号楼，那栋建筑很漂亮，位于营地的另一端，住宿条件比一家人住的小房间要优越。劳动委员会把我安排在 1 号厨房的一个厨房班组，这个厨房可供应 600 人的三餐。

我们的生活方式简单而原始。新的一天是从在水泵前往桶里注水开始的，以便做饭和洗衣服。木柴是从树木和灌木丛中收集的，用于房间中央的炉子里生火。炉子上烧水用来剃须、洗漱，然后用来烹饪早餐，这就是我们私下用来补充官方供给的食物。我们在 1 号厨房排队要一大勺面包粥和一些面包。从桶里舀出的红茶倒进了我们的杯子。然后回到卧室，再把从厨房里带回来的食物和我们自己日益减少的私藏混在一起，尽可能地让自己舒服些。

接下来就是洗碗，打扫房间，把床垫晒在太阳下以消灭床虱，洗衣服、晾衣服，等等。

到这个时候，点名的铃声就要响了。我们会在营地的不同地方分成四组等待日本警卫来检查，清点我们的人数，并为那些执行特殊任务的人做准备。在等待守卫的时候，我们读书、学习语言、分享营地的谣言和对未来的推测。

除了官方营地厨房有限的资源之外，还有其他供应来源。在“白象贸易站”（White Elephant Exchange）可以买到香烟、肥皂、花生油和其他食品。

没有现金的囚犯带着书和衣服，用它们交换食物。

购买这些商品的现金来自瑞士红十字会代表艾格先生带来的慰问金，他定期冒着各种风险来探视营地。被拘禁者不得不签署一张期票，以保证战后偿还这笔钱。金额以中国货币伪联银券计算，每月收到的金额听起来很大，但随着通货膨胀的迅速恶化，它们实际上能买得东西越来越少。

潍县集中营侨民编号（柯喜乐）

为生存而战的另一个因素是黑市。我看着这项微妙的工作全面开展起来。有一天，我打算在营地偏僻的地方砍柴当燃料，无意中发现了它。

电线之间有三个中国人，正忙着从电线下面的墙上递过一箱箱鸡蛋和几箱“白干”（中国白酒）。电线的这一边是一些天津商人，他们在收货物，把货物堆在一些松动的砖块后面。这次行动依赖另一名外籍营友在100码开外的地方把风，他在岩石路上监视着日本卫兵在一个方向的驻地或另一个方向的运动场的任何动静。在更远的地方，另一个人站在大路上，监视着营地大门内警卫室的任何风吹草动。如果有警卫出现在前方，看守的人就会高调地擤鼻涕，队伍里其他人也跟着做了同样的动作，不到半分钟，黑市就停止了运作，直到警报解除。

通过这项冒险活动，带着小孩的家庭能够得到白象贸易站没有的鸡蛋和其他物品，而口渴的单身汉可以喝点“白干”来消愁。最初，这些货物是用硬现金购买的，但随着战争的发展，双方开始签订借据，战后进行结算。

一天清晨，我走过运动场，看到一个中国黑市商人的尸体挂在电线上。当局把他留在那里一段时间，这给营内侨民带来一个惨痛的教训。还有一次，一群中国商人被日本人抓了起来，全都被打了一顿。总的来说，黑市没有受到影响，继续运行。

我与黑市的唯一交易很独特，也可以说是很有趣。校长布鲁斯爸过来接鸡蛋订单。我要了两打，以现金支付，然后我的钱包里就只剩下几个铜板。两周后，他带着鸡蛋回来了。

第二天早上我醒来，准备吃一顿大餐。在宿舍中央的火炉周围，我收集了大量树枝和纸板作为燃料。火被点燃了，煎锅被放在炉子上。里面放了些发油，这就是我用来煎鸡蛋的全部物什了。我在一个杯子里打碎了一个鸡蛋——它是黑绿色的。我把它倒进一个桶里，又开始处理另一个鸡蛋。

但所有的鸡蛋都是坏的。我刚把最后一个鸡蛋的壳扔到烟灰缸里，布鲁斯爸就进来了。他匆忙估量了一下情况，喊道："如果你打算第一天就把鸡蛋全吃了，我就不再为你订鸡蛋了。"我还没来得及解释，他就走了。我真是把所有鸡蛋都放在一个篮子里了。

营地早期的另一种"营养"来源是传教士从北京、天津和其他传教站收到的包裹。天主教的修女和牧师得到了我们看来是极其豪华的享受。新教传教士就没那么幸运了。

不久，我成了一名管理员，负责清点 23 号和 24 号街区的人员。在任职不久后的一天，我正带着警卫和一排被拘禁者站在 24 号街区外的时侯，莉莉安（Lilian）阿姨（美国长老会女传教士，在顺德认识了我的父母）要求点名后见我。

当我找到她时，她用一种不确定的语气说道："柯喜乐，我从我的传教站收到了一些金色糖浆，但我一打开它，就有一只老鼠掉进了里面。我把它放在大楼后面的垃圾箱里了。如果你有兴趣，就拿去吧。"

我冲向垃圾箱，抓起那个铁罐，把这珍贵的抹面包的酱带回了宿舍。一般情况下营地面包供应充足，但面包酱却很难获得。老鼠被及时地移走了，糖浆在炉子上煮了几个小时。接下来的几个星期，我们三个人在面包上大肆地涂着糖浆。

那些日子，主祷文应该修改为："请赐给我们今日的面包，并有果酱抹在上面。"

第八章　被命运绑在一起

接受被命运捆绑的事实。爱那些与你命运相连的人，要全心全意去爱。

（马可·奥勒留）

由通电铁丝网环绕的潍县集中营是一个由 2000 名被拘禁者组成的社区，实际上是现代大都市的缩影。

在大量美国人和加拿大人被遣返回国，大部分天主教神父和修女被转移到北京之后，随着我们芝罘人的到来，出现了一种新的种族、年龄和社会群体的“混合”。其中 60% 是英国人，20% 是美国人，余下的是少数其他国家的侨民，如比利时人和荷兰人。后来，在意大利向盟军投降后，有 100 名意大利人加入我们。日本人认为他们是“不光彩的盟友”，相反，我们是“可敬的敌人”，因此日本人把他们安排进了集中营。他们被关押在警卫室后面的一排房子里，一开始他们不被鼓励和我们混住在一起，但随着时间的推移，大家地位上的差别缩小了。

谈到营内被拘禁者的职业和职位，首先是一个代表整个新教和天主教教会在内的大型传教士团体；然后是一群主要来自工商业界的高层管理人员及其家属，他们以前在北京和天津过着高水平的生活。还有一大部分是来自北京的教师和语言学校的学生，他们从大学和学院封闭的校园来到营地。最后不能不提的是，这个阵营包括一些西方社会的边缘人，他们逃离了过去更加复杂的环境，在这里享受中国北方地下世界的美酒、女人和歌谣。

白俄是远东社会一个有名的群体，他们的父母在 1917 年的革命中逃亡，在席卷祖国的革命中被剥夺了土地、财富和地位。在中国，他们是可怜的无国籍人士，几乎没有经济或社会保障。许多俄罗斯女性通过嫁给英国和美国的商人获得安全感，其中一些人也在集中营里。由于害怕暴露自己早年贫穷和体力劳动的事实，他们不愿意从事一些乏味的工作，但这些工作是集中营生活所必需的，而英国和美国高管的妻子们则乐意这么做，尽管这与战前他们那种轻松自在的生活格格不入。

还有其他混血的被拘禁者——中国、日本、菲律宾混血等。有四个美国黑人在天津的一家夜总会当过驻唱。在不同的种族中，有妓女、吸毒者和酗酒者，他们发现自己的道德弱点在潍县的生活中受到严重限制。

在这样一个社区里，不可避免地会有一些人因为他们的缺点、独特的性格特征或不同寻常的圣洁、正直而给我留下深刻印象。

有一个叫“粪坑凯利”（cesspool Kelly）的欧亚混血小男孩。他的父亲从英国到蒙古边境传教，最终成为圣公会的代理人。中年时，他娶了一个中国女人，她给他生了四个孩子。凯利“土生土长”，穿中国服装、吃中国菜、说中国话。来到营地后，他和他的小家庭刻意疏远潍县的社区和宗教生活，在这个国际性社区里，他们过着和被拘禁之前一样的农民生活。

在潍县集中营的要地，都有储存厕所排泄物的污水池。约翰尼·凯利和妹妹在面包房旁边的污水池附近玩耍时，头朝下掉到脏水里，玛丽大声狂叫，为她不幸的哥哥求救。凯利在肮脏的池子里浮沉四次，终于被一位身强力壮的英国水手及时救起，这位水手熟练地进行人工呼吸。男孩从这次意外中恢复过来，但在余下的时间里，他都被戏称为“粪坑凯利”。

还有一个叫“粗俗的保加利亚人”的人，他是一个目光炯炯有神、性情幽默的怪人。这位大腹便便的精明的欧洲人姗姗来迟地来到营地。几年来，由于他总是能在恰当的政治背景下展示合适的护照，成功地躲过了拘禁。他名下有五个不同的护照，在华北成功地进行着邪恶的货币交易，直到日本人识破了他的诡计，把他关了起来，然后把他送到我们社区。在这里，他在黑市商人群体中找到了自己的位置。

在 1 号厨房，我们在这个保加利亚人旁边排队，不时听到用法语、俄语或希腊语讲的黑市价格，然后我们看到钱迅速地流入他的口袋。尽管“粗俗的保加利亚人”不诚实，贪图利益，但他在社区里还是一个讨人喜欢的成员。他从营员身边走过时，总是面带友好的微笑，用一些东欧方言打招呼。

司甘霖神父是四百名天主教徒中的一员，也是澳大利亚熙笃会（Trappist）神父，在我到来之前，他们去了北京。虽然我从未见过他，但当我们在晚上聊天时，不时能听到他的故事，令人回忆起战争早期的岁月。在北京城外一些孤寂的洞穴里，司甘霖神父发过静默的誓言，在战争爆发之前，他一直过着孤独的灵修生活。珍珠港事件后，他被日本人驱逐，与其他各宗教修道会的神父一起来到潍县。主教给了他说话的特权，他很快就用他的故事、玩笑和活泼的谈话弥补了十五年来的沉默。

司甘霖是潍县黑市的先驱之一。他受到动机不同的“粗俗的保加利亚人”的贸易启发，把跨墙贸易走私食物视为一项人道主义任务。作为一个独身主义者，他英勇地宁愿被逮捕，也不愿让一个小家庭的父亲冒此风险。他成了营地的一位传奇人物。有一次，他从围墙上接过一篮子鸡蛋，这时一名警卫正拐过来。我以前提到的所有预防措施一定都失效了。司甘霖保持镇定，平静地取下几件晾在绳上的衣服，铺在篮子上。他继续拽下背心、衬衫和袜子，直到毫无防备的警卫再次离开。

还有一次，他正站在墙内，准备领取几包食品，这时日本卫兵意外地赶到了。他在胸前画了个十字，唱了几句拉丁语圣歌，警告那个中国农民别被卫兵看到，然后开始数他的念珠。警卫最不想做的事情就是卷入他的宗教仪式中。

一天晚上，他在黑市交易时被抓了起来，并被带到警卫室审问。意识到他的口袋里有很多黑市交易的资金，他假装去公共厕所方便。逮捕他的人这段时间看不见他，他脱下了外面穿的白袍子，放下了那些钱，穿着里层的黑袍子从厕所出来。更重要的是，他现在混入了其他也从厕所出来的被俘者中间。由于突然换了袍子混迹在人群中，警卫没有找到他。

但在随后的一次事件中，这个难以捉摸的人物被扎扎实实地抓住了。在警卫室里他被愤怒的警卫包围，此时他的熙笃会誓言突然又开始生效，警卫们所有的问题都只得到沉默的回应。他们判处他 6 个月的单独监禁，把他关在集中营另一端日本军官宿舍的一个房间里。

奇怪的是，静默誓言又开始失效。在司甘霖被监禁的第一个夜晚的凌晨，当疲惫不堪的日本警察在营地守夜数小时后试图入睡时，他开始用拉丁语大声吟唱。天一亮，他就被守卫不情愿地释放了。

我把潍县最突出的人物留到了最后。李爱锐（Eric Liddell，1902~1945）是伦敦传道会的教育工作者，也是营地宗教活动的先锋。他把大部分业余时间都花在了教数学和科学以及为年轻人组织体育活动上。

他四十出头，秃顶，沉默寡言，脸上永远挂着微笑。他出生于世纪之交的一个在华传教士家庭，他在埃尔瑟姆学院（Eltham College, 伦敦会传教士子弟学校）和爱丁堡大学接受了教育，年轻时就回到了自己出生的地方。先是在天津新学书院（Anglo-Chinese College in Tienstin）教书，后来中日战争爆发，他在分散于华北平原的伦敦传道会宣教站从事布道工作。

李爱锐是我有幸遇到的最好的基督徒。当他有机会在营地教堂布道时，他的讲道内容总是关于登山宝训或是圣保罗的爱的赞美诗（《哥林多前书》，第 13 章）。他的一生似乎就是对这两段讲道内容的注解。

一天晚上，他向一个青年团体（我担任主席）讲述了他早期的运动生涯。他谦逊地讲述了自己踢橄榄球和代表苏格兰参加奥运会赛跑的经历，给我们留下了深刻的印象。那天晚上他提及的这两件事一直留在我的记忆中。1924 年，他代表自己的母国去巴黎参加奥运会百米赛。但是，当到达巴黎仔细查看赛程后，他沮丧地得知他辛苦准备的比赛将在周日举行。这违背了他的宗教信仰。没有任何事或任何人能使他改变主意。此后，他转而参加其他时间举行的 400 米比赛，并以优异的成绩获得金牌。

多年后，在天津教书时，他被邀请参加大连运动会。到大连后才发现他的 400 米比赛在回天津的船出发前半小时举行。他很机智地安排了一辆出租车在赛场等着他，赛后他就跳进车里，即刻赶往码头。比赛那天，一切都按计划进行，只是下了出租车后，他不得不跳过许多箱子和包裹才能到达码头。这时，小船已经平稳地开始驶出。李爱锐成功地把他的行李扔到了行驶中的船上，飞跃而起跳到甲板上，紧紧地抓住一根栏杆。

在潍县集中营里，李爱锐对每一项有价值的事业，无论是宗教的还是社会的，都给予无条件的支持。无论他是多么忙碌或者疲惫，只要是需要布道、指导、帮助、劝告的时候，他都会在。虽然他只对最亲密的朋友说过这件事，但对他来说，被拘禁是一种痛苦的分离——他不得不与远在加拿大的妻子和三个孩子分离，最后一个孩子还是他们在战争中被迫分离后才出生的。

此生，他再也没有见到这个女儿，因为1945年2月他因脑瘤在潍县集中营病故。由于深受营内被拘留者的爱戴和尊敬，他去世的消息令整个营地感到震惊。那座爱德华七世风格的教堂挤满了参加葬礼的人，营地的委员们就他的一生表达了感人的敬意。当最后他的遗体被抬到日本军官区安静的墓地时，我有幸和其他年轻人一起参与了送葬。

第九章　八英尺的空间

良田万顷，日食一升。大厦千间，夜眠八尺。

（中国谚语）

1934 年，男生、女生不再分开。
男女不再分校，
芝罘，芝罘，永远的芝罘。

1935 年，海盗活捉了我们，
但是英国飞机永远地赶走了这群人，
芝罘，芝罘，永远的芝罘。

1942 年，他们也洗劫了我们的学校和院落，
但我们仍然住在芝罘，
芝罘，芝罘，永远的芝罘。

1943 年，他们让我们换个活法，乘船旅行；
我们来到了潍县集中营，
芝罘，芝罘，永远的芝罘。

1944 年，我们希望回到那著名的海岸，
我们的学校永远不变，
芝罘，芝罘，永远的芝罘。

（这些美好的希望写于 1943 年，但从未实现）

我们在潍县集中营的第一个冬天（1943 年）即将来临，这时我们已经在那里住了大约三个月，营地生活逐渐步入正轨：砍木头，用原始的炉火烧水，吃面包粥、面包布丁，还有各种各样的面包，再加上糖稀、高粱、粥和枣子。在社交方面，我们与天津和北京的侨民们建立了宝贵的友谊，参加成人教育课程，享受在潍县生活中更广泛的接触。经济上，由于日益短缺的物资压力，妇女用窗帘做衣服，男人用帆布和木头做鞋。

除了生活、吃饭和洗澡之外，在潍县西伯利亚式的冬天里，保暖成了一个新问题。11 月的时候，我们已经受冻了好几个星期，但在 12 月的第一个星期，每个房间都发放了小炉子。整个冬天，少量煤粉不定期供应。

希斯·罗宾逊炉管（Heath Robinson Stove Pipes）是通过拼接果酱罐子组装起来的。管子一端插在炉子里，另一端穿过墙上的一个洞引到外面。然后是燃料的问题。供应的原始煤粉不能燃烧。煤粉首先必须过筛，以不同的比例与筛过的土壤混合（用于生火的是一种配方，用于隔夜堆火的是另一种配方，等等），再与水混合，然后像煤砖一样放在太阳下晒干。经过仔细的旋转，几十个煤块被放在太阳下晒干。木材是从树上“搜刮”（这是一个伟大的潍县词语）来的，有些甚至是从厨房所用燃料中“搜刮”的。

后来，除了当局分发的小黑炉外，砖炉也按照标准设计发展起来。炉火发出的热量在一个烤箱（一个大花生油罐）的周围和后面流动，烟从果酱罐炉管中飘出。这样就可以做饭、烘焙和保持房间温暖。

在这个酷寒的冬天，人们拼命取暖，不仅煤粉、木材、果酱罐和花生油容器价格昂贵，而且自制炉灶所用的砖也贵得离谱。从哪里可以得到这些？

有一天，日本人拆毁了运动场附近的一堵墙，以便把这些材料用于其他地方的建筑工程。令他们惊奇的是，所有的砖块一夜之间都不见了。后来基于同样的建筑需要，医院附近的一堵墙也被拆了。我祖母在医院一楼的房间里需要一个炉子。一天深夜，我借了一辆独轮车，在同学迪克·文登（Dick Vinden）的帮助下，把从这堵墙上拆下来的砖块填满手推车。我们正推着它穿过黑暗，这时一个警卫拦住了我们，问我们在干什么。

装聋作哑是无济于事的。“丫门楚”（日语，大意是“跟我到警卫室去”），他喊道。被带到警卫室是集中营生活中最可怕的经历。我们跟着他走了几步，然后在黑暗中我们甩掉了他。这个炉子最后按时造好了，在战争的剩余时间里，供我的祖母和姑妈使用。

圣诞节来了。我们在白象贸易站为彼此买了小礼物，用我们有限的木材、布和纸制作小礼物。我们玩游戏，开派对，还在营地教堂共同举行圣诞礼拜。

我们一群人在平安夜唱着圣诞颂歌，从一个街区走到另一个街区，每次拜访结束时，我们都毫无例外地说一句很有意义的话：

> 我们祝你圣诞快乐，圣诞快乐，圣诞快乐；
> 我们祝你圣诞快乐，新年快乐，希望不是在这里！

想象一下，圣诞节那天，一名日本警卫下班后愉快地走在大路上，正在欢快地唱着歌，我们是多么惊讶和高兴：

> 哈哈哈，嘻嘻嘻，
> 大象在大黄树上筑巢，
> 哈哈哈，嘻嘻嘻，
> 圣诞节是我的节日！

1944 年来临，冬天在 3 月初结束。供应品开始断断续续地送来。像成人教育和辩论社团这样提升生活品质的活动开始退居次席，更基本的生存相关的问题开始出现。在供应日益减少的情况下，我们变得越来越足智多谋。我们把旧衣服缝在一起来遮盖身体。我们针对供应给我们的面包研究出了新的涂面包的酱料。酵母有时会短缺，于是一个被拘禁的人开始研究制作酵母。我们做了清洁地板的刷子和扫帚。

瑞士红十字会代表的访问似乎也不那么频繁了，因此送来的药品和信件也减少了。慰问金正在迅速减少，以物易物来换取日常生活所需再次成为主流活动。

一些经营黑市的中国农民被日本人抓了个正着，遭受了残酷的折磨，所以黑市买卖几乎停止了。

“搜刮”成了普遍的罪恶。人们竭尽全力去获得燃料、食物和衣服。战争造成了一些奇怪的情况。人们可以看到，一位举止优雅的英国犹太裔百万富翁定期在1号厨房后面的一堆灰烬里忙活，过筛、区分焦炭和部分燃烧的煤块，以满足他做饭的需要。也可以看到天津的一位女性社会名流正在劈柴。离开美发沙龙几年后，她的染发剂开始褪色，变成一种奇怪的混合颜色。

我们现在要面对身处集中营的残酷现实。长时间的体力劳动令身体疲惫不堪，我们经常怀着对食物的渴望睡去。在一整天的抽水或搬运沉重的食物箱子的体力劳动之后，两片面包和稀粥很难成为令人满意的晚餐。

4月4日，我一觉醒来，意识到自己已经十九岁了。我在三年前获取大学入学资格，身处外面世界的同学们都事业有成，而我还在通电的铁丝网后面艰难度日。

我的宗教信仰有点动摇，尽管我没有和我的同学们分享这一点。我们那些解放集中营、获得自由的祈祷似乎毫无效果。我问自己，基督教仅仅是一种学术活动，还是在这样的情况下有某种意义？

一天早晨，在一章接一章地读完《圣经》后，我意外地发现了鲜为人知的《旧约》中的一句诗：

> 遇亨通的日子，你当喜乐；遭患难的日子，你当思想。因为神使这两样并列，为的是叫人查不出身后有什么事。（《传道书》7：14）

这会是我的问题的答案吗？我一直拄着的拐杖、赖以生存的东西——自由，食物，衣服等等——被慢慢移走，这样可能“除了他，我一无所有”。我的思绪回到了1940年的洗礼仪式上，海滩上的人群唱道：

跟随，跟随，我要跟随耶稣，无论何时，无论何地，我都要跟随。

跟随，跟随，我要跟随耶稣，无论他领我到哪里，我都要跟随他。

在每天等待警卫点名的时候，我们的目光会满怀渴望地越过围墙，穿过带刺的铁丝网，望向耕种过的田地，望向广袤的远方村庄。

我们认为，从收集到的营地谣言——一些来自清理污水坑苦力的消息和猜测——来看，我们周围的农村并不完全由日本人控制。

虽然我们的营地在沦陷区的中心地带，从表面上看，日本人毫无争议地统治着我们周围几百英里的范围，但事实上，我们周围有一些“小块”的中国伪军，他们名义上支持日本，实际上却摇摆不定。很明显，在这一地区也有零星的中国共产党军队和国民党部队。在同日本——这个共同的敌人——作战时，这些异类集团之间达成了一个不稳定且不确定的停战协议。

一天，当我站在一列队伍中（潍县集中营生活中有许多这样的队伍）时，一位芝罘学校的同学罗宾·霍伊特（Robin Hoyte）用胳膊肘推了我一下。“你看见那四个走在一起的家伙了吗？”他低声说。“皮尔森（Pearson）告诉我，他们正在计划逃跑。”

他们是恒安石[①]（曾在北京一所天主教大学任英语教师），狄兰（Tipton，一家烟草公司的高管），雷震远（Raymond de Jaegher，一位白发苍苍的慈祥的比利时神父），霍伊楚（Roy Tchoo，一个来自天津的高大的欧亚人）。他们的中文都很流利。从那天起，我注意到他们经常在一起深入交谈。恒安石和狄兰留着中国式的光头，穿着飘动的中国长袍，似乎在阳光下晒了好几个小时。四个人总是在一起，说着无可挑剔的流利的中文。我默默观察着这一切，到目前为止，我已经学会除了我最亲密的朋友之外不对我观察到的事物发表任何评论。

① 恒安石（Arthur W. Hummel Jr.，1920~2001），来华传教士恒慕义之子，生于山西汾阳，曾在北京辅仁大学附中担任英文教师，太平洋战争爆发后被关押在潍县集中营。他是美国著名外交官，1981~1985 年担任美国驻华大使。——译者注

1944年6月中旬的一个星期六晚上，消息在集中营里迅速传开：恒安石和狄兰逃跑了。这对单调乏味的营地生活产生了惊人的影响。

但是在最初的兴奋过后，人们又开始忧虑、紧张和恐惧。日本人会做何反应？我们会受到严重的指控吗？我们的一些权利会被削减吗？

那天下午点名的时长是平时的三倍。几个月来，点名已经变得组织松散、管理不善。作为点名管理员之一，我在警卫室外等着去敲钟，这是社区可以解散并返回工作岗位的信号。我注意到，在警卫室黑板上记下的数字，有一天是1492，次日是1518，以此类推，对这些差异没有人试图做出解释。

但从现在起，点名成为一项谨慎计算的演习。日本警卫会一遍又一遍地清点人数。点名时间延长了。警卫们很粗暴，他们不信任我们。如果队伍排列地散乱不堪，他们就会大喊大叫。

逃跑的细节一点一点地泄露出来，当一天的工作结束后，我们绕着街区走了一圈又一圈，在小团体内部，我们兴奋又谨慎地分享着那一天的收获。

我们委员会的领导人提前就知道了周五晚上的逃跑计划，但计划在周六下午上报他们失踪，以确保这两名逃跑者能顺利踏上他们的旅程。

所长和他的二十五名卫兵听到有人逃跑的消息后怒不可遏，立即制订了抓捕他们的计划。士兵们带着警犬搜遍郊区，但没有找到他们。我们被告知，当地媒体发布了一份保全面子的声明，称有七人试图逃跑，五人被重新抓获。因为“七个人中跑了两个”，没有“两个人全部逃跑成功”那么严重！

与他们同住一间单身宿舍的九名男子被逮捕，在教堂里关押了十天，并受到长时间的审讯。他们都辩称对该逃跑计划一无所知，后来被释放。

当时我正在1号厨房轮班做饭，在随后的几周里，有关他们逃亡的细节逐渐浮出水面。

为了不耽误营地的日常工作，恒安石和狄兰从当值的厨房班次中请了假。他们还搬出了单身宿舍，睡在外面，以免牵连到他们的室友。

他们计算过，6月的某个晚上是满月，适合他们穿越周围的农村逃跑。

而且，在某个特定的时间，月光会照在哨塔上，并在墙壁上投下一大片阴影。晚上 9 点，警卫会换岗，执勤的警察在登上瞭望塔之前会对周围区域做一次例行检查。

他们按计划一直等待，正是在短暂的换岗期间得以逃脱。两名被拘禁者帮助他们通过了两层通电铁丝网到达外面，那里有中国人正在等待协助他们逃跑。

这次成功逃脱带来的一个影响是，营内的单身汉被从医院的顶层（在那里他们可以看到开阔的乡村，从而有了逃跑的想法）转移到了 23 号楼，离日本军官的住处更近。日本人命令他们与芝罘学校的男孩、女孩交换住处。我随学校搬了过来，得到了一个能够遮挡自己的空间，地方刚好足够大到放置我的床垫和临时搭建的床头柜。

一个下了班的警卫邀请我和他下一盘象棋。他带我到营地尽头的警卫宿舍，这里离大门很远。这里我只去过一次，即日本军官搬进来前为房子做大扫除时。

我坐在他的房间里，环视着他的住所，简朴、干净、令人愉快。他心爱的人的照片挂在墙上。制服被挂在窗户上，在夏天的阳光下晾晒。我们下棋的时候，他递给我一个苹果，直径还不到一英寸，尽管很小，我还是把它吃了下去。这是我在潍县集中营两年里吃过的唯一水果。

下棋被证明是一种最有效的方法，可以使人从那些日子的考验——食物短缺，日本在远东取得胜利的可能性，以及可能在拘禁营失去宝贵生命的沮丧感——中解脱出来。因此，一天的劳作后，我会加入一些国际象棋爱好者的圈子，玩上几个小时。错综复杂的比赛是那么吸引我的注意力，恐惧和不祥的预感暂时消失了。

我的另一项消遣是学习法语会话。我学过法语的读写，并且在大学入学考试中取得了很好的成绩。现在是将理论付诸实践的机会了。在 1 号厨房和我一起工作的比利时牧师经常对我说法语，而我反过来帮助他们学习英语。每周有好几个晚上，我都会去多兰先生（Mr. Dorland）的单身宿舍练习法语会话。黑暗中坐在他的门廊上（居住区里没有电），我们一般会讨论建筑、神学和营地生活。有传言说多兰是日本人的间谍，所以我把谈话引向毫无争议的方向。

我还和救世军的利特勒少校（Major Littler）一起学习中文，和他一起读《创世记》和《路加福音》。从在毓璜顶拘留营开始，我就自学了努恩的希腊文《新约》。这个对我来说很容易，因为它的结构和拉丁语非常相似。此外，我还和一群男孩一起，在一个伦敦传教士社团的工作人员指导下学习了希伯来语的《旧约》。我们学习了部分戴维森语法（Davidsons Grammar），学习了其复杂的动词系统。我还参加了一个希伯来语的《阿摩司书》（*Amos*）测试。所有这些学习都是为我将来成为一名传教士而做的准备。我不希望在集中营的这几年里我没有为将来的职业生涯做好准备。

在这一小群热情学习希伯来语的学生中，有一个爱尔兰男孩布莱恩·汤普森（Brian Thompson）。他比我小几岁，是这个团体的灵魂人物，总是搞恶作剧。他的母亲是学校的教职工，他是孩子们中的老大。

一天下午，我们在医院外杂草丛生的网球场上点名。五百名男女老少排着长队，等着日本警卫和负责点名的人。有的坐在躺椅上看书，还有的站着说笑。

一个离我几步之遥的同学对站在他旁边身材高大的布莱恩说："我猜你不敢碰那根电线。"在我们的头顶上，一条电线斜穿过田野，从供电站一直延伸到我们身后的瞭望塔。电线原本离地面只有 20 英尺，但最近几周却垂得越来越低了。

布莱恩赤脚站在潮湿的地面上，笑着接受了挑战，摸到了电线。他的手指被电流击中。他发出一声绝望的呻吟，把电线拽到了地上，差一点就击中几十个同伴。

接下来的十分钟可能是我一生中最可怕的一段时间。恐慌在人群中迅速蔓延开来。布莱恩的母亲急忙冲过去要把他救出来，但有人迅速地把她拉住，以免她也被电死。尖叫声和哭泣声从四面八方传来，一片混乱。一

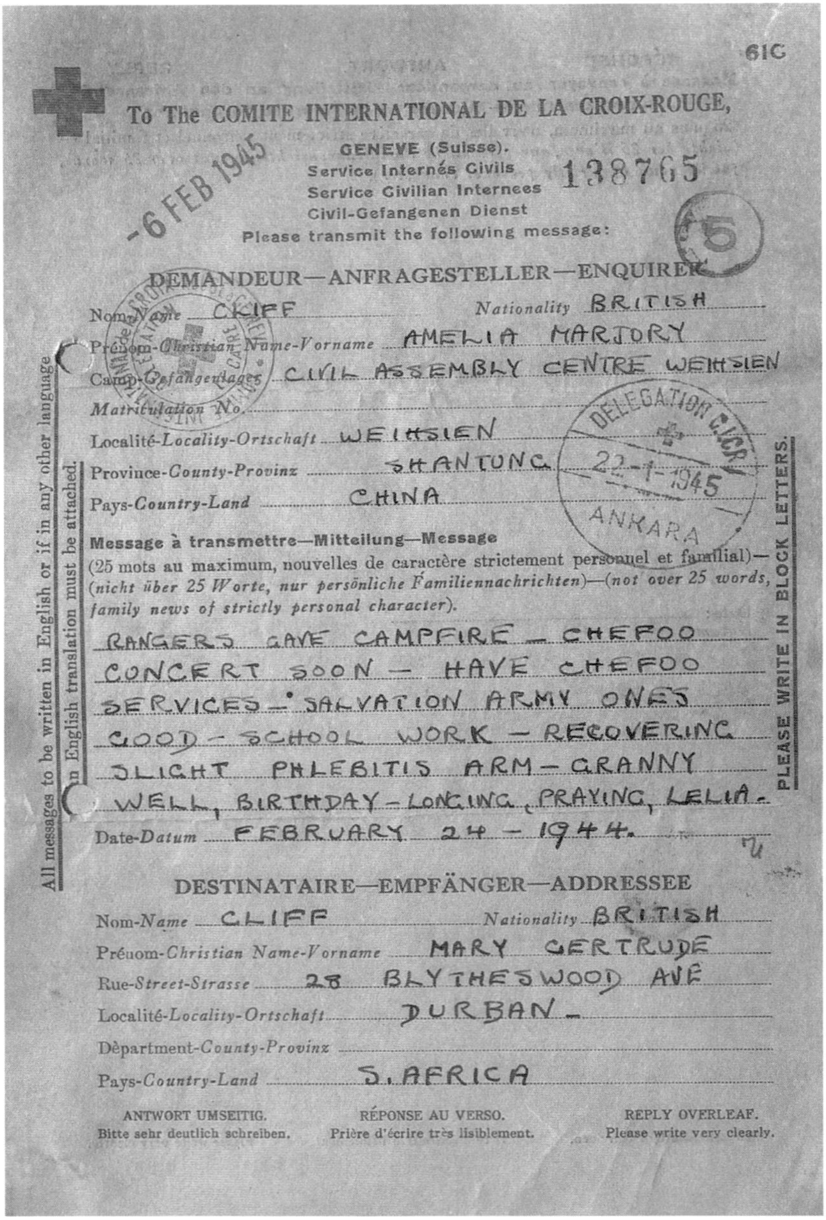

61C

To The COMITE INTERNATIONAL DE LA CROIX-ROUGE,

GENEVE (Suisse).
Service Internés Civils
Service Civilian Internees
Civil-Gefangenen Dienst

138765

-6 FEB 1945

Please transmit the following message:

DEMANDEUR—ANFRAGESTELLER—ENQUIRER

Nom-Name CLIFF Nationality BRITISH
Prénom-Christian Name-Vorname AMELIA MARJORY
Camp-Gefangenlager CIVIL ASSEMBLY CENTRE WEIHSIEN
Matriculation No.
Localité-Locality-Ortschaft WEIHSIEN
Province-County-Provinz SHANTUNG
Pays-Country-Land CHINA

DELEGATION C.I.C.R. 22-1-1945 ANKARA

Message à transmettre—Mitteilung—Message
(25 mots au maximum, nouvelles de caractère strictement personnel et familial)—(nicht über 25 Worte, nur persönliche Familiennachrichten)—(not over 25 words, family news of strictly personal character).

RANGERS GAVE CAMPFIRE — CHEFOO CONCERT SOON — HAVE CHEFOO SERVICES — SALVATION ARMY ONES GOOD — SCHOOL WORK — RECOVERING SLIGHT PHLEBITIS ARM — GRANNY WELL, BIRTHDAY — LONGING, PRAYING, LELIA.

Date-Datum FEBRUARY 24 — 1944.

All messages to be written in English or if in any other language an English translation must be attached.

PLEASE WRITE IN BLOCK LETTERS.

DESTINATAIRE—EMPFÄNGER—ADDRESSEE

Nom-Name CLIFF Nationality BRITISH
Préuom-Christian Name-Vorname MARY GERTRUDE
Rue-Street-Strasse 28 BLYTHESWOOD AVE
Localité-Locality-Ortschaft DURBAN
Dèpartment-County-Provinz
Pays-Country-Land S. AFRICA

ANTWORT UMSEITIG. Bitte sehr deutlich schreiben.
RÉPONSE AU VERSO. Prière d'écrire très lisiblement.
REPLY OVERLEAF. Please write very clearly.

柯喜乐从潍县集中营写给身在南非的父母的信件（1945 年 1 月 22 日）

些比较理智的人用绝缘的木头椅子拨走了电线，终于把布莱恩拉了出来。他被紧急送往医院进行人工呼吸，但已没有生命迹象。

受到惊吓的人们留下来参加点名。当晚剩下的时间里，我们都在医院外面等着，希望布莱恩能活过来，可惜天不遂人愿。

第二天，营地教堂举行了布莱恩的葬礼。布鲁斯爸提醒我们，虽然布莱恩错过了营地下午的点名，但事实上他回应了天堂那边的点名。我们满怀信心地唱着："当天堂那边点名时，当天堂那边点名时，他就在那里……"

战后，我听说当时我那住在南非德班的父母听到的潍县集中营为数不多的消息之一，就是一个芝罘学校的男孩在潍县发生事故，触电身亡。他们的第一反应是受害者是他们的儿子吗？

布莱恩突然去世后我的朋友圈里一片肃静。

没有轮班工作的时候，我就去参加圣公会和自由教会的礼拜，在一所有一百多名不同背景和种族的孩子的日校当班长，还是救世军乐队的第二长号手。

所有这些敬拜和基督教团契的机会都在加强我摇摇欲坠的信仰，尽管随着战争的继续，我仍然有一种持续的无目的感和挫败感。就我的健康而言，由于营地不良的卫生条件和繁重的体力劳动，我患上了阿米巴痢疾，背部疼痛。

从罗马天主教的神父那里（我深深爱上了他们，并把他们视为我在营地里最好的朋友——尽管我不理解他们的仪式和教义），我养成了露天来回走动祈祷和冥想的习惯。我跪在床前祈祷，以至于往往因精疲力竭而入睡。

在这种情况下，我迎来了精神朝圣之旅的第三个里程碑。第一次是 11 年前的那个周六下午，在芝罘预备学校的操场上，我与同学们一同祈祷着，突然发现上帝没有属灵的孙辈，发现基督因为我的罪行和失败被钉在十字架上。第二次是四年前（1940 年）的那个夏天，父亲在学校前面的海湾为我洗礼，当时海滩上的人群唱道：

跟随，跟随，我要跟随耶稣，无处不随，处处皆随，我都要追随。

跟随，跟随，我要跟随耶稣，无论他领我到哪里，我都要追随。

一天清晨，我在布莱恩触电死亡的网球场上来回踱步。一名警卫在离我不远的瞭望塔里值班。附近医院的地下室是营地的洗衣房，妇女们正把衬衫和衣服拿出来晾晒。在医院里，可以看到工作人员正在开始一天的工作。我几乎没有意识到这一切，因为我正越过营地围墙上的电线向远处的中国村庄望去，想到了上帝，想到了我的宗教教育，想到了我优异的预科成绩，想到了我无休止的拘禁期，想到了我不断恶化的健康和活力，想到了我远在非洲的父母，想到了他们很少有消息，等等。

我来回走着，一边在祈祷，一边在思考我在潍县的生活，突然有一个声音打断了我："你愿意在基督教的事工中为我服务吗？"我停住了脚步。这声音像营中朋友的声音一样清晰。我曾想成为一名会计，在繁忙的商业生活中获得一些经验，接受一些神学培训，然后回到我出生的土地，继续我父母、祖父母和曾祖父母多年来为之付出的工作。为此，我一直在学习汉语、日语、希伯来文、希腊语和《圣经》科目。

但是，事态的发展迅速地改变了中国的面貌，我现在强烈地感到，在这个国家传教的日子屈指可数了。上帝是否将我的脚步重新引向家庭事工？在短短的几秒钟内，所有这些想法都涌上了我的心头，因为我几乎是大声地说："是的，上帝，我愿意，只要您能把我从这里救出来，赐给我健康和力量来服侍您。"

因此，就像摩西在何烈山山坡上照看他岳父的羊一样，永恒的人闯入了暂时的世界。"但荆棘并没有被烧毁……"

"我听到了呼唤。'来吧，跟着我'，

就是这样。

地上的欢乐渐渐暗淡，

我的灵魂去追寻他……"滚滚长江东逝水，浪花淘尽英雄。白发渔樵江渚上，惯看秋月春风。一壶浊酒喜相逢，古今多少事，都付笑谈中。

第十章　继续航行

勇敢的海军上将，请说一句好话："当希望破灭时，我们该怎么办？"这句话就像一把剑一跃而起，"继续航行！"

（华金·米勒《哥伦布》）

1944 年的夏天对我们潍县社区来说是场考验。身心紧张的拘禁生活对被拘禁者造成了伤害，尤其是对那些超过四十岁的人而言。有人精神崩溃，有人轮班时因低血压而晕倒。伤寒、疟疾、痢疾盛行。因此，在劳动小组和厨房轮班的工作中，旷工现象越来越严重。

那年夏天的炎热让人难以忍受。虽然我们只穿了卡其短裤（没有鞋子或衬衫），但在日常工作时汗水还是从我们身上流了下来。

为了解渴，我们只能喝营地卫生委员会允许的白开水。当水在厨房的大锅上煮沸后，就被放入一个大水壶中冷却。但是，如果一个人口渴了，而水壶里的水仍然还不能喝，那该怎么办呢？在绝望的时刻，我有几次直接从面包店附近的水泵里接水喝，这无疑是导致阿米巴痢疾的原因，后来我的体力也被削弱。

夜晚又热又难熬。蚊子在我们周围嗡嗡作响。当我们在床上辗转反侧时，床垫上的臭虫在我们身上大吃大喝。在通往厕所的走廊里，患痢疾的人啪嗒啪嗒的脚步声响了一整夜。老鼠从我们身上跑过去，成了社区的巨大威胁，以至于日本当局组织了一场竞赛来消灭它们。

每只被抓的老鼠都要交给在面包房工作的卫生官员，他将抓获老鼠的数量记在一个本子上，放在为此做出贡献的侨民名下，然后再扔进面包房的炉火里。

我们三个芝罘的孩子聚在一起，把所有抓住的老鼠都记在我的名下，以增加我们赢得老鼠比赛的机会。我们尝试了普通的弹簧捕鼠器，但发现有很大的不足，因为许多老鼠都从这些精巧的装置中逃了出来，只受了轻伤。通过反复的试错，我们找到了最有效的方法：地板上放置一块大纸板，纸板上面放置一个倒扣的盆子，盆子斜靠在一个顶针形状的盛满奶酪的容器上，容器面向盆子的内部。老鼠会从容器旁边盆子的空隙下面溜过去，一点点地啃着奶酪。这使得盆子逐渐滑过容器，平倒在纸板上，老鼠就被扣在下面了。然后我们抬起纸板和脸盆，把老鼠扔进旁边的一个水桶里。有时整个老鼠家族都是用这种方法抓到的。

莱克（Lack）、霍伊特和我定期带着死老鼠去卫生委员布鲁姆（Bloom）那里，直到我的名下有 35 只。但另一个捕鼠团已经登记了 38 只。我们队进行了紧急磋商，商量的结果是把所有捕捉到的老鼠都推迟到比赛最后一天上交登记。这无疑是对营地健康的威胁，也破坏了比赛的目的！对方在积分上遥遥领先，变得相当自信，最终达到 56 只。但在最后一天，我们带来了一箱 30 只老鼠，总共 65 只。奖品是一罐沙丁鱼，这在当时无疑是稀罕物。

不仅卫生委员会与疾病的斗争失败了，纪律委员会还遇到了“搜刮”、“小偷小摸”、索取过多“福利”等非常现实的问题。起初，违规者被“张贴”在营地布告板上的耻辱，以及因此被剥夺某些特权还算是一种有效的威慑，但在饥饿和经济短缺的压力下，个人声誉比填饱肚子更重要。传教士及其子女以及营地宗教团体中的人虽然也免不了受到同样的诱惑，但除了令人尴尬的例外，这些自私的行为都没有出现。

劳动委员会同样面临前所未有的危机。锅炉工们厌倦了在一天的轮班工作结束后只能用少得可怜的肥皂把乌黑的脸刮干净，开始要求从事干净一些的工作。厨师们发现他们的智慧和能力有限，虽然他们用面粉尝试过各种各样的面条、饺子和面包粥，但只用面粉也很难喂饱六百人；他们也要求做一些不那么繁重的工作，比如每天在固定的时间抽水。其他人则以疝气、低血压或高龄为由，要求不再从事体力劳动。

但显而易见的事实是，某些工作必须由人来完成，以维持这个大型社区的运转。一些芝罘学校的男孩现在已经到了可以抽水的年龄，而一些年龄较大的芝罘女孩正在帮忙给蔬菜削皮。但这一新的劳动力来源远远不能解决需有成千上百的侨民月复一月地工作的整体问题，尤其是他们的食物匮乏，士气低落，天气又恶劣。

劳工委员会的成员们在询问其他侨民以填补紧急职位空缺时，不得不面对严酷的现实，即早年集中营内生活的特点——被拘留者服务社区、做好工作的愿望，现在已经衰退了。这时，他们显然转向求助于那些有宗教信仰的，让他们来承担额外的责任，做那些不受欢迎的工作。

在周围的好友圈里，我工作认真、敏捷和做事谨慎的优点一直保持着。我们把大锅打扫得一尘不染，把一箱箱沉重的灰烬抬出营地的前门，还经常被叫去做额外的工作。

当我回想起我们工作时的热情，然后想到当今时代要想激励人们工作需要做些什么——晋升、加班费、津贴、福利等？集中营的许多人长时间在艰苦的条件下干着又脏又重的工作，除了在1号厨房的600人吃完后，会把剩下的东西偶尔分给他们一点之外，他们没有任何物质回报，对此我感到很惊讶。

此外，除了卫生、偷窃和劳动问题之外，还有保证孩子受教育的问题。如果他们不是身在集中营，他们会在学校念书为升入大学做准备。

继搬到毓璜顶之后，芝罘学校又搬到潍县集中营，在此期间芝罘学校一直保持着其作为教育单元的身份，并在很大程度上保持着正常的学习计划；尽管教科书、纸张和其他必要材料的供应有限，他们还是跟上了规定的教学大纲，最终获得了牛津大学认可的毕业证书。

我们到达潍县时，北京和天津的孩子们已经开学了，这很大程度上是天津文法学校的延续。但在1944年中期，学校的纪律性很差，学生的学习也陷入停顿。

集中营教育委员会对芝罘学校品行良好的学生和顺利开展的课程表示羡慕。结果是我和两位芝罘老师被邀请重组集中营学校，这一变化使它焕然一新。我被安排去教授八岁的孩子。我们坐在教堂的一侧，我负责的人包括俄罗斯人、印度人和欧亚混血儿。这是一次愉快的经历，孩子们似乎又重新燃起学习的热情。

1944 年虽然给我带来了上述所有问题，但也给我带来了光明和快乐，抵消了那段时期的许多考验和磨难。一位救世军军官主动提出教我吹奏铜管乐器，并邀请我加入他们的乐队。

布斯特副官（Adjutant Buist）是一个英俊、外向的威尔士人。在他的小营房里（他和妻子、孩子们住在一起），他耐心地给我上课。

经过几个星期的训练和练习，我作为第二长号手参加了每周二晚上的乐队训练。自从救世军来到中国，他们就受到日本人的怀疑。日本人不喜欢救世军与军事的联系——制服、军官和军事术语。因此，该组织被迫将名称从“拯救世界军”改为“拯救世界教会”。

我们的练习地点在皮靴修理店旁边的一个小房间里，有十名救世军人员和四五个其他教派的基督徒。我们花了许多时间学习救世军的游行曲和赞美诗，这让我们快乐。用铜管乐器演奏伟大的赞美诗，演奏得如此和谐，真是一种无法言说的享受。

一位军官把所有同盟国的国歌编成了合奏曲。当我们练习的时候，除了主调，所有的部分都被演奏了，这样日本当局就不会辨别出这些是国歌了。我们深信，不管是苏联人、美国人、英国人还是中国人来干涉，集中营的生活总有一天会突然结束。因此我们决定，无论这一时刻何时或以何种方式到来，都要有一首合适的乐曲来庆祝。我们练习了一个又一个月，演奏《胜利进行曲》的过程使我们充满信心、保持乐观。

那些星期天的下午，我们会聚集在医院外的空地上，在斯特兰克斯（Brigadier Stranks）准将的指挥棒下演奏：

安稳我心，主在你身边，
耐心担当，十架苦与忧，
信靠上主，祂必眷顾你，
经历变迁，主爱永不变。

第十一章　怀抱希望或陷入恐惧

不确定和未知的事物使我们满怀希望，或使我们陷入恐惧，这是人类的普遍弱点。

（恺撒）

潍县集中营合唱团

哦，潍县的乐趣！哦，潍县的日子！
又好又旧的潍县集中营啊，啦啦啦啦啦啦啦！
我们在黑暗中起身，用煤（实际上是岩石）生火，
我们扛水，收集粥，倒垃圾桶。
他们对每件事都大喊“不行”，我们微笑着大喊“好啊”。
我们还能再活一年，再活一个圣诞节。

现在我们已经到了这首歌的结尾，我们希望它不会太久
直到我们离开这个潍县集中营地——我们不会错的。
所以，在我们离开之前，我们决定将永远努力
去吹口哨和唱一首快乐的歌曲，在1945年。

（作者未知，曲调：所罗门·利维）

1944年的圣诞节就要到了。对大多数家庭来说，父母传来的消息越来越少而且时断时续。

1944年，我们定期收到红十字会发下来的信件表格让我们填。随着这

些文件的发布，有一长串的信件内容禁令清单——天气、营地活动、食物等都不能谈。在珍珠港事件发生后的几年里，日本人对信件中的“等待山姆大叔的到来”“急需约翰·布尔”[①]“一切安好，告诉海军陆战队”等信息背后的深层含义变得明智起来。

通信的内容不能超过 25 个单词，必须直截了当，不能有隐含的意思。

当我们坐在那些官方表格前，挣扎着决定我们应该写些什么，而不违反任何他们说的规则时，我们中的许多人都认为，内容并不重要，唯一重要的是父母能收到上面有我们笔迹的信纸。仅仅是收到那份表格就意味着我们还活着，尽管它提供的个人信息很少，所以我们努力抓住每一个机会。后来我们得知，日本警卫室里的审查制度跟不上数以百计的侨民写信的速度，因此到达目的地的信件很少。

我们只有微薄的配给和不多的活动来庆祝圣诞节，唱歌这种不能定量配给的除外。那一年有些时候，我们唯一的存货就是面粉，菜单上的东西几乎没有变化，都是面包、面包粥、面包布丁和其他面包制品之类的。还有一些比较光明的日子，我在 1 号厨房外的石板上看到早餐是“小米粥、红茶、面包”，午餐是“炖菜、红茶和面包”，晚餐是“汤、红茶和面包”。

现在的供应比以往任何时候都要少，而士气的下降也遵循同样的规律。气温也低得令人难以忍受。到处都是雪和霜，只有很少的煤尘可以用来制作放在炉子里燃烧的煤砖。

“神能在旷野里摆设筵席吗？”古诗篇的作者问道。

1945 年 1 月一个大雪纷飞的日子，我穿着油腻的工作服在 1 号厨房的大锅上干活，一个绰号为“船长”的高个子美国人跑了进来，说：“去看看前门进来了什么！”

不一会儿，我们就站在大路上了，看到了令人难以置信的景象：驴和马车鱼贯而入，慢慢地朝教堂（出现这种紧急情况的通常地点）驶去。1500 个标有“美国红十字会”的箱子被卸下。

① 这里分别指代美国人、英国人。——译者注

潍县集中营有 1500 名被俘者，每个人一个大箱子！一想到可以吃到一些营养丰富的好东西，可以享受到多年未尝过的美味佳肴，大家就兴奋极了。自从来到乐道院，我们就没有品尝过水果、牛奶、糖和黄油。

但是，战争时期，大多数兴奋和惊喜似乎都不可避免地有些虎头蛇尾，这次也不例外。不久之后，营地的布告栏上出现了一则简短的通知，说已取消包裹分发，因为正在考虑捐助者是否打算只把包裹分发给潍县的 200 名美国人。

美国人中开始了两个星期的争论与分歧，其中大多数人坚持要把包裹分享给所有人。另一些家庭，尽管拥有传教士身份，却大声谈论有关确保这些包裹应分发给目标对象的“道德”。

与此同时，日本当局对文明的西方人以这种方式讨价还价感到困惑，向总部咨询如何分配包裹。东京的决定明智而公平，每个被拘禁者将获得一个包裹。

很快又定下了分发包裹的日期。我们在教堂排队，每个人都会领到一个三英尺长、一英尺宽、一英尺半高的沉甸甸的纸板箱，然后艰难地回到自己的住所点。我们坐在床边，急切地把包裹打开。每一个包裹都有四小块，每一块里面都有奶粉、香烟、罐装黄油、午餐肉、奶酪、浓缩巧克力、糖、咖啡、果酱、鲑鱼和葡萄干。

现在喝茶可以加牛奶和糖了。我们的主食是面包，现在可以搭配黄油、奶酪或果酱享用了。香烟可以用来与吸烟者交换更多的食品。一长串的食物可以搭配、组合成各种食谱。

如果这些受欢迎的供应品被用来补充厨房供应的口粮，并谨慎地分配食用，我们至少可以在未来四个月享受营养美味的食物。

社交拜访流行起来。点名时，我们约好互相拜访，品尝最新的菜单和食谱。白象贸易站又开始行动了，当我们在 1 号厨房的热锅上煮饭时，我们会偷听到红十字会食品的最新交易价格：根据营内的供求情况，现在一包香烟可以换两板巧克力，两罐午餐肉可以换一罐咖啡，等等。

这些物资的到来确实挽救了集中营社区。随着每个家庭都想出了自己的办法，尽可能长时间地分配食物，他们也就不再像以前那样对口粮和福利斤斤计较了。身体上的饥饿感和疲劳感不那么强烈，士气明显提高了。

1945 年，我们越来越相信，在欧洲和远东战场，战争正在向着有利于我们的方向发展。

营地有传言说，八个月前逃走的恒安石和狄兰，现在身在一百英里以外的抗日小分队中，听说他们在那里通过无线电与重庆的盟军领导人取得了联系。

每天从正门进来收拾粪坑的中国苦力被日本卫兵仔细搜身，并常常遭到拳头或枪托击打。其中一名苦力带着恒安石和狄兰送来的消息来到集中营。卫兵们会像对待其他人一样，从头到脚仔细地搜查，再让他通过。他会沿着大路往下朝粪坑走去，把水桶背在肩上，往垃圾堆上吐口水，里面正是用防水纸写的信息。一个在附近等候的侨民会小心翼翼地把这张纸交给参与这次行动的人。

用这种方式，战争的消息很快传遍了潍县集中营：盟军在欧洲占据主动；英国和美国已经进入法国，正在把纳粹军队向东赶，而苏联军队则在向南和向西推进。

随后的一期消息报道了欧战胜利。德国人向艾森豪威尔和蒙哥马利投降了。这个喜讯对我们的日常生活几乎没有什么直接影响，只是不久之后发生了一件事。

这时，我已从医院顶层搬回 23 号楼的单身宿舍，并再次成为点名管理员。这座吸引人的建筑物的中心是一座钟塔，早些时候，它曾被用来召集当时美北长老会圣经学校的学生上课。现在日本人通过钟楼每天中午 12 点报时，以便大家调整闹钟和手表的时间。但事实上，它有时候在 11 点 45 分响起，第二天则又在 12 点 25 分敲响。我们只能得出结论：出于安全原因，日本人不希望我们知道确切的时间。

1945 年 5 月的一个午夜，我们揉着眼睛醒来。23 号楼的钟敲响了。我们在床上坐起来，疑惑地猜测为什么钟会在这个奇怪的时刻响起。对日战争和欧战一样结束了吗？有什么紧急情况吗？

我们听到外面传来警卫们沉重的靴子声，以及愤怒的日语喊叫声。这时，纪律委员会的一名成员来了，他说每个人都必须出来，按照平时所在的分组排队点名。是又有几名被拘禁者逃出去了吗？

作为 23 号楼和 24 号楼的点名管理员，我去了这两个街区所有的单身男女宿舍，告知他们日本人的指示。我把消息传给了 23 号楼另一端的女宿舍长。在她的房间，一些美国修女睡在蚊帐里。

我们在外面排队，睡意朦胧。日本卫兵手里拿着手枪，指着每个人，逐一清点，态度唐突。我们可以听到喊叫声和其他小组点名的命令。

当我们跌跌撞撞地回到床上时，我们明白了这一事件的起因。在欧战胜利的几个月前，有人曾向另一个人发起“挑战”，一旦盟军赢得了欧洲战争，他的朋友就要在午夜敲响钟声。他勇敢地接受挑战并付诸行动。有人向日本人解释了当晚钟声响起的原因，但由于必然会得到严重的指责，所以他们小心翼翼地隐瞒了敲钟者的名字。但是，尽管得到了解释，日本人仍然相信钟声是另一次逃跑的信号，因此更加仔细地进行点名。

关于战争的另一个消息来源是一份在北京发行的亲日英文报纸，在营内少量发放。统计数据如伤亡人数、沉船与被摧毁的飞机数量均有利于日本，以便让我们相信盟军正在输掉太平洋战争。但它能告诉我们的其实不止这些。

在集中营里，有一个名为杰克逊的商人，他来自天津，曾是一名军事战略家。他的行李里有一些远东战区的详细地图。他一边读着《北京纪事报》，一边盯着大地图，能够获取报纸字里行间的信息，并对太平洋战争的真实情况和美国人推进的方向做出了一些相当稳妥的猜测。

杰克逊秘密地就战争形势做了非正式的演讲。他把地图摊在单身宿舍的一张床上，手里拿着一根指挥棒，与大约 20 名听众轻声分享他推测的远东战况。演讲时，有一个人在外面站岗。曾经至少有一次，日本人逼近，会议被打断，地图被匆匆收起。

杰克逊的论点是无可辩驳的。不管数据显示对美国的伤亡有多严重，从提及的某些岛屿至少可以分析出战斗的地点。几个月来，报纸上提到吉尔伯特群岛、马绍尔群岛、马尼拉、硫黄岛和冲绳岛，是无意间承认美国人迫使日本人逃到了那些地点。为了战斗，美国人一定是推进到那里了！

第十二章　温柔欢畅的时光

苏联人已经在挪威登陆
据报道，拉包尔已在我们坚定的美国盟友手中，
但这在我听来像是谣言！

警卫们周三都离开了，
周末我们就会重获自由，
不过明天下午茶的时候再来看看，
还会有更多谣言！

（曲调：“让我的邦妮回到我身边”）

振作起来。艰苦困厄的日子过后，温柔欢乐的时光必将很快到来。

（塞克斯图斯·普罗佩提乌斯）

1945年6月，日本人的纪律、士气和爱国主义情绪明显开始崩溃。在此之前，他们对天皇的忠诚近乎狂热。

从我在1938年见到第一个接管芝罘的日本人的那一刻起，我就被他们的团结震撼。与中国人缺乏凝聚力相比，日本人忠于祖国，热衷于建设“大东亚新秩序”，不管任务是什么，代价多么昂贵，都尊重上级的所有命令。我曾经在芝罘学校、毓璜顶拘禁营和潍县集中营内观察到了这些品质。

但他们正在发生变化。警卫下班后摇摇晃晃地走向生活区，更糟的是酗酒。在与他们的交谈中（此时我已经积累了相当多的日语词汇），他们开始批评高级军官。一天晚上，我们被喊叫声惊醒，发现两名守卫在激烈

争吵；其中一人溜进了 22 号楼的一个家庭，藏在床底下。而他的同事则在敲附近邻居的门，要求那些睡眼惺忪的被拘留者告知他在哪里。

在这种士气低落、纪律崩溃的过程中，形成了一个所谓的“反向黑市”。不再是被拘留者从墙外购买必需品，而是日本人以极低的价格从他们那里购买贵重物品，并以四到五倍的利润将它们转卖给附近村庄的中国人。

我们也不再得到红十字会的慰问金。白象贸易站的肥皂、花生和其他东西价格飞涨，而我们的货币却几乎消耗殆尽。用贵重物品交换以满足这些需求是唯一的选择。

日本人处于垄断地位，他们可以用低廉的价格购买贵重物品。为了生存，我们不得不放弃这些东西。一天，一名警卫走进我们 23 号楼的单身宿舍，从跟我隔着床和蚊帐的一位美国朋友那里买了一块手表，在那些炎热的夏夜，这可不是什么奢侈品。我沿着长长的外廊走在警卫的外侧，而他则在我一侧远离军官宿舍的地方装运货物，小心翼翼地避免被当场抓获。

不久之后，在警卫的允许下，我们中的两个人把灰烬抬出了营地的前门。他们的态度显然很友好。我们把板条箱倒扣在地上喘口气，然后和值班的人交谈，讨论的话题从食物、运动和浪漫故事到太平洋战争，根据需要使用汉语、日语和英语。我犹豫地问其中一个警卫：“Senso- ka o-ari -mashita-ka？”（“战争结束了吗？”）他睡眼惺忪地回答：“Ma-da ooari-masen.”（“还没有结束。”）

他的同伴随后用中文、日语和手语向我们传达了这样一个事实：如果战争真到了结束的时候，他们会把我们全都枪毙，然后自刎。同样的想法也被传达给了其他侨民。

结果是，盟国即将赢得战争的前景对我们来说（就像巴甫洛夫的狗一样）变成了一种矛盾的情绪。我们在期待中激动不已，同时夹杂着惶恐不安。

晚上，当我们完成了一天的工作绕着营地散步时，我们不仅在猜测作为一个战败国囚犯的最终命运是什么，而且还在思考我们将被谁以怎样的方式解救。苏联人会从北方压过来解放我们吗？蒋介石的军队会从西方来吗？美国军队会入侵山东吗？会是和平结束还是最后会有一场激烈的战斗？

“竹制无线电”继续提供美国轰炸和太平洋战争进展的新闻。有一天，我们听说双方已经就停战进行了谈判……

1945 年 8 月 15 日，星期三，下午我加入了委员会办公室外月亮门院内的人群。沃西（Voysey），半个日本人，也是集中营里最称职的口译员之一，代表我们向集中营负责人询问战争是否结束了。这是一件微妙的事情，因为这一信息是通过清理粪池的苦力传到我们这里的。那天早上，他们把写有这些信息的防水纸吐在一堆破烂上。对方闪烁其词，人群不满地散去。

8 月 17 日，星期五，猜测与不确定戏剧性地结束了。那天上午，我在葛雷格速记课上给一群准备牛津大学预科考试的女生口授商业信函时，营地里同时有几百人在做着日常的工作，忽然我们听到一架飞机的声音。

声音越来越大。在整个营地里，正在学习、劳动和烹饪的侨民都本能地立刻停止活动，站在营地外的道路上，向天空望去。

上空一架飞机越飞越低，好像在寻找我们的营地。后来，我们知道它是 B-29。早先从天津和北京被藏在箱子底部带到营地的英、美国旗，现在都被我们拿了出来，向天空挥舞。飞机对这些身份信号做出了反应，在更低的空中盘旋，并投下了传单。[①]然后，不可思议的事情发生了。一名男子乘降落伞飘了下来，后面还跟着六个人。他们降落在离前门不远的地方。

1500 名侨民不顾多年来集中营的规章制度，冲过主路，穿过悬挂“乐道院”匾额的大门，绕过无法阻挡我们所有人的孤零零的值班警卫，去欢迎我们的解放者。

我们在门外一英里处发现了他们，他们躲在土丘（中国人的坟墓）后面，端着装满子弹的枪。他们不知道日本人会以怎样的方式接待他们，但已经准备好应对任何突发情况。我突然想起了我在救世军乐队里的承诺——用《胜利进行曲》（那是各个盟国国歌的混合曲）来欢迎解放我们的人，

① 参见附录四和附录五有关传单的内容。

我们已经练习得接近完美，但毋庸讳言，到现在为止都没有正式演奏过。

我从 23 号楼拿起长号，冲回大门。这支队伍站在电网后面靠近教堂的一个小土丘上，在这里可以清楚地看到七名美国伞兵凯旋而入。斯特兰克斯准将用指挥棒发出信号，我们就开始了。

但我的视线从音乐转向了门外戏剧性的一幕。兴奋的侨民们把这些伞兵抬到了入口处。我看着眼前的一幕，右手配合完成了吹长号的动作。在这群美国人中，有吉米·摩尔（Jimmy Moore），他是我在芝罘学校读二年级时的级长。显然，他为参加这次特殊的救援任务做了不少努力。

我旁边的第一长号手史蒂文（Steven）是一个高大的美国小伙子，他停止了演奏，瘫倒在地，哭得像个孩子。后来有人告诉我，医院里的病人都从病房的窗户里跳了出来，目睹了早晨的景象，再也没有回到病床上，神奇地痊愈了。

与此同时，大门里面的警卫室里上演了意想不到的戏剧性的一幕。美国少校端着上了膛的枪走进了房间。在集中营警官的带领下，警卫们把自己的枪堆放在一个角落——一种屈服的象征。但是斯坦纳少校（Major Steiner）有不同的想法。后来我们得知，在离营地不远的地方，一群中国匪徒正计划占领这个营地，并在某种政治交易中把我们作为人质。此外，日本战败后，有迹象表明共产党和国民党军队正在潍县周围混战，以夺取领导权。

令日本人吃惊的是，少校戏剧性地把枪支还给了他们。在这场旷日持久的战争中，这些警卫一直是顽固的敌人。现在，他们将被招募为盟友，帮助美国维持中国敌对派系之间的法律和秩序。伞兵中有一位年轻的日裔美国人，身为翻译，他向受惊的警卫们解释说急需他们的帮助。从现在起，警卫们必须在美国人的命令下继续守卫营地。

那天下午一有机会，我们就会包围路上经过的伞兵。他们就像是来自另一个星球的神灵。在他们看来，我们这些赤脚、仅穿着破旧卡其短裤的人一定像是来自某个原始的鲁宾逊漂流岛的隐士。当他们向我们讲述广岛和长崎的最后轰炸，以及他们在缅甸、泰国和中国大后方的经历时，我们热切地倾耳细听。

那天晚上，该小组的两名成员到1号厨房用餐。我们从储藏品里拿出了在600多人的集体厨房很少使用的特色食材，为这些英雄做了一顿特别的饭菜，庆祝他们从天而降。但他们礼貌地没有动筷子。在我们看来是享受的食物，在他们看来却是难以下咽。

意识到我们对过去四年发生的事知之甚少，美国人在2号厨房为我们组织开展了“再培训”课程，以便我们了解最近的世界新闻。一名军官描绘了美军在珍珠港事件后的最初撤退、1942年中期的局势转变，以及日本人向西北方向稳步撤退等事件，最终在向日本投掷原子弹的故事中达到高潮。我们的词汇也可悲地过时了。那位美国军官仔细地向一班热切的学习者解释着某些术语，如美国大兵（G. I.）、诺曼底登陆日（D-Day）、吉普车（Jeeps）、B-24轰炸机、桑树港（Mulberry Harbour）、神风敢死队（Kamikazes），等等。

中国官员带着附近村庄的村长赠送的食物来到营地，致以亲切的问候。我在大门口轮班，帮助控制来往人员，维持秩序。沿着通往入口的小路，中国教会的重要人物、牧师、救世军官员们前来拜访他们各机构在营地的各位领导人。我问他们，中国教会在战争的吃苦年代情况如何。他们告诉我，教堂的出席人数减少了，“吃教饭的人”（Rice Christians）纷纷离去，但在试炼和迫害的烈焰中出现了新的成员和领导人。

营外的树林中，中国小贩组成了一个市场。树间系着帆布，树荫下摆着一盘盘熟透的西红柿、一袋袋糖和蔬菜。在物物交换的系统下，被俘者用旧衣服交换这些物品。

飞机定期从东方飞来，空投装有食物、衣服和药品的降落伞。一天早晨，我站在警卫室前，看着天空，满是蓝色、绿色和红色的降落伞飘在我面前的田野上。这景象令人感动，我哽咽着向上帝祈祷，感谢上帝。喝面包粥、吃面包布丁和面包制品的年代结束了。我右边房间里的守卫对我们再也没有凌驾于上的权力了。甘露从天而降，我想起赞美诗里的话语：

在我敌人面前，你为我摆设筵席，
你用油膏了我的头，使我福杯满溢。
我一生一世必有恩惠、慈爱随着我，
我且要住在耶和华的殿中，直到永远。

（《诗篇》23）

我不仅轮流看守大门，也是负责监督空投包裹小组的一员，确保它们完好无损地到达教堂，以便随后分发。一听到飞机引擎的声音，我们中的一个人就爬上2号楼的塔楼，敲响钟声召唤值班人员（就是在欧战胜利纪念日之后那个决定性的午夜敲响的那个钟）。然后，我们走进田野，记录降落包裹的数量，确保所有包裹安全送达教堂。

太平洋战争的突然停止，意味着美国军队突然不再需要那剩余的数千箱物资了，现在可以重新把它们分配到潍县和上海需要的平民俘虏营。

但是，空投食物、药品和衣服并非完全是好事。被匆忙地装上飞机后，它们并非都是轻轻地飘落。许多降落伞没有完全打开，结果箱子猛然坠落，弹跳10英尺高，破碎的罐头和瓶子散落一地。那些破碎的箱子周围，番茄汤和维生素药片散落一地。

中国农民蜂拥而至。因为食物从天而降，落到了他们贫瘠的田地上，这样的事情他们闻所未闻。他们对这些食物的数量和质量难以置信。他们试图在不被人注意的情况下把他们能拿到的任何东西带回到他们的破房子里。但我们得到的指示是确保所有的东西都能到达教堂。有传言说，有个农民迫不及待地吞下一瓶维生素药丸，最后被人看到能量满满地跑到北京以北去了！

关于有包裹掉到我们周围地上的危险，另一个复杂因素是飞机在清空货物时，通常会关闭机舱底部，倾斜机翼以示告别，然后返回东部。这成为指示我们的信号，让我们从树后的藏身地走出来，走到空地上，清点箱子，并安排其他人穿过大门把它们运到教堂。

但令我们惊慌的是，我们发现，有几次飞机在告别并关闭机舱底部后，又重新打开了舱门，扔下一些之前他们没有留意到的包裹。包裹如雨点般落下。我是应该跑去躲避，或者躲进掉落的包裹里，还是站在原地祈祷？我屏住呼吸。它们落在离我几码远的地方，再次弹向空中，然后或凹陷或摔碎了。站在我身边的一位美国军官胆战心惊、气喘吁吁，说他那天早上在潍县遇到的危险比先前在东南亚的战斗中遇到的危险还要多！

从那时起，我们就一直躲在高大的树木旁安全的一侧，只有在飞机彻底离开后，我们才会再到田野里去。

不久，食物和衣服就分发完毕。与七个月前相比，这次的供应是如此充足，所以没有人为如何分配而争吵，也没有人提出异议，我们可以尽情地享用。在营地外的中国市场上，我们用以物易物的方式购买了水果、鸡蛋和蔬菜，补充了这些受欢迎的食物。很快，我们就穿着美国陆军的卡其制服、结实的军靴，戴着军帽走来走去。女人们立刻把分给她们的男装做成卡其色女装。

用罐装奶粉和巧克力很容易从附近的村庄换到啤酒。庆祝战争结束的派对确实很吵闹。那些以前适度饮酒的人，在几年的强制戒酒之后喝了几杯，很快就发现自己有点醉了。

更加虔诚的被拘禁者在教堂的感恩仪式上尽情宣泄了他们的快乐，这里有各种传统的基督崇拜——天主教、英国国教和自由教会。这座爱德华七世风格的教堂曾在不同时期作为学校、监狱和物资分发中心使用，现在（正如它在拘禁营的黑暗岁月中经常那样）它成为敬拜和衷心赞美主的活动的中心。

信件和电报从重庆、英国和美国传来。被拘留的侨民与传教士协会、商业组织尤其是远方的家人重新建立了联系。我收到了我的叔叔诺曼（Norman）——他是《新闻纪事报》（*The News Chronicle*）的一名记者——

从伦敦发来的消息："你的父母热切地期待着与赞美、荣耀和你在德班尽早团聚。"

我现在二十岁，我的两个妹妹分别十八岁和十六岁。自从 1940 年 7 月以来，我们就再也没有见过父亲，最后一次是五年前，但也只是短暂的见面，而在那之前的一年，我们也没有见过母亲。有一天，我写了一封长信给家里（我用"家"这个词来表示我父母两年来住的地方，我从未踏足非洲）。但这并不容易。因为很长一段时间以来我们的信件字数被限制在红十字会的表格上 25 个字以内，还有一份令人生畏的禁忌话题清单。现在，我面前放着一个写字板，并且没有篇幅和主题的限制。带着一种奇怪的负罪感，我写了长达八页的文字，特别描述了被拘禁的最后几周和我们的获释。

其他的调整也必须适应——饮食不再受到配给的限制；在门外的田野里散步，没有带武器的矮小黄种人陪伴；赤脚奔跑后穿上鞋袜……在我再次成为一个广阔开放世界里的正常人之前，这些只是我要经历的里程碑中的几个。

第十三章　就像那些做梦的人

当耶和华将那些被掳的带回锡安的时候，我们好像做梦的人。我们满口喜笑、满舌欢呼的时候，外邦中就有人说："耶和华为他们行了大事！"耶和华果然为我们行了大事，我们就欢喜。

（《诗篇》126：1–3）

现在是1945年9月中旬，距离美国伞兵营救我们已经一个月了。

更好的衣服、更丰富的食物和更多的自由，这些新奇的东西开始变得稀松平常。我们仍然住在潍县集中营，房间狭小，仍然走在尘土飞扬的路上，住在带电铁丝网的后面，尽管它们现在已经不再那么有限制性。

只有一件事是重要的，那就是遣返——回到父母身边，在耽搁多年后继续我们的事业，在一个平凡的世界里像个正常人一样生活。

现在，约有40名军方人员接替了曾经戏剧性地营救我们的8名空降人员，而组织遣返1500名来自不同国家的侨民的任务并不轻松。共产党和土匪集团在我们周围激烈地战斗。晚上，我们可以看到和听到远处的枪战。和平已经降临世界，但还没有降临到我们身边。

在这种情况下，组织集中营所有侨民将其运送到青岛海岸并不是一项简单的任务。最后，美国人解决了这个问题，如果游击队把他们破坏铁路的计划拖延到商定的日期之后，美国人就给他们一大笔钱，在此期间美国人将匆忙安排我们乘火车转移到青岛。之前游击队威胁要切断铁路线。

9月24日是芝罘侨民出发日期。我们像战时做过多次的那样收拾行装，准备前往北京、上海、开普敦。此前，我们的希望都破灭了。这一次，我们非常确信，我们实际上是在收拾行李准备走人。在箱子里，我装上了仅有的几件属于我的珍宝——我的中文、希伯来文、希腊语学习书本，以及在芝罘上学的照片和纪念品，家书和照片，还有用降落伞空投的卡其布衣服和内衣。我还带了一些从美国降落伞上撕下来的绿色丝绸，还有一个日本卫兵的头盔——以提醒我在乐道院中度过的岁月。

9月23日晚上，我在23号楼的单身公寓里睡觉，但我辗转难眠。明天我就自由了，离开潍县，就可以回家了！当我最终进入梦乡时，又在清晨的倾盆大雨中惊醒。天渐渐亮了，我向窗外望去，只见道路上泥泞不堪。当我们穿好衣服时，我担心的消息还是传来了——我们的行程被取消了。我们还能出得去吗？

第二天早上，9月25日，我们带着行李爬上卡车，穿过大门，带着所有的回忆——快乐的和不快乐的——来到潍县车站，我们登上了前往青岛的火车。现在，我们真正踏上了自由之路。

两年前我们第一次去潍县时，也坐过同样的火车。当我们登上火车时，青岛的中国人对我们不屑一顾。但现在，情况变了，每个车站都打出了写着中英文的标语，如“盟国的胜利是世界和平的基础”等，中国的学生们在铁路旁欢呼、挥手，空气中弥漫着兴奋和乐观的气息。

在青岛站，英国皇家海军巡洋舰“百慕大”号的乐队已经在站台上等候，并以海军进行曲欢迎我们。这是自1938年以来我们第一次看到穿制服的英国人，我们为属于他们感到骄傲。我们兴奋地与海军军官交谈，在接受美国式“再培训”课程后，我们高兴地得知，英国在盟军取得胜利的方面也发挥了自己的作用！

我们被带到了东海国际饭店（Edgewater Mansions Hotel），一家可以俯瞰黄海的豪华酒店。我们睡在有床单和枕头的床上。吃饭时，有中国服务员为我们服务。日本俘虏跑进跑出，为从潍县来的人搬运行李，为我们擦鞋子，做我们要求的任何事情。在日本统治了这么多年之后，局势发生了逆转，但是日本人是多么令人惊奇的种族啊！正如他们曾经是热情的征服者一样，他们现在也是热情的失败者。这就好像一场激烈的足球比赛已经进行了七年之久，裁判吹响了哨子，他们已经输了，现在正以如果是他们获胜了希望感受到的那种狂热来祝贺胜利者。

我们三三两两地漫步在青岛的海边，自由自在，没有日本卫兵跟着我们。来自中国西南部、英格兰和南非的家长们发来了未经审查的长信。细节各有差异，但内容基本相同——对我们获释的欣慰，对我们在过去几个月的苦难中安然无恙的高兴，以及对家人团聚的热切期盼。

在青岛的第一个星期天，我独自溜进了一座大型中国教堂，那里正在举行感恩仪式，庆祝战争的结束和传教士们的获释。站在讲台上的是中国牧师，他们是主要教派和宗教团体的领导人。他们的面孔展示了战争年代不可避免的“吃苦”的故事。有些人被关进了监狱，有些人的会众分散于家庭和大学团体远离战区到重庆和大后方的长途跋涉的路途中。这些人一个接一个地站起来，用闪亮的面孔见证了上帝在轰炸、逮捕和分离期间施予的祝福和恩典。

10 月 7 日，我们登上了美国运兵船“日内瓦”号，向南驶向香港。用餐时间，我们拿着托盘排队，准备去盛汤、肉菜和布丁。面包粉似乎经过了细筛，所以面包在我们嘴里都融化了。奶油和水果罐头对我们的胃来说太丰富了，因为我们已经习惯了潍县的饮食。当吃光了所有能吃的东西后，我们再次排队把托盘和刀叉放进槽里。在传送带运输下，它们在几英尺之外出现了，一尘不染，热气腾腾。我们在 1 号厨房用手擦洗油腻的盘子时，错过了多少这样的设备啊！下一个场景更令人不安。从甲板上，我们看到一桶桶的面包、水果和蔬菜从船上厨房的舷窗倾泻到海里。这些都是用餐后留下的。我们过惯了紧衣缩食的生活，这看起来也太过分了。

向南行进时，我们遭遇了冲绳的季节性风暴。船只颠簸着，我们的肠胃也翻来倒去。乘客和船员都晕船。龙卷风似乎要把船掀翻。像以色列人一样，我们开始怀念潍县的炖菜。那里虽然饮食简陋，但我们至少可以在陆地上行走，吃下去的食物也不会吐出来。

在香港上岸后，我们如释重负。我们被安排在亚皆老街（Argyle

Street）的公寓住宿，离启德机场不远。我们被置于“盟军战俘和平民俘虏遣返处”（Repatriation of Allied Prisones of War and Internees，RAPWI）的监管之下。几名不到21岁的印度军官负责为这些昔日的被拘禁者预订前往澳大拉西亚、英国或美国的船只。在这里，我和我的妹妹们发现我们处于一种令人反感的境地。因为我们是要去非洲，那是在去英国的半路上，军官们自然不愿意为我们订前往英国的船票，因为我们会在半路下船，留下一些空铺位，而香港的其他人却想要走完全程。看来我们要被推迟到最后一批了。

香港，这个位于中国南方的小城，在我的脑海中一直是一座避难之城。十年前，我还是“通州”（S.S. Tungchow）号蒸汽船上的学生乘客，曾被广东海盗扣押了几天，在他们匆忙逃到东北部的大亚湾（Bias Bay）后，乘坐英国皇家海军“雅致”（H.M.S. Dainty）号和一架水上飞机进入香港。现在，我从日本人的营地获释后在这个港口避难。

在香港的第一个星期天，我们参加了一个不限教派的教会礼拜（Free Church Service），参加礼拜的有许多英国军人，也有一些曾经的被拘禁者，他们正等待着回到自己的祖国。几位英国牧师参加了仪式，然后一位日本中年人被邀请发言。

在他向我们讲话之前，英国牧师对他的介绍立即引起了我强烈的兴趣。他的名字是渡边，一名牧师。日本占领期间，他一直住在香港，担任翻译。他对赤柱集中营和深水埗战俘营中普遍存在的脚气、痢疾、营养不良等问题感到不安，冒着失去工作和生命的危险，为那些身处铁丝网内的人做了一切能做的事情。他对这些被拘禁者和战俘基督般的爱超过了对天皇的忠诚，在过去数月、数年里，他把信件、奶粉、维生素药片和资金带到了这些营地。随着日本的投降，所有在港的日本人现在都被拘押在曾经关押英国平民和士兵的营地里。渡边牧师是唯一一个自由的日本人，他因为在占领期间冒着安全危险提供人道主义服务而获得自由。

我们热切而好奇地听着渡边牧师讲话。香港的报纸和一般的谈话都充满了日本人在殖民地犯下的暴行——关于他们的残忍、酷刑和兽行的故事比比皆是。显然，这里有一位与众不同的同胞。

他用无可挑剔的英语讲述了他是如何在日本南部一个信奉佛教的农村家庭中长大。十几岁的时候，他开始问自己每个日本年轻人都会问的问题——活着是为了什么？——这个问题如果没有得到回答，一些人就会切腹自杀。就在这个时候，他上大学的哥哥带着一本《圣经》回家让他阅读。他热心地接受了教会的教导，最后想到了耶稣在旷野受试探时引用的那句话："人活着，不是单靠食物，乃是靠神口里所出的一切话。"生活中有比面包、大米和金钱更重要的东西。

这本书激发了他对上帝的进一步探索，使他结识了一群日本基督徒，随后皈依了基督教。受到事奉上帝的号召，他从学校进入神学院，最后成为路德宗牧师。

在广岛担任牧师和教师期间，他惊讶于收到征召文件，要求他在日本军队担任翻译，因为他已经远远超过了正常服兵役的年龄。

他离开妻子和家人，随日本军队来到香港，为他的国家在远东战争中迄今取得的胜利感到骄傲。在深水埗战俘营，他第一次为军方担任翻译，他惊喜地发现一位英国牧师正在主持基督教的礼拜仪式。在职务允许的范围内，他尽可能谨慎地与这些基督徒同伴相认，并尽可能不引人注意地帮助他们。这个完整的故事以如此真诚谦和的态度讲述出来，给我留下了深刻的印象。

二十年后，当我乘地铁去上班时，我在晨报上看到了这位牧师生活的另一段故事。这是一位伦敦记者对渡边所著传记[①]的书评，重述了这位上帝使徒的悲惨遭遇。在广岛遭受的第一次原子弹袭击中，这位牧师的妻子、女儿被炸死，他简陋的家被夷为平地。

1945 年 11 月底，我和我的妹妹们得到将赴英格兰的英国运兵船"塔

---

① 这里是指利亚姆诺兰（Liam Nolan）所著的《七泷小个子：一个日本人冒险慰问敌人的真实故事》（*Small Man of Nanataki:The True Story of a Japanese Who Risked His Life to Provice Comfort for His Enemies*）。

玛罗厄”（Tamaroa）号上的铺位。除了来自香港和华北的前被拘禁者外，还有一些英国空军士兵和一些即将“复员”的士兵，他们渴望回到自己的妻子和爱人身边。我们自然非常兴奋。

就在圣诞节前，我们到达了亚丁湾的陶菲克港。可以想象，当扩音器把柯家的三个孩子召集到舰桥上时，我们有多么惊讶。我们发现英国领事在那儿等着见我们。我们要上岸，待在他家里，然后乘飞机去德班。

我们首先和其他所有前被拘禁者一起去了岸上的帐篷那里。将要发放的证件使我们有权领取衬衫、内衣、裤子、鞋子和其他物品。根据盟军战俘和被拘平民遣返处的计划，当我们穿过长长的帐篷时，德国战俘为我们服务，在每张桌子前为我们制作卡片。

一辆公务车把我们送到领事家，从那里我们被带到开罗的维多利亚酒店，我们参观了金字塔和其他景点。12 月 23 日，圣诞节前一个星期日，我们坐在阿兹巴克亚教堂的长廊里参加晚祷。灯光暗了下来，由美国大兵组成的合唱班成员鱼贯而入，每人拿着一支点燃的蜡烛，唱着：

> 哦，伯利恒小镇，我们看到你躺在那里，多么平静！
> 在你沉沉无梦的睡眠之上，寂静的星辰从你身边走过。
> 然而在你黑暗的街道上，永恒的光明闪耀着；
> 多年来的希望和恐惧今晚都在你身上满足。

多年来第一次，圣诞节降临在一个没有战争、对新的和平时代感到乐观的世界。

圣诞节清晨，我们坐上了停靠在尼罗河畔的英国海外航空公司（B.O.A.C.）的一架水上飞机，准备飞往南边去参加期待已久的家庭聚会。午餐时，我们在海平面以上 6000 英尺处以每小时 146 英里的速度飞行。我们的圣诞节菜单有法式清汤，冷烤火鸡，冷火腿，直布罗陀肠，脆皮土豆，各种蔬菜沙拉，圣诞蛋糕，肉馅饼，新鲜水果，坚果和葡萄干，咖啡。这与我们去年圣诞节在潍县集中营炮制的奇怪食谱有些不同！

1945 年 12 月 28 日星期五下午，我们在德班港的梅登码头（Mayden Wharf）登陆。几分钟后，我们就回到了父母的怀抱。《纳塔尔水星报》（*Natal Mercury*）的一位记者正等着“爆料”我们的故事。码头执勤的非裔警察看到这个家庭团聚时的感人画面流下了眼泪。

父亲开车送我们到格伦伍德（Glenwood）的家，他们在那里等了我们太久。

母亲和父亲已经在南非生活了两年半。由于中国的战况，他们被迫放弃了传教工作，在离开药学行业 22 年之后，他们又回到了老本行。他们在两家政府医院里担任配药员，慢慢地又开始从事这种专业工作，就在我们到达之前，他们在斯坦福德山（Stamford Hill）经营着一家自己的药房。由于一些牧师随军，父亲曾在星期天在德班的一些讲坛上提供帮助——基督教堂、爱丁顿、奥弗波特和梅维尔公理会教堂、兰伯特路以及鲍尔沃路浸礼会的教堂。

尽管一周的日程安排很满（星期一至星期六在药房，星期日布道），他们还是保持着传教生涯伊始的习惯，即每天阅读中、英文《圣经》的多个章节。

《以赛亚书》一直是他们最喜欢的篇章之一，在等待我们释放的漫长岁月里，有两篇文章——一篇中文，一篇英文——给予了他们极大的安慰。第一篇是在他们的中文《圣经》里找到的，上面写着我们三个孩子的中文名字：

> ……赐华冠与锡安悲哀的人，代替灰尘，喜乐油（喜乐——我的名字）代替悲哀，赞美衣（赞美——莱利娅的名字）代替忧伤之灵；使他们称为“公义树”，是耶和华所栽的，叫他得荣耀（荣耀——艾斯特尔的名字）。（《以赛亚书》61：3）

在阅读英文《圣经》的过程中，他们发现了这样一个承诺，似乎很契合当时的战争形势：

> 你不要害怕，因我救赎了你，我曾提你的名召你。你是我的。你从水中经过，我必与你同在。你趟过江河，水必不漫过你……我必领你的后裔从东方来，又从西方招聚你。我要对北方说“交出来”，对南方说“不要拘留”。将我的众子从远方待来，将我的众女从地极领回。（《以赛亚书》43：1，2，5，6）

1945 年 12 月 30 日，星期天，闷热的一天。我们回到家已经两天了，在德班酷暑的天气下，伴随着从华北到南非旅程的紧张、疲劳和兴奋，我们在星期六睡了一整天。

父亲将于下午 5 点在梅维尔公理会教堂布道。这是我们第一次一起开车去为他服务。我们开车经过格伦伍德和乌姆比洛（Umbilo）。许多房子外面挂着欢迎从“北上”战争中归来的士兵的横幅。

我们沿着伯里亚路（Berea Road）走了一段，在一座白色的小教堂前停了下来。这座教堂建在一个斜坡上，俯瞰着通往彼得马里茨堡（Pietermaritzburg）的主要公路。包括我们五个人在内，会众不到十来个人。

父亲登上了讲台，多年来的祈祷和渴望终于实现了。在布道中，他经常表示，他坚信有一天他的孩子们会被释放，并在德班与他团聚，尽管关于我们的消息很少，有时候战争的变动使他的愿望似乎不太可能实现。

他双眼炯炯有神，哽咽地念着祈祷的开场白：

> 我爱耶和华，因为他听了我的声音和我的恳求……我的心哪，你要仍归安乐，因为耶和华用厚恩待你……我拿什么报答耶和华向我所赐的一切厚恩？我要举起救恩的杯，称扬耶和华的名！我要在他众民面前向耶和华还我的愿。（《诗篇》116：1，7，12—14）

鸣　谢

Marshall Broomhall, Heirs Together of the Grace of Life: Benjamin Broomhall and Amelia Hudson Broomhall, Morgan& Scott, 1918. 海恩波：《共同承受主赐生命之恩：海班明和海戴贺美》。

F. H. Judd, “A History of C.I.M. School at Chefoo, China”，*Chefoo Schools Association Magazine*. 祝康宁：《中国芝罘学校史》，《芝罘学校协会杂志》。

Leslie T. Lyall, *A Passion for the Impossible: The Continuing Story of the Mission Hudson Taylor, Began,* London：Hodder and Stoughton，1965. 赖恩融：《知难而进》。

附录一　日本帝国宣战诏书

（摘自《每日新闻》，一家日本报纸）

仰承天佑，保万世一系皇祚，践祚大日本帝国天皇，昭示汝忠诚勇武之众：

朕兹对美国及英国宣战。朕之陆海将士宜勇敢奋战，朕之百官有司宜励精图治，朕之众庶宜各司其职。亿兆黎民上下一心，举国家之总力，达成征战之目的，必期万无遗漏。

确保东亚之安定，以利世界和平，乃丕显皇祖考、丕承皇考之作述鸿猷，亦为朕所拳拳服膺者。而与各国敦睦邦交，同享万邦共荣之乐，亦帝国一贯之外交要义也。今者不幸与美英两国肇启衅端，洵非得已，岂朕之所志也？

虽者，中华民国不解帝国之真意，滥滋事端，搅乱东亚之和平。帝国俾执干戈，兹已四年有余矣。所幸，国民政府更新，帝国与之缔结善邻之谊，且相互提携。而重庆之残存政权，怙恃美英庇荫，兄弟阋于墙而不悛。美英两国则支援残存政权，助长东亚祸乱，假和平美名以逞其称霸东洋之野心，甚而勾结盟邦，于帝国周边增强军备，向我挑战。且更百计妨碍帝国和平通商，遂竟断绝经济往来，严重威胁帝国之生存。朕饬政府恢复事态和平，隐忍弥久。然彼于我无丝毫互让之精神，徒迁延时日之解决，讵料近来益发加强经济军事威胁，欲使我方屈从其意。苟如斯，帝国为东亚安定付出之经年努力，胥将付诸东流，国势亦濒于危殆矣。实逼处此，帝国为生存自卫计，唯蹶然而起，破除一切障碍，舍此之外更无他法。

皇祖皇宗神灵在上，赖汝众庶咸忠诚勇武，而期恢弘祖宗遗业，迅速戡定祸乱，以确立东亚之永久和平，保全之帝国光荣，实有厚望焉！

裕仁

昭和十六年十二月八日

附录二　1938年2月日本飞机投下的传单

（小册子用中文写成，语法很糟糕）

日本军队即将到来，以保护在中国生活的日本平民。日本军队是一支纪律严明的军队，保护良好市民。市民需设法维持和平与秩序。必须和平愉快地生活在一起。随着日本商人返回中国，商业将再次繁荣。每家每户都要悬挂日本国旗，欢迎日本人的到来。

日本陆军司令部

附录三　日本告英美盟侨平民进入集中营的传单

出于军事需要，为了你的安全与舒适考虑，现命令你和你的家人作为敌国公民在平民集中营居住。在那里，西方文化的种种舒适将属于你。

你必须做如下准备：

必须随身携带床铺、衣服、餐具。

每个人携带的行李数量不得超过四件。

每个人都会得到一张卡片，在离开的当天配戴在左胸处，以显示你的入住编号。

平民集中营将会是居住在其中的人的最好选择，必须被所有人热爱和珍惜。每个人应该照顾好自己，与他人和平相处。不得有任何争论、争吵、干扰或其他不合适的行为。

附录四　1945年8月美军飞机投下的传单

告盟军俘虏书

盟军的战俘与被拘平民们，这是以备日本投降给你们的命令 / 指示：

1. 你们必须待在自己的营地区域，直至收到总部的进一步指示。

2. 必须维持本营地地区的命令和秩序。

3. 在日本投降的情况下，将有盟军军事力量被派遣到你们的营地，照顾你们的需求，并最终将你们遣返回家。你们必须待在营内以帮助我们确定你们的位置。

4. 营地领导人负责这些工作。

5. 战争结束了。不要灰心。我们正在为你们考虑。正在制订计划，以便尽早帮助你们。

魏德迈（A. C. Wedemeyer）

盟军中国战区参谋长

附录五　告盟军战俘与平民俘虏书

日本政府已经接受了《波茨坦公告》中规定的同盟和平条款。最终的谈判马上就要结束了。

出于人道主义目的及与本部联络，一位官方代表正在赶来。在盟军占领之前，他将是初步代表，为他被派往的地区或营地的福利和整体情况服务。

他将与红十字会和日本军队、政府协调所有计划，以确保有关人员的安全，采取紧急行动，为这些人员提供适当的住房、食物、衣服和医疗援助，并协助维持等待盟军占领的营地的秩序。

他无权代表盟军作出任何军事、民事或其他决定。在盟军占领军到达并接受日本军队投降之前，这些军队根据投降条件和盟军最高司令部的指示执行所有的命令。

魏德迈

盟军中国战区参谋长

附录六　日本偷袭珍珠港指挥官现为长老会牧师

以下内容摘自南非一家报纸（名称和日期我没有保留）。上面显示率领360架飞机袭击珍珠港美国舰队的日本指挥官（和作者一样）成为按立的长老会牧师：

29年前，1941年12月7日，日本人袭击了珍珠港。还记得电影《虎！虎！虎！》中那个率领袭击飞机的指挥官渊田美津雄(由田村高广扮演)吗？

今天，渊田是一位按立的长老会牧师。他的人生经历是通过神道教、佛教和皇帝崇拜到基督教的一次精神朝圣之旅。

1949年，在前往东京会见麦克阿瑟将军的途中，他得到了一份题为《我曾是日本囚犯》的小册子。小册子讲述了一个名叫雅各布·德·沙泽尔(Jacob de Shazer)的美国人的故事，他在日本防线后方执行一项特殊任务时被俘。

在狱中，他得到了一本《圣经》，并在战后回到日本，向他曾经与之战斗并憎恨过的人传教。

这本小册子对渊田产生了深远的影响，他自己也开始仔细阅读《圣经》。

"在这本小册子给我一个月后，我在《路加福音》中读到了'父啊，赦免他们，因为他们所做的，他们不晓得'，这让我明白了基督为我做了什么。"

渊田美津雄牧师在奉献了26年的基督教事工后，于1976年5月在日本柏原市的一家医院去世。

原谅但不能忘却：
被日本囚禁在中国的少女回忆录

高宏真　译

刘家峰　宋佳凡　校

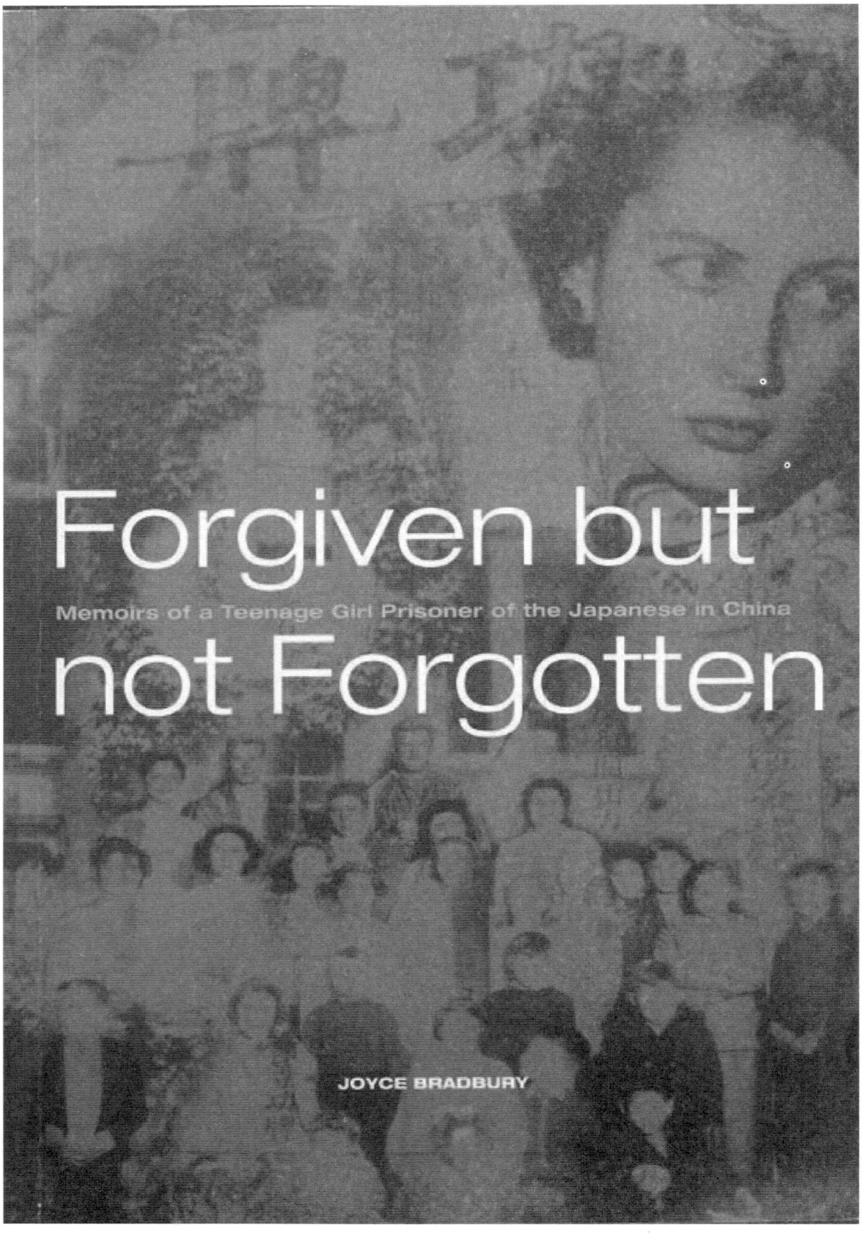
Forgiven but
Memoirs of a Teenage Girl Prisoner of the Japanese in China
not Forgotten
JOYCE BRADBURY

作者简介

乔伊斯·德罗西·布拉德伯里（Joyce Dorothy Bradbury），1928年生于中国，在青岛长大，为来华库克家族第四代后人。曾祖父詹姆斯（James Edward Cooke）曾在中国作战，任英国驻浙江官员；祖父约翰（John Edward Cooke）在上海从事进出口贸易；父亲艾德蒙·詹姆斯·克拉伦斯·库克（Edmund James Clarence Cooke）为怡和洋行经理。太平洋战争爆发后，乔伊斯与父母被软禁于家中，后被拘押在太平角疗养院（Iltis Hydro）旅馆，并于1943年3月被转移至潍县集中营。战争结束后，乔伊斯一家返回青岛，于1946年11月离开中国。

1986年，乔伊斯与家人返回中国，参观潍坊和青岛，重游乐道院，寻找被拘禁时的建筑，以纪念自己在中国生活的岁月。同时，乔伊斯与世界各地的日本集中营幸存者保持联系，并于2000年寻访澳大利亚熙笃会司甘霖神父。

战争结束五十年后，作者在与日本人接触过程中，发现后者无视二战期间囚禁虐待战俘与平民俘虏的历史，故而认为自己有义务把日本人在潍县乐道院拘禁外侨的历史写出来，以提醒后人不忘历史，因此撰写并出版了《原谅但不能忘却：被日本囚禁在中国的少女回忆录》（*Forgiven But Not Forgotten: Memoirs of A Teenage Girl Prisoner of the Japanese in China*，2000）。在回忆录中，乔伊斯提到了在他们遭受苦难的危急时刻，是中国人民给他们送去食物、传递消息，甚至有人因此失去了宝贵的生命，作者对此表示感激和崇敬。

前　言

这本书是作者乔伊斯·布拉德伯里的倾情奉献。因其英国公民的身份，作者从13岁起被关押于二战时日本设在中国的集中营，获释后不久，于1947年首次来到澳大利亚。

为了完成此书，作者和她的丈夫鲍勃（Bob）投入长达近二十年的时间收集素材。这本书是为她的家人朋友而写，是为了所有关心她和她祖辈传奇经历的人们而写。她在书中讲述了自己如何历经少年时期的战争苦难，又是如何在战后获得了丰富的人生。尽管她曾身遭囚禁，却并未心怀怨恨。今天的乔伊斯活跃在收留她的澳大利亚，在这里，她热心投入社区服务，备受尊敬；她成功地养育了三个儿子，当上了祖母；与此同时，她和世界各地的日本集中营幸存者保持着联系。

读者的视角追随着这位有趣的女士、她传奇的家庭以及出现在她生活里的形形色色的人物。作者也在书中致敬了许多杰出的人物。

阿德里安·林奇（Adrian Linch）

悉尼

自　序

第一次写书，倍感艰难却也不胜欣慰。这本书的完成离不开他人的帮助。很多了不起的人们在我生命的各个时期给我支持，为这本书贡献了他们的记忆。

写这本书的初衷，是为了记录我生命中应该被记录下来的事件。这些事件或悲或喜，都给人以启迪。

我把这本书献给我的孩子们——乔治、汤姆和比尔，感谢他们时时刻刻给我带来欢乐。我要特别感谢我的丈夫鲍勃，他多年以来孜孜不倦地进行调查。

另外，我要分别感谢本书的文案编辑巴里·塔克（Barry Tucker）、图画设计和图片编辑吉安尼·弗林齐（Gianni Frinzi）；感谢乔吉·佩里（Georgie Perry）提供绘图和照片；感谢玛丽·曼斯布里奇（Marie Mansbridge）修女提供她舅父的照片；感谢米歇尔·布拉德伯里（Michelle Bradbury）提供家庭近照；感谢我的文字校对乔治·布拉德伯里（George Bradbury）、罗丝玛丽·林奇（Rosemary Lynch）、黛安·伯恩斯（Diane Burns）和已故的公谊会弟兄格里高利·罗宾逊（Gregory Robinson）。

本书的编写也受惠于维多利亚州亚拉谷（Yarra Glen）塔拉瓦拉修道院熙笃会牧师艾伯特·戴维·汤姆林斯（Abbot David Tomlins），维多利亚州瓦南布尔、新南威尔士州悉尼的司甘霖神父家人们，以及加利福尼亚州圣贝纳迪诺教区。

我要感谢日本集中营的幸存者与我同舟共济，他们追忆往昔，对我无私帮助，不吝批评指正。

希望读者喜欢这本书。

最后，读者须知书里的中国地名沿用了事件发生时的英文通用名称，书中首次提及后面会附注现代的英文通用名称，例如Peking（现用名Beijing）。中国地图使用现代地名，后面附注以前使用的英文名称，以便读者查阅现代世界地图。书中地图上的中国地名和文字来源于大不列颠1999年出版的第九版《菲利普世界地图集》。其他地名，例如珍珠港，沿用的是当时当地的官方拼写。

引用文献中的拼写沿用文献原文，其他拼写最初沿用牛津大学出版社1989年于美国发行的《牛津作家编辑大辞典》，后沿用1981年麦考瑞图书馆于澳大利亚发行的《麦考瑞辞典》。

乔伊斯·布拉德伯里

悉尼

第一章　来到澳洲

我的名字是乔伊斯·德罗西·布拉德伯里（Joyce Dorothy Bradbury），母姓库克（Cooke），1928年6月13日出生于中国北方的青岛。我在青岛一直生活到1946年11月，而后和母亲、弟弟一起来到澳大利亚的悉尼。

我们先乘坐货轮抵达香港，然后换乘客货两用的蒸汽船“内洛尔”（Nellore）号从香港出发，经巴布亚新几内亚的拉包尔（Rabaul），最终抵达悉尼。除了轮船在港口停靠时外，本应是“度假之旅”的整个航程，我一直晕船。甚至在腊包尔港口停靠时，大鲨鱼争食船上倾倒下来的垃圾的场景也使我的胃不住翻腾。

家人和朋友让我详细记录一下我在中国的经历，特别是二战期间作为日本俘虏的经历。这点，我做到了。为了使我的故事更加完整，我还讲述了我的家人是如何来到中国，又是如何作为英国公民遭到日本人囚禁的。如果我们是中国公民就不会有这样的遭遇了。

另外，我还讲述了我们于战后回到了中国的家，很快又来到澳大利亚定居。

1941年12月7日，日本袭击美国位于夏威夷的珍珠港军事基地。紧接着，同盟国对日宣战。我们的噩梦从此开始——衣食无忧、仆人成群的舒适的家庭生活和美好的社会生活不复存在，我和家人们迅速沦为日本人的阶下囚。起初我们被严密监禁在自己家里，后来被集中关押于一处旅馆，到最后被囚禁于毒虫遍地的日本集中营。在那里，在三年半的时间里，苦难、饥饿、威胁、恐吓时时伴随着我们，直到战争结束被美军解放。

我的故事讲述的不是日军的大屠杀，不是大规模的暴行或残酷的反人类罪行。我被囚禁的经历记录的是日本军方对平民的蓄意虐待。被囚禁的时候我刚刚 13 岁，解放的时候也不过 17 岁，但是我清晰地记得集中营里的很多事件，至死也无法忘记。我依照我的观察和了解把它们讲述出来。

战争过后，我们回到了青岛的家，收拾残局准备重新开始生活。整个 1946 年，中共的军事力量着手接管我们所在地区的政权。我的父亲预见到了中共的最终胜利。他在 1946 年底把我和母亲、弟弟一起送上了去往澳大利亚的“度假之旅”。到达悉尼不久，我们收到他的电报：“待在澳洲，不久团聚。”

父亲的“度假计划”实际上是为了掩人耳目，让我们趁中国当局不备顺利离开。如果中国当局觉察到了我们的真实意图，他就无法从中国转移资产了。他秘密转移资产的希望最终也几乎全部落空。他被迫放弃了我们的房子和一大笔其他财产。就我了解，他所持有的上海水利和上海电力部门的股份，还有存在银行里的一万美金都没能保住。

父亲，我们在家里都叫他老爸，最终还是带来了足够的钱。我们用这笔钱在悉尼的西莱德（West Ryde）买了一座房子，并维持了一段时期内的花销，但是显然我们必须找份工作来维持生计。弟弟艾德蒙[①]（Edmund，艾迪）继续他的学业，获得了悉尼帕拉玛塔·玛里斯特高中毕业证书（结业考试证书）。

① 艾德蒙·约翰·克拉伦斯，1932 年 6 月 9 日出生，和我一样居住在澳大利亚悉尼。他是令人骄傲的父亲和祖父，退休前是股票经纪人。

第二章　库克家族和我

诚然，我人生中最具戏剧性的事件发生在二战爆发以及包括大英帝国、英联邦和美国在内的同盟国对日宣战之后。

然而我整个家族的历史，无论是这些事件之前还是之后，都与我要讲述的故事息息相关。

为了解释我的家人为什么当时身处中国，我来简要介绍一则 1881 年刊登在《北华捷报》上的詹姆斯·爱德华·库克（James Edward Cooke）——我曾祖父的讣告。[①]

詹姆斯·爱德华·库克是一个种植园主的儿子，出生于牙买加，在英格兰的布里斯托接受教育，后加入英国皇家海军，服役时间不详。离开皇家海军后，库克当上了一家非洲黄金海岸探测公司——国王公司（King&Co）的船长，时年 22 岁。

1861 年，库克来到位于中国东部的浙江省宁波市。宁波是一座外贸港口城市，坐落于甬江入海口。当时库克是英国“爱丽丝”号三桅帆船的大副。

“爱丽丝”号到达后不久，船长被船员们在岸上杀死了，库克成了临时船长。他驾船去了香港后离开了“爱丽丝”号。那时中国的内部冲突正当激烈，为清王朝作战的有中国人和英、法领导的军队。

这些冲突发生在《天津条约》（1858）签订之后，《天津条约》标志着鸦片战争正式结束。第一次中英鸦片战争爆发于 1840 年，中国在 1839 年公开销毁从英属印度运抵中国的鸦片，战争一触即发。英国用鸦片交换中国

---

① 《北华捷报》（*North China Herald*）1881 年 3 月 1 日上海发布。宣布库克死亡的时间是 1881 年 2 月 20 日，地点宁波。死亡公告在头版，讣告在第 192 页。讣告的形式和内容与《字林西报》（*North China Daily News*）1881 年 3 月 2 日版相似。《字林西报》于 1881 年 2 月 25 日刊发了关于库克葬礼的新闻报道。出生、死亡和婚姻登记处（伦敦）出具的库克的死亡证明证实了其死亡日期。布拉德伯里家藏资料。

的陶瓷、丝绸和茶叶，中国当局担心鸦片的毒性会使国民染上毒瘾，在 1839 年颁发了鸦片进口禁令。英国方面却对此毫无顾忌，一再违禁，终于发生了销毁鸦片事件。中国政府还担心进口鸦片会导致银本位的国库空虚。

英国故意把印度种植的鸦片卖到中国，获取中国的白银，再用这些白银购买中国的商品出口到世界各地。

1842 年，英国在第一次鸦片战争中获胜。作为胜利方，英国要求中国进一步开放五大口岸并割让香港，直到 20 世纪 90 年代末才归还中国。

因为中国继续抵制鸦片进口，也出于某些其他战略原因，英法联合于 1856 年对中国发动了第二次鸦片战争。中国战败后，最初的条约得以通过，欧洲各国获得了更多的在中国的境外贸易特权。（直到 1911 年，英国议会才通过了向中国出口鸦片的禁令。）

虽然第二次鸦片战争在 1860 年就结束了，但是两次鸦片战争导致了中国爆发了大规模的内战。在中国国内，对腐败的清政权的不满、对社会变革的渴望、民族主义者对日益增多的欧洲商人在公共事务和经济活动中的角色的担忧，推动了内战的爆发，各地动乱频仍。

其中最为激烈的冲突是 1850 年到 1864 年间的太平天国运动。太平天国运动领袖洪秀全意在推翻清王朝，推行土地改革。大概在同一时期，还有一支秘密的反清武装——捻军活跃于 1853 年到 1868 年；另外，还有 1855 年到 1878 年间的四省回民起义。

太平天国运动在中国得到了广泛的支持，所以驻中国的大英帝国军队参与到镇压起义军的行动中。美国雇佣兵出身的华尔将军（General Ward）正在为他的军队招募军官。

我的曾祖父库克接受了华尔将军的任命，成为“宝顺”轮（S. S. Paoushun）的大副，后来又晋升为“宝顺”轮的指挥官。

库克的讣告中写道：库克率领军队摧毁了太平军的弹药库，并在岸上连连告捷。华尔将军对库克印象深刻，劝其离船上岸指挥一个连的士兵镇压太平军。一番攻城略地之后，库克在战斗中负伤，并在华尔将军阵亡后担任了部队的总指挥。

库克后来在英军上校查尔斯·乔治·戈登（Charles George Gordon, 1833~1885）麾下效命，继续镇压太平天国运动。戈登上校人称“中国的戈登”，后来也被称为“喀土穆的戈登”（Gordon of Khartoum）。

太平天国运动被镇压之后，库克被任命为宁防勇统带[①]（the Anglo Chinese Military Contingent），总部设在宁波，官至陆军准将[②]。

库克在任十六年，主管警察和军事部队，据报道 1881 年 2 月 20 日突发脑溢血病逝于宁波。英国圣公会驻上海的主教慕稼谷（G. E. Moule）主持了悼念仪式，库克被葬在上海的一处新公墓。[③]地方军队护送灵柩并鸣枪致敬。

由于部分欧洲国家参与了军事行动，鸦片战争和中国的内乱对外国人（主要是欧洲人）带来的最重要的好处是：外国人获得了更多在中国多地居住和经商的特权。正是因为来自英国、法国、德国、美国、意大利、比利时和后来的俄国、日本商人利用了这些贸易特权，他们对中国和世界其他国家的贸易得以迅速增长。

日本以其他方式从中国获利颇丰。在 1895 年的另外一场战争中，日本战胜，中国被迫割让朝鲜、台湾以及澎湖列岛（台湾海峡的一群小岛）给日本。

根据条约规定，居住在中国的外国公民不受中国法律约束，只须遵守自己国家的法律。他们的孩子即便出生在中国，仍保留父母国家的国籍，只要去相关外交领事处登记即可。

库克的妻子玛丽·塞奇[④]（Mary Sage）是威廉·文森特·塞奇（William

---

① 因其在英国和清政府联合镇压太平天国运动中的指挥才能，清朝皇帝同治帝下令授予嘉奖。奖状上列举了他取得的胜利和他作为中国式的“常胜将军”在战争中负的伤。因为是英国公民，库克在 1868 年通过宁波的英国领事馆向维多利亚女王请求允许接受奖状。奖状和领事馆函由库克家收藏。

② 报道库克死亡消息的报纸文章说库克是一名上校或陆军准将。库克女儿奈莉（Nellie）与亚瑟·维尔·布朗（Arthur Vere Brown）的结婚证书——由“出生、死亡和婚姻登记处（伦敦）”出具——显示库克的军衔是中将。

③ 19 世纪 80 年代上海公墓登记簿显示库克的编号是 999。布拉德伯里家藏。

④ 结婚证：日期 1881 年 2 月 14 日。副本，来源于“出生、死亡和婚姻登记处（伦敦）”。证书显示库克 44 岁，塞奇 30 岁。布拉德伯里家藏。

Vincent Sage）船主的女儿，她可能有中国血统，但也是英国国民。他们共育有八个子女，其中的一个儿子约翰·爱德华·库克（John Edward Cooke）是我的祖父，爱德华·库克 14 岁时离家出逃去了海上，五年未归。

回到中国以后，约翰·爱德华·库克于 1898 年 2 月 12 日[①]娶了 18 岁的玛丽·斯泰格利茨[②]（Mary Steiglich）为妻。玛丽·斯泰格利茨出生于英格兰，有丹麦血统，可能也有中国血统。约翰·爱德华·库克成为了一名拍卖商，于 1919 年 5 月 26 日在上海去世[③]。他们育有六个子女，其中包括我的父亲。

我的父亲——艾德蒙·詹姆斯·克拉伦斯·库克，于 1898 年 6 月 16 日出生于上海，毕业后供职于上海的一家贸易公司——公平洋行（Probst Hanbury），后来任山东青岛进出口商行——怡和洋行（Jardine Matheson）的经理。

我父亲去北京的时候遇见了我母亲薇拉（Vera），她于 1908 年 7 月 28 日出生于哈尔滨，当时为美国人杰尼根（Jernigan）先生工作，他是我父亲的生意伙伴。她的父亲弗拉基米尔·布里亚金（Vladimir Booriakin）是哈尔滨东亚银行（The East Asiatic Bank）的经理。她的母亲，也就是我的外婆，名叫埃尔弗丽达·布里亚金娜[Elfreda Booriakina，母姓奥尔（Auer）]是一对德国夫妻的女儿。她名字里的“a”是后加进已婚俄国女士姓氏里的。

我的父母于 1927 年 7 月 19 日在中国北方的哈尔滨结婚[④]。我有一张他们婚礼伴娘艾拉·帕特纳（Ira Petena）的照片[⑤]。艾拉嫁给了伯西（Bussy）先生，她后来成为纽约大都会歌剧院的歌唱演员。

---

① 结婚证：日期 1898 年 2 月 12 日，来源于“出生、死亡和婚姻登记处（伦敦）”。布拉德伯里家藏。

② 结婚证上的名字拼写是 Steiglich，但是其死亡证明上名字的拼写是 Steglich。

③ 死亡证书：日期 1919 年 5 月 26 日。来源于“出生、死亡和婚姻登记处（伦敦）”。布拉德伯里家藏。

④ 家庭文献资料。布拉德伯里家藏。

⑤ 家庭文献资料。布拉德伯里家藏。

第三章 在青岛度过成长岁月

青岛坐落于中国北方，在黄海之滨。在我小的时候，青岛是一个虽然面积不大但具有重要战略意义的港口城市和工业中心。健全的铁路交通网络、日益增长的第二产业投资，以及优于其他北方港口的不冻港优势，共同提升了青岛的战略地位。

青岛同时也是各国军舰到访的热门目的港，特别受日本、英国、法国和美国军舰的青睐。[①]

青岛是国际化的城市，包括英国、美国、法国和日本在内的许多国家都在此进行商业活动。很多外国人在青岛工作和生活，有俄国人、德国人、葡萄牙人、意大利人、亚美尼亚人，以及澳大利亚人、新西兰人和加拿大人等。

大多数的外籍居民相互融合，他们举行大型的宴会、舞会、派对、婚礼和其他的聚会。每年春夏，作为一个度假胜地，青岛还吸引了大批游客。

我家的房子位于伊尔蒂斯角（Iltis-huk，即太平角）湛山二路 14 号。我们的院子里有一处平房用来接待来访的亲戚朋友。他们常来，特别是在夏天的时候。我的父亲和母亲热衷于去青岛网球俱乐部打网球；他们也去骑马、打室内保龄球、钓鱼、游泳。他们还出席各种民间宴会、鸡尾酒会和其他社交聚会。我母亲和大部分活跃的社交人士一样，爱打麻将（一种用方块牌玩儿的中国游戏），常常吹嘘如何让对手输个精光。

他们也频繁地在家里举办派对，届时就把我和弟弟交给两个阿妈（阿

---

① 19 世纪末，位于山东半岛东南部的青岛被德国控制。德国人规划了一座现代城市，并吸引了大量的工程和化工产业进入该地区。1899 年起，青岛成为自由港口，也是德国海军在该地区的总部。1914 年，日军成功封锁了德国军队，夺取了青岛港口。随后，日本占领了这座城市，直到 1922 年日本才在华盛顿海军军备会议后被迫放弃对青岛的控制。在两次世界大战之间（1918—1939），青岛的工业基础设施得到了大发展，城市的布局也以公园和花园而闻名。

妈是女仆）照顾。我对时尚非常感兴趣，所以总是确保能观察到女士们的穿着打扮。小时候，我常常渴望穿戴上那些华服美饰。

那时我们生活优渥：母亲总是裹着裘皮大衣，戴着钻石饰品。她的一件大衣甚至是猫皮的。我现在还保存着母亲的一对镶金珍珠耳环，母亲说那是俄国沙皇赠送给她父亲，给他的妻子（我的外祖母）的礼物。母亲在中国时经常戴那对耳环，但是不让我戴，说是太贵重了。至今我也没能证实这对耳环的来历。

我的父亲（在家里我们亲昵地叫他“老爸”）收藏了很多珍稀和错印的邮票，那是他的父亲留下来的。他的父亲在 19、20 世纪之交的中国做拍卖商，积累了大量的邮票。老爸后来说那些邮票非常珍贵，所以他把它们寄存在悉尼一家银行的保险柜里。我对那些珍稀邮票很感兴趣，几次央求老爸从银行取出来让我开开眼界，都被老爸拒绝了，他生怕那些邮票遭到任何损毁或遗失。父亲 1969 年在悉尼去世，之后不久我向母亲问起那些邮票，她说她已经把那些邮票卖给了一个悉尼的商人。我询问商人的名字，母亲拒绝告诉我，说那个商人告诉她那些印错的邮票无法使用，一分钱也不值。仅有的可用的五十枚邮票，商人按照一分钱一张的价格付了钱。我听了母亲的话如遭雷击，简直无法相信。母亲却说：“没关系的，人家说了，那些邮票都印错了。”直到今天，一想起母亲以那样低廉的价格卖掉了父亲的邮票，我都感到非常难过。五十分在当时的澳大利亚连一包甜甜圈也买不到。

自从离开中国来到澳洲，母亲一直都不快乐。我想是因为战争中的经历、与战前奢侈生活的巨大落差对她产生了深远的影响，以至于在澳洲的那些年里她变得越来越忧郁。我最初也有一点儿不开心，但是很快就忘了。我开始工作，环游世界，继续生活。

老爸是一个勇于尝试、足智多谋的人。在父母相继去世后，他承担起了照顾五个弟弟、妹妹的责任。他的母亲死于难产，不久他的父亲也去世了。他的叔叔威利（Willie）是我祖父的遗产执行人。显然，他没有分给老爸的弟弟妹妹们任何房产。这也就意味着老爸必须给他们找住处，那时他自己也还不到二十岁。

在他妹妹格蕾丝（Grace）大约十岁的时候，老爸意识到要教她一些基本的生活知识。老爸给她买了一本书，以解释一些她必须了解的常识。格蕾丝现年92岁，居住在英格兰。最近跟我们说起那本书来，她说："你们的父亲是一个温柔的人，他给我拿来一本关于鸟类和蜜蜂的书，里面有很多花、蝴蝶和鸟的图片，对我说'我想你应该读读这个'。"

1935年，也就是我七岁的时候，格蕾丝来青岛度假，和我们住在一起。她把我的长发剪成了当时流行的"波波头"，我自己感觉美极了。不想母亲回来看到后跟格蕾丝大吵了一架，在那以后好几个月都没有和格蕾丝讲话。我的一头长发是母亲的骄傲和乐趣所在，她经常用布条给我卷发卷，也难怪她生气。剪发事件的一个好处是：随着头发开始长长，我可以把它梳成秀兰·邓波儿(Shirley Temple，20世纪三四十年代的美国童星)的发式，而秀兰·邓波儿头比波波头更时尚。

我和弟弟小的时候主要是由阿妈来照顾，所以我们对阿妈很是依恋。我清楚地记得娘娘（汉语里妈妈的意思）和后来的大娘（老妈妈）。娘娘是家里厨子老张的妻子，大娘没有结过婚。娘娘和老张和他们的两个女儿丹（Dan）和良菊（Liang-ju）住在仆人的房间里。我经常和她们一起玩儿，还跟她们学会了汉语。

两个阿妈的脚因为缠足（也叫裹脚）都是畸形的，她们走路困难。我母亲说服了娘娘不给她的女儿们缠足。战后我们回青岛的时候，娘娘的女儿丹带着她的新婚丈夫来看我们。她动情地拥抱了我的母亲，因为母亲的建议，她和妹妹没有缠足。

这种残酷的、给女婴缠足的做法是一个古老的习俗，起因是有些男人偏爱小脚女人。在婴儿出生后不久，她们的小脚就被用布条紧紧裹住，所以无法正常长大。被缠足的妇女走起路来几乎都会感觉吃力和疼痛。我和弟弟当时不能理解这种人为致残带来的痛苦，经常故意去惹了阿妈然后跑

娘娘、娘娘的女儿和我

开，知道她追不上我们。

我们用山东方言和阿妈还有娘娘的女儿们交流，因为她们几乎不懂英语。

家里雇了一个仆人伺候我们用餐，他穿着白色的中式长衫，戴着白色的手套，有时也做些清洁银器之类的家务。

老张主要负责烹饪，每天我母亲会给他当天的菜单，他负责备餐。母亲亲自前往市场购买肉类和蔬菜。市场在一个很大的篷子里，各种农产品露天摆着，牛肉和猪肉挂在摊主的身后，市场上没有羊肉。母亲挑肉的时候会用手指轻戳，观察肉是否新鲜、足够嫩滑。我们把买来的食物装在购物袋里，带回家中。当时还没有现代的冰箱，所以每天都要去市场采购，尤其是新鲜的肉类。苦力（中国的劳动力）每周几次用自行车驮来冰块，用木屑包裹以防融化，放进盛满冰块的柜子中用来冷藏食物。我们用一个搅拌桶自己做冰激凌，过程枯燥乏味，但我和弟弟经常帮阿妈和厨子摇动搅拌桶。

有时父亲也会开车带我们去市场，但是母亲拥有自己的车子，所以大多时候都是她驾车，有时她会带上一个阿妈与我们同行。我们享用的鸡肉是在家门口买的，由家里的厨子亲自宰杀后烹饪。

家里经常吃的食物有烤牛肉和各式的鸡肉、猪肉：裹面包糠的鸡肉、白切鸡、炸肉排、德式香肠还有俄国美食。我们每周至少一次外出到中餐厅吃饭，家里也经常做中式菜肴。老张曾在本地的一个德国家庭接受培训，他对本地菜肴和外国美食都很拿手，还能说一口流利的德语。

父母不在家的时候，我经常和阿妈一起在厨房里或是蹲在外面的地上吃饭。我们吃从海边捡拾的海螺，厨子用水煮过之后，我们用阿妈随手从头上拔下来的发针挑壳里的肉吃，感觉真是美味极了！我和她们一起吃炖大白菜，喝大米粥，或者是咸萝卜配白米饭、干鱼配白米饭。

我们有一个苦力负责院子里的打扫清洁。家里的地板是抛光木地板，上面铺着中式方毯，也由这个苦力保养。那时的一种常见做法是把泡过的茶叶扔到地面上吸灰，然后再用扫帚扫起，扫帚头是高粱秆制成的。他还用一把大镰刀修剪草坪。

有一个人不时来打理我们的花园。花园里没有种菜，只有花朵。他帮忙用镰刀修剪草坪，打理苹果树和石榴树。我们种了一架葡萄，还养了一只山羊挤奶。需要的时候，我们也购买牛奶，但牛奶必须煮过才能喝，饮用水亦是如此。

我们有个定期来做缝补活儿的女人。她给我们做裙子和其他衣服，给我和弟弟织了睡袍。一个裁缝定期来家里，测量完尺寸后接下我父母做裙子和套装的订单。他们或是画出想要的样式，或是从杂志（一般是美国杂志）上挑一个款式，然后裁缝会按照图样制作。试穿一两次后，她就会把做好的衣服送过来。

家里轻薄的衣物由阿妈清洗，她先用搓衣板搓，然后放到盆里浸泡。到现在我已经很多年没有见到搓衣板了。搓衣板虽然好用，但是对织物来说有些生硬。厚重的衣物则由洗衣工上门来取，他用自行车把要洗的衣物运走，洗干净熨平整后再送回来，一般隔一天就送回来了。[①]

作为儿童，我们不需要做家务，所以我很多时间都跟阿妈和厨子待在一起，我喜欢看厨子做饭。我经常读的杂志是订阅的《女孩年鉴》和《读者文摘》。我不记得我们的中国仆人有过年假或是休息日，偶尔他们会用“家里有急事”的借口请一天假。他们的孩子会告诉我真相，但我会为他们保守秘密。

---

① 我们家人在来到澳大利亚之前从来没有见过家庭洗衣房。我和我母亲见到我们的第一个洗衣房都很吃惊，在澳大利亚的家庭里，竟然有一个单独的房间用来洗衣服！我们的第一个洗衣房里有一口大铜锅（用来煮脏衣服）和两个大盆。我们很快就学会了使用洗衣房。

我和附近村庄的中国孩子们一起玩儿游戏：弹珠、跳房子、丢沙包。沙包是一种小小的装有土或沙的袋子，我们把一个沙包向上抛起，从地上抓起另外一个沙包，然后再去接住抛起的那只，不能让它落地。这样一直持续到我们拾起了一定数量的沙包为止。后来我了解到，这种游戏在其他国家也有，不过玩儿的不是沙包而是猪或羊的关节。

我原来有一辆三轮车，后来又得到了一辆自行车。我和女孩们一起骑车去沙滩和 3 英里（5 公里）外的樱花公园。有一天骑车给我们带来了麻烦，因为有一项法令要求所有的自行车都必须注册，但我们并不知道。由于我们的自行车没有注册，警察把我们拦下了，还威胁要没收我们的自行车。但我用汉语成功说服了他们不要那么做。从那以后，我们只在家附近骑自行车。

我们小时候经常装扮成淑女，穿着德·罗奇夫人（Madam de Roche）给我的衣服和鞋子。德·罗奇夫人是一位法国女士，经营着我家隔壁的贝－拉尔旅馆（Bel-Air Hotel）。

星期天做过礼拜之后，我们会去国际俱乐部（International Club）。我通常在那里点一个热狗卷和一杯沙士汽水，这对我来说是莫大的享受。我喜欢坐在那里观察女士们戴的帽子。俱乐部吸引了很多欧洲籍的侨民，很有人气。里面配有麻将等游戏设施，也提供餐食，设有女士休息室和男士专区。[①]

有时候，我和外婆一起坐黄包车进城。黄包车夫拉我们进城要跑好几英里，却只能挣到几分钱。他们的工作非常辛苦，肩上搭着一条小毛巾，上坡的时候不断擦汗。据说黄包车车夫寿命都不长，不等上了年纪就会死于动脉硬化。

偶尔我们也会选择坐马车出行。一辆马车能坐六个人，车身颜色鲜艳，内饰是白色的，座垫套着白色带有荷叶边的套子。通常是两匹白马拉车，

① 受雇于俱乐部的是乔治（Geroge）和苏拉·库兹曼寇（Shura Kuzmenko），他们在二战后移民到澳大利亚。国际俱乐部在战后成为美国红十字会临时总部，我在里面工作过一段时间。

车夫坐在前面。我喜欢坐马车，价钱也不贵。

我的父母和幼儿时期的我

我的外婆是在中国出生的德国人，她和我们一起生活了很长时间，我跟她学会了德语。她曾经住在青岛的一座房子里，后来搬到了大连（旧称“Dairen”）。父母不在青岛的日子里，我有时和外婆住在一起。她会做俄罗斯罗宋汤（甜菜根配卷心菜汤）、俄罗斯饺子（牛肉糜馅儿的饺子汤）、卷心菜卷儿、肉饼，然后卖掉。俄国人和一些德国店主会自带小容器买她做好的食物带回去吃。

我的外婆曾经富有过，但是外公弗拉基米尔·布里亚金在一次经济危机中失去了一切。在外婆带着四个孩子在意大利度假的时候，外公饮弹自尽了。丈夫的死使得外婆陷入了非常艰难的境地，幸好她是一个积极乐观的女人，一个人努力工作抚养孩子。在青岛的时候，她和两个儿子鲍里斯（Boris）和安德烈（Andre）住在一起。鲍里斯·布里亚金现在居住在悉尼。安德烈在二战后先后居住在中国、俄罗斯和美国，于 20 世纪 90 年代去世。

我的母亲在意大利、法国上过学，最终在瑞士完成学业。她会说法语、意大利语、德语、俄语、汉语和英语。她总是说起她小时候有一个特别的俄罗斯保姆，名叫阿尔娜·帕尔纳（Alna Palna），是个大块头女人。他们也有别的仆人，其中有一个马车夫，驾着一辆华丽的两匹马拉的马车，马脖子上挂着铃铛。母亲说她最快乐的记忆就是童年时穿着裘皮坐着马车穿过雪地，耳边响起铃声。

母亲小时候应该是一个梦想家，她常常给我讲起有一次她还很小的时候，看了范朋克（Douglas Fairbanks）的电影，里面有一个飞毯。她试图模仿这一电影情节，于是有邻居看见她在屋顶坐在垫子上等待飞走。

我知道她是一个浪漫的人。她总是对我的父亲说：“如果你死了，我

我和弟弟艾迪在青岛海边

也会跟着走。”父亲于 1969 年离世后，母亲逐渐对生活失去了兴趣，无论我们做什么都无济于事。母亲再也没能快乐起来，变得消瘦衰弱，于父亲去世五年后也离开了人世，最终践行了她的诺言。事实上，父亲葬礼之后，她就曾躺到床上说：“你爸走了，我也要走了。”她在床上躺了整整三天，后来发现自己还活着，这才下床继续生活。但是，她始终没能摆脱老爸离世带来的打击，毕竟他们患难与共，经历了太多。

在学校里，我学习法语，这是必修课。我用法语和学校里的一些朋友交流。我能够流利地说英语、俄语、德语和汉语。青岛有许多不同国家的学校：英国的、美国的、俄国的、德国的和法国的学校。父母把我送进由法国、德国和美国修女们开办的圣母修道院圣灵方济会学校，接受传统的罗马天主教学校教育。在这里，我们要遵守圣日、祷告、告解和领圣餐。因为我家里的厨子不是天主教徒，所以我带的周五午餐三明治里总是有肉。每个周五，一位修女都会检查日间学生的午餐，以确保我们遵守不吃肉的传统。每次我带的午餐被发现有肉，都会被那位检查午餐的小个子法国修女没收。她一边念叨着“上帝啊，上帝啊，库克小姐你去餐厅吧”，一边把我带到住宿生食堂去吃海鲜午餐。我高兴极了，这很适合我，因为我喜欢海鲜。在我家里，除了受难节周五之外，我们是不遵守不吃肉这个传统的。我的母亲是俄罗斯东正教教徒，对我在学校里和每周弥撒上学到的天主教仪式有些漫不经心。

有一次，我被抓到在课堂上嚼口香糖。老师让我把那坨软软的口香糖粘在鼻头上，站在黑板前面一直到那节课结束。这真的太难为情了。从那以后我再也没有在学校嚼过口香糖。

还有一次，我顶着一头卷发去上学。通常我的头发都是直的，但是那

年轻的外祖母

天的前一晚妈妈用布条给我卷了头发，因为放学后我要去参加一个派对。学校里的每一个人都注意到了我的卷发，包括一位修女。她把我拉到一处水龙头，弄湿了我的头发，把我的发卷儿梳直了，还狠狠地训诫了我：不可贪慕虚荣弄卷头发，虚荣是罪。

学校离家有几英里远，通常都是父亲开车送我上学。大多时候我坐校车回家，但是最后的两英里（3.2 公里）要步行。

在回家的路上，我经常在公园里或是空地上看见被中国父母遗弃的襁褓中的女婴。中国人重男轻女，他们认为男孩可以为他们养老送终，而女孩只会给原本贫困的家庭增加负担，因为女儿出嫁的时候会带走嫁妆，而她们自己也成了男方家里的财产。

在上学的路上，我有时会看到老人的尸体——通常是女人，在前一天夜里在树上上吊自杀。很多中国人生活艰难，特别是那些孤苦无依的人，不幸只能选择自杀。同一天，在放学回来的路上，我会注意到尸体被放低了一些，膝盖着地，尸体前摆着小碗的米饭和水果。还会有一碗沙，上面落了香灰。我猜测有某个人或某些人来悼念过死者，但我从没见过他们。一般尸体在第二天就不见了。

住在我们区域的中国人似乎可以划分为三个等级。贫穷的农民在田里干活儿，他们和妻子、儿女住在村里，房子是泥土垒砌的，地面也是土铺就的。他们自己养猪养鸡，在小院里种蔬菜。女人和孩子们通常去沙滩的礁石上采集海草带回家做菜。他们种植红薯，切片拿到屋顶晾干，储存起来到冬季食用。他们在前门上方搭有遮阳篷，他们在那里或者在后院使用木头燃烧的炉子做饭。做粗活的苦力一般出自这样的家庭。

第二等级的中国人是小店主，比如开自行车铺、杂货店和售卖织物的布店。这些人通常住在条件稍好的砖房或木头房子里。市政雇员、办公室文员以及其他一些中产工人来自这个阶层。

最高等级的是那些住在富人区舒适大房子里的生意人。他们的房子通常宽敞且漂亮。许多欧洲人和这一阶层的中国人交往。这些中国人通常拥有餐馆，并且受过良好的教育，其他中国商人和政府官员也住在大房子里。许多人家里设有小型神龛，前面点着香、摆着水果和其他的供品。

我家有抽水马桶，但是中国村民的家里没有。他们收集人类排泄物用来给菜园施肥。这种做法无疑会导致很多疾病。为了避免感染，除了做菜时要煮熟蔬菜和水果之外，我们的蔬菜和水果都要用“康迪晶体”（高锰酸钾）溶液清洗。

我 12 岁时得了伤寒，病了很长一段时间。弟弟几乎在同一时期感染了肺结核，我们觉得是因为他偷偷地捡了厨子丢弃的烟蒂来抽。弟弟的病后来治愈了。有人给了我们一个偏方：喝温热的猪油（猪的脂肪）配可可。后来在澳洲，我们了解到，那个偏方会在他的身体受到疾病侵扰时一次性提供很高的热量。

在青岛，欧洲人和其他外国侨民都是分散居住，只有日本人聚居在一个特定区域。

战前日本社区里的那些玩具店令我印象深刻，奇妙的玩具店里面塞满了赛璐珞娃娃、铁皮汽车、摩托车，还有亮晶晶的彩色玻璃动物和弹珠。

在青岛时，我和朋友们经常去看电影，电影院的名字是“福禄寿”（Fooloozoo），我们总是坐楼上的前排座位。还有一家“明星大戏院”（Star Cinema）。我记得看过狄安娜·窦萍（Deanna Durbin）、简·维特尔斯（Jane Withers）、秀兰·邓波儿和克拉克·盖博（Clark Gable，电影演员）的电影。我们不用买票，因为父亲在电影院有关系。

在青岛我有很多女性朋友，各种国籍的都有。她们现在分散在世界各地：澳大利亚、美国、英国、香港和加拿大。我与一些朋友还见面，和另外的一些朋友保持通信。我最好的朋友是利西亚·佩齐尼[①]（Licia Pezzini），她是意大利人。战争期间，利西亚和她的父母帮我们照管着大量财物。意大利向同盟国投降后，许多意大利人也遭到了日军的关押，但利西亚和她的家人幸免于难。

我喜爱动物，总会把街上的流浪狗带回家。不幸的是，他们告诉我这些狗都有传染病，不能留在家里。而我因为抱了流浪狗，必须用“来沙尔”（Lysol）消毒剂给全身消毒，彻底清洗。

这些流浪狗还有一种危险——感染狂犬病（也叫疯狗病或恐水病）。我见过得了狂犬病的狗。有一次，父亲在花园里干活儿，一只流浪狗跑进了我们的院子。这只狗体型不大，皮肤发红，嘴里吐着沫。流浪狗攻击了我们家的两只宠物狗——一只西高地白梗犬和一只阿尔萨斯狼狗。老爸试图将它们分开，但是疯狗咬透了他的长筒橡胶靴。最后警察到来射杀了这只疯狗。而家里的两只宠物狗因为接触了疯狗，所以被建议人道毁灭。

父亲要把我们的狗带到山里射杀，我大哭起来。不过父亲又把它带了回来，因为他实在不忍心朝它开枪。这只西高地白梗犬最后老死，她的名字叫阿斯特尔（Aster），是我父母去上海时带回来的。在上海的时候，她的鼻头上长了一块儿乒乓球那么大的痂，被认为治不好了，险些被人道毁灭。最后，我母亲用亚麻籽油去除了那块痂。

我一直不知道中国和日本之间发生的事情。直到有一天，看见中国社区的居民经过我家门口去往山里。父亲说他们要去山里挖掩体，战争就要爆发了。

我并没有把这件事放在心上，呼朋唤友的日子仍在继续。我的朋友中有一个比利时人——约翰尼·德·扎特[②]（Johnny De Zutter）。他和他的家人也和我们一样，后来被日本人关进了同一个集中营。

---

① 利西亚·柴尔德里斯（母姓佩齐尼），现生活在加利福尼亚。

② 德扎特一家战后定居美国。

大概在这期间，有一次父亲开车带我回家，路上发生了离奇的车祸。在车拐弯儿的时候，前门不知怎么开了，我从车里滚了出去。而我父亲毫无察觉，径直自己开回家去了。父亲到家才发现我不见了，他大吃一惊，赶紧回头来找我。父亲找到我的时候，见我受了点儿擦伤，正哭得伤心。

第四章 日本人改变了我的生活

记得那是 1938 年的一天早上，我和父亲听见远处有许多飞机轰鸣。我们从家里望向几英里外中国人的村子，隐约可见有物体从飞机上落下来，接着听到爆炸的声音，我意识到那些物体是炮弹。

尽管没有看见炮弹造成的破坏，但是不到一小时，就有大批的村民从我们门前跑过去，背着仓促收拾的包裹逃往山里。轰炸只持续了几分钟，并没有影响到我们。

我记得，紧接着就有一队荷枪实弹的日本兵[①]进驻了村子，军官们都佩着剑。还有许多军车、自行车和摩托车，但是我不记得见到过坦克，也没有看到战斗的场景。日本当时只是对中国开战，所以并没有骚扰英国人和其他欧洲人。士兵到来后，也有很多日本平民到来，他们来自日本本土或是中国其他地方，在日本租界建房开店。

之后的几年，虽然是在日本的军事统治下，我们的快乐生活一如既往。直到有一天，我记得听到新闻播音员卡罗尔·奥尔科特（Caroll Alcott）在上海电台播报由青岛本地接收并转播的新闻，他说："女士们、先生们，珍珠港刚刚遭到日军的轰炸。"接着又说："请保持冷静，待在家里。"也许他说的是"待在室内"，大致是这样的意思。

广播后不到一个小时，佩剑的日本军官就带着荷枪实弹的日本兵找上门来。他们在我家的前门上钉上了几块木板，上面用日语写着"敌对的英

① 日本侵略中国的动机极为复杂。20 世纪 30 年代，军国主义势力牢牢掌握了日本政权。1931 年，日本入侵中国东北，该地区拥有日本广泛的利益，以及日本渴望获取的矿产和农业资源。随后，大量日本人在那里定居。1937 年，日本开始侵略中国北部，声称是为了保护其经济利益和定居于此的日本公民。这源于中国国民党军队的薄弱，后者根本无法与日军抗衡。1938 年，日本占领青岛，因为这里为日本的航运提供了便利的港口和便捷的铁路基础设施，具有重要的战略意义。

国人”，并对我们说：“你们现在要居家监禁，房子里住了几口人？几男几女？”我母亲回答说：“我丈夫、我、女儿和儿子。”一个日本人问：“你的女儿在哪里？”母亲指着我说：“这就是我的女儿。”

因为我当时风寒还没好，头发剃了，身体消瘦羸弱，穿着肥大的裤子以遮挡皮包骨头的两腿，所以日本人不相信我是个女孩。我不知道母亲最终是如何让他们相信的。日本军官给我们每个人发了一个手工袖章，上面的英文字母“B”代表英国人，还有一些日文。他命令我们必须一直戴着。

日本人能在这么短时间里就拿出这些袖章，我猜他们早在轰炸珍珠港之前就有所准备。我的袖章还保留着①。他们把我们监禁在家里，一天中只有上午9点到中午12点这段时间可以外出购物。换句话说，我们要执行宵禁。

日本人第一次上门的时候，一位日本军官（后来父亲说那其实是个韩国人）指控我父亲是英国特务。他问我父亲：“你对日本海军了解多少？”父亲回答：“一无所知。”于是他转移话题，指了指我家的狗和屋里的一件装饰品说：“不错。”反复几次后，他又突然问：“你对日本海军了解多少？”得到的是同样的否定回答。

在日本军官盘问父亲的时候，母亲和我悄悄地进入厨房，在老张的帮助下烧掉了父亲拍摄的驻扎在青岛港的日本轮船的照片。那些照片装在一个大信封里，本来准备送到英国领事馆去。日本人没有发现我们做的这些事。

我们都不知道他们为什么怀疑我父亲。一周之内，那个韩国人来过我们家好几次，每次都问我的父亲：“你对日本海军了解多少？”每次都得到相同的答案。 有几次，父亲还被日本人带走盘问。母亲担心他被长时间羁押，给父亲准备了可以随身携带的一小包衣服和必需品。还好，父亲每次都在当天被放了回来。

后来我从朋友们那里得知，日军在所有的英国人、美国人、荷兰人和亚美尼亚人家的门上都做了标记，把他们定性为“某国敌人”。这些标记

① 日军发给乔伊斯·库克的标识被拘禁者身份的臂章，1941 年 12 月。布拉德伯里家藏。

都是在日军轰炸珍珠港后的几个小时里做好的，显然日本人对于即将发生的战争早有准备。我们必须严格遵守宵禁，不能去上学，老爸也不能去工作。

在珍珠港事件之前，一位本地牙医给我装上了矫正牙套。母亲给了他一些黄金用来制作牙套。在居家监禁期间定时外出时，母亲带我去牙医那里打算取下牙套，因为不知道我将来是否能够继续矫正牙齿。我们吃惊地发现，牙医跑了！无奈我们只好去找另外一位牙医——勒斯蒂格（Dr. Lustig）。勒斯蒂格医生给我摘除牙套的时候发现牙套是黄铜而非黄金做的——我原来的牙医用廉价的金属偷换了黄金，私吞了它。母亲四处寻找那个牙医，可是没有找到，算他侥幸。

过了几周，一些日本军官来家里通知我们说："我们要把你们关进平民集合中心（Civil Assembly Centre，即集中营）。"那是我们经历的第一个全天集中营。他们把我们关在我家后面的旅馆——太平角疗养院（Iltis Hydro）。旅馆很大，当时关押了大约 500 人，我们在那里一直被关押到 1941 年的圣诞节后。我们一家人住一个房间，食物还可以，日军未遣散旅馆的员工，而是让他们来照顾我们。

在这里，我们被荷枪实弹的士兵看守着，他们总是随身挎着步枪。为确保我们服从他们的规章制度，有一次他们抓了一个偷煤生火的中国小乞丐，在他的脖子上套了一根长长的狗项圈一样的链子，往他嘴里塞满了橘子皮，把他绑在一棵树上。然后他们开始表演一种日本武术——剑道，士兵们用长长的竹剑开始鞭打那个男孩儿。日本人对我们说："谁不听话，就会落得相同的下场。"我清晰地记得那个可怜的男孩儿流泪的双眼，令人难过，但我们爱莫能助。

还有一件令人难过的事：有一天我们正在餐厅吃早饭，日本人带进来一个中国佣人。他们把一壶开水放到椅子上，逼那个佣人把椅子顶在头上。谁都知道，只要稍微不慎椅子偏了，开水就会浇在他身上。我们又一次被日本人告诫："谁要是不听话，就会被同样对待。"

还有一次，日本人带走了我们的亚美尼亚朋友——阿米克·巴利安茨

（Armic Baliantz）[1]。日本人怀疑他是间谍，因为他会说很多种语言，包括一口流利的日语，那时他才二十几岁。士兵把他带走了一整天，他被送回来的时候简直惨不忍睹。我母亲不敢让我看他的伤口，对我说："不要看，不要看。"因为他浑身是血，每一个看到他的人都唏嘘不已。我没有看到，因为被母亲催回了房间。母亲后来告诉我，日本人用竹棒把阿米克·巴利安茨打得皮开肉绽、血肉模糊。他的妻子乔丽卡（Tsolik）后来找我母亲要垫子，给他垫在身下以缓解疼痛。母亲给了她垫子，还帮助乔丽卡照料阿米克。

几年前在旧金山，我和丈夫鲍勃与阿米克的妻子和女儿珍妮特（Jeannette）一起吃饭，她们还说起过阿米克无端遭受毒打的经历。

阿米克现在居住在美国。被囚禁的那几年里，他被日军野蛮毒打过三次，身体的伤害至今令他痛苦不堪。他曾是一个彬彬有礼的年轻人，战争爆发前在他父母开的青岛维也纳咖啡店帮忙，咖啡店也卖面包和糖果。阿米克的外孙女梅丽莎·埃瑟里奇（Melissa Etheridge）是世界闻名的歌手和词作者。梅丽莎的母亲——珍妮特·埃瑟里奇（Jeannette Etheridge）小时候和我一起被关押在集中营，她现在是旧金山托斯卡咖啡厅的老板，咖啡厅演艺明星云集，很有名气。

被监禁在旅馆期间，我们一群孩子为大家表演了一幕圣诞歌剧，女孩子扮演天使。

---

① 无论是依据当时还是现在的国际法，巴利安茨一家都不应该被关押，因为他们是亚美尼亚人，无国籍人士。日本人错误地关押了阿米克、他的妻子和年幼的女儿，错误地声称亚美尼亚人就是伊朗人（波斯人）。那时他们拒绝让他与伊朗官员见面，因为那样就会被证实他不是伊朗人。阿米克是出生于满洲里的亚美尼亚人，尽管遭到日军毒打留下了创伤，但他从来没有放弃对日本人的抗争。在潍县关押期间，他参加了雷震远神父建立的情报小组，收集外界信息。阿米克从守卫那里偷来日文报纸并翻译。他还以修理东西的名义弄到了一个日军守卫的无线电收音机，藏在教堂的祭坛里。在天主教礼拜时，这个收音机悄悄地播放盟军的新闻。收音机计谋败露以后，阿米克又遭到了守卫的毒打。后来阿米克对守卫说他要给即将出生的孩子——如果是男孩儿——起名亚瑟（Arthur），以致敬美国将军道格拉斯·麦克阿瑟（Douglas MacArthur），他又一次遭到了毒打。守卫当着阿米克妻子的面在医院产房里毒打了他，当时他的妻子（在集中营里叫她阿曼，在青岛叫乔丽卡·巴利安茨）正在分娩。来自与阿曼·巴利安茨的个人交流。布拉德伯里家藏。

1942年青岛圣诞晚会被俘虏儿童表演后合影

1942年初[①]，日本军官告知我们："你们有一个小时的时间回家拿你们想拿的东西，我们要把你们关进另外一处平民集中营。你们只有一小时的准备时间。"军官们并没有告知我们要去哪里，要去多久。幸好我们住得近，翻过围墙就到家，节省了时间。但是问题是，我们该拿什么呢？母亲让我们把四张床单铺在地上，然后把能想到的东西——衣物、零碎东西都堆到床单上，问题解决了。现在回想起人们在一个小时里打包起来的认为重要的那些奇奇怪怪的东西，不免觉得滑稽。母亲想带上她的全部珠宝，父亲说："带珠宝没用，还有可能被没收，不要带了。"

父亲想了一个好办法：我家有一些壁橱，他把珠宝放进小布袋，然后

① 应为1943年初。——译者注

把布袋放到壁橱里的地板下面，再把地板装回去钉死。那些珠宝在战争期间一直被留在那里。

我们包了衣物和几条毯子。日本人说可以带上我们自己的床，因为要去的地方用得上家具。我的父母带上了他们的双人床和两个露营床。我们带了牙刷、毛巾、亚麻布。父亲带了尽可能多的钱，我不知道有多少。

我有一个做工精巧的大娃娃屋和很多漂亮的娃娃，安德烈舅舅说他会替我保管。安德烈有俄国国籍，所以没有被关进集中营。我收藏的娃娃数量很多，一直悉心爱护它们。几年后，我发现安德烈舅舅把我的娃娃都卖掉了，因为他以为我们会被枪杀，再也回不来了。安德烈舅舅还答应照顾我们的可卡猎犬“萨利”（Sally），可是不知怎么萨利到了一对德国夫妇的家里，改名“穆策”（Mutze）。战后我们把萨利找了回来，但是没有忍心再给它改名，一直叫它穆策。穆策后来在生宝宝的时候死了。

我们被监禁在旅馆的时候，家里并没有遭到掠夺，因为我们的佣人一直在那里。日本人说我们只是暂时被带走，所以仆人们以为我们还会回来。第二次离家的时候，我们都强烈地感觉这一次要离开很久。

收拾好包裹后，有两辆卡车来接我们，拉上我们的家具，把我们送到青岛火车站。我们上了火车，一路坐在草垫上，几个小时后到达了一个叫潍县的地方，从潍县火车站去了新的集中营。潍县是山东省的主要铁路枢纽，现名潍坊。

新集中营前身是一家美国长老会传教站①，里面的建筑包括一座精美的教堂、一家医院、宿舍和一些两层楼高的房子。周边是砖砌的围墙，墙上最初装有尖刺倒钩，后来装上了通电的电线，还间隔设有机关枪岗哨。到达集中营后分配房间，我们一家人分配到一个长 4 米、宽 3 米的房间，父亲、母亲、我和弟弟住在一起。我们楼上的房间住着同样来自青岛的德扎特一家。没有家人的其他人住在同性别的宿舍里。

① 即乐道院。——译者注

潍县地处内陆，位于青岛以西 120 公里，是个冬冷夏热的地方：冬天下雪，夏天“下火”。集中营外面有农场，农场里有可以种菜的菜园。在被囚禁的三年半[①]里，我们从来没有离开过集中营，所以我无法描述那些农民在做什么，附近的城区又是怎样。

乐道院已经被弃置多年，我们刚到的时候里面一片狼藉[②]。在日军接管之前，还曾被土匪或是其他武装洗劫一空。厕所全都堵了，完全不能用，到处都是碎石瓦砾。

---

① 实际上是两年半。——译者注

② 我们到达后不久，就听说美国小说家赛珍珠（Pearl Buck）（作品有《大地》等）和出版家亨利·卢斯（Henry Luce，《时代》《生活》《财富》杂志的创办者）出生于潍县的传教站。赛珍珠（母姓辛迪斯特里克，Sydenstricker）1892 年出生于西弗吉尼亚，卢斯 1892 年出生于山东登州（Tengchow）。他们的父母都是在中国传教的美国传教士。赛珍珠的第一任丈夫卜凯（John Buck）也是一名在华传教士，赛珍珠和他于 1934 年离婚。因而推断卢斯父母、赛珍珠或她第一任丈夫的父母都有可能在潍县住过。但是断言赛珍珠（1892~1973）和卢斯（1892~1967）出生于潍县是不准确的。

第五章　集中营里的少年囚犯

我们是第一批到达潍县集中营的被拘留者，首当其冲承担了集中营里最初的清理工作。

随着日子一天天过去，有大约 500 名天主教神父、修士、修女和其他各个教派的神职人员相继到来，另有 1500 多平民也被关押在了这里。我们在最初的几周进行了大扫除，还成立了几个委员会负责筹备学校、医院、面包店、修鞋店和厨房并配备人手。

在接下来的三（二）年半里，日本人没有发放过任何衣物。孩子们的衣服穿小了，就拿到特别设立的交换点去跟别人交换，我们把那个摊点儿叫“白象贸易站”（White Elephant Exchange）。

来自沦陷区的被拘留的平民断断续续到达集中营，很多人来自天津、北京、芝罘和青岛。他们当中有大学教授、普通老师、科学家和医生；也有屠夫、面包师、木匠等工匠；还有其他的普通商人。有些人单身，有些人已婚。有些夫妇带着孩子，有些没有孩子。

绝大多数被拘留者是英国和美国国籍，也有来自其他国家的亚洲人和欧亚混血人。还有几个中国人，其中有一位朱（Chu）先生，高高的个子，他的妻子有中国血统，非常美丽。集中营里关押的都是与日本开战国家的敌对国公民，他们因国籍而被关押，但当时也有几个中立国公民被不正当关押。1944 年 6 月 30 日[①]的统计显示：除英国人和美国人外，集中营里关

① 1944 年 6 月 30 日被拘禁者名单记录了他们的名字、婚姻状况、国籍、年龄、性别、职业。布拉德伯里家藏。帕梅拉·马斯特斯（Pamela Masters）在 1998 年由加利福尼亚州普莱塞维尔的亨德森书屋（Henderson House Publishing）出版的回忆录《战争岁月》（*The Mushroom Years*）中写道，在集中营里至少有一个认识的人是法国人。但是，囚犯名单没有提及拥有法国国籍的人群。参见延伸阅读。

押了澳大利亚人[①]、古巴人、希腊人、比利时人、伊朗人、南美人、加拿大人、波兰人、葡萄牙人、荷兰人、挪威人、新西兰人、乌拉圭人、一个同时拥有美国国籍的德国人、菲律宾人、巴勒斯坦人、巴拿马人和几个俄国人。集中营营友的年龄跨度也很大，1944 年 6 月，集中营里年龄最大的营友是一对传教士夫妇，两人都 86 岁，而最小的营友尚未满月。有很多学龄儿童被带到这里，所以在统计时儿童的比例出奇得高。

有些被关押的天主教神职人员来自恪守教规的宗教派别，这就意味着他们原本就过着简朴、静默的苦修生活。他们也遭到日军逮捕被关进了集中营。因为我们早于他们到达，所以看到了他们到来的场景。一些修士蓄着长发和胡须，但都被迫剪掉了。我记得第二天再见到他们的时候，其中几个年轻人胡须刮得干干净净，头发也剪短了，穿着别人捐赠的衬衫短裤，很是英俊。最初的几天里，他们中的很多人好奇地四处张望，但是没多久就和其他青年男女建立了友谊，集中营里有很多年轻人。

我们在集中营里开始安顿下来，各委员给每一个年满 14 岁的营友都分配了任务。曾在战前任职的医生和护士负责医院的工作和营友们的身体健康。工匠们负责木匠铺和其他店铺。一般来说，妇女负责给蔬菜去皮，男人们在厨房里工作，无论他们以前的职业是什么。

神职人员也要工作，他们在厨房值班，还负责烧洗澡水和从地下泵水，后两项工作要一天二十四小时不间断。需要的时候，他们也会干些抬东西之类的重活。一个名叫施耐德[②]（Schneider）的天主教神父以前做过制鞋匠，

---

① 与英国人和美国人相比，集中营囚犯中的澳大利亚人和新西兰人人数似乎高得不成比例，其中大多数的澳大利亚男性是传教士或商人。分析潍县集中营囚犯解放后迁居国家，可以发现澳大利亚和新西兰接收了很高比例的集中营囚犯。观察的依据是我在集中营营友团聚时得到的住址表。布拉德伯里家藏。

② 施耐德神父是方济各会的修士。在我的草稿本上，他以自创的韵律写下一首诗，标题是“我们意在取悦”，他写道：

为了那些即将到来的岁月在潍县
1944–45–46–47–48–49–50–51–52–53
当我们生命的信仰动摇
去看看潍县唯一的鞋铺。

他签上了他的名字和日期——1944 年新年。布拉德伯里家藏。

所以他被委任掌管修鞋铺。修女们有些在厨房里清洗蔬菜，也和新教传教士一起在学校里任教；有些修女做护理的工作，另外一些自愿清洁秽物横流的厕所，这个工作实在太脏了，而她们优雅且体面地做着这些。刚到集中营的时候，修女们戴着一种僵硬的叫作“帽贴”的布制框架，外面罩着一层面纱。过了一段时间，她们把“帽贴”这一步省了，直接把面纱别在头发上。许多新教的神职人员还有额外的任务。他们不得不同时承担家庭责任，他们的家里人口也不少。

我所认识的每一个人都为了集中营的利益辛勤工作，没有听说过任何人偷懒。集中营里有四个厨房和食堂。因为食物短缺，填饱所有人的肚子是一项艰巨的任务。很不幸，这项任务从来没能真正得以完成。我父亲是一名有资质的会计师，被分配到一个公共食堂做饭。餐食分批烹饪和供应。我母亲也在厨房工作，她还制作手工艺品。

食物总是不够，我们永远处于饥饿状态。早餐一般是煮高粱米，高粱在中国是用来喂牲畜的作物。高粱米是一些红色的小粒儿，很难吃。虽然后来我了解到高粱米是优质的蛋白质、食物纤维和能量的来源，但是当时真的是很难下咽，我必须用力反复咀嚼。母亲对我说：“一直嚼到能咽下去为止，否则就得挨饿。”午餐是一勺稀薄的炖蔬菜汤：土豆、胡萝卜、韭菜和大头菜什么的。每个人都分到了一个小铁盘和铁缸子。集中营里的厨师们创意无限，奈何难为无米之炊，食物总是短缺。

有时我们的食物足够供应第二份，但是只能添半勺，而且这种情况也很少。家庭通常会把他们的配给放在一个大的容器里带回房间食用。奇怪的是，我们从来没有吃过米饭，大概都供给日本军队了。

食物短缺对于年幼的孩子们来说格外难熬，他们饿着肚子，不能理解发生了什么，而其余的人也只是勉强忍受。我们可以领到面粉，由营地的营友们做成面包，但就算是新鲜的面包吃起来也有一股霉味儿。潍县盛产花生，所以我们有花生酱吃，我们把花生在厨房或面包店手工磨碎。可以说是花生让我们存活了下来，至今我仍然爱吃花生酱[①]。

有一次，集中营里运来了一车土豆，堆在操场的一角。但是日本人不让我们动，一直露天放在那儿，直到土豆开始腐烂才让我们吃。有侨民抱怨的时候，日本兵说："不吃光土豆就没有别的东西吃。"所以，我们只好把那些烂土豆都吃了。

还有一次，一匹马死在营地后面的日本军官住所旁边。日本兵也是直到那匹死马腐烂生蛆才准许我们吃马肉。他们又一次说："吃光它，不然没有别的东西吃。"侨民立刻给马剥皮，剔除腐肉，把余下的马肉炖了。我们很少吃到肉。

一些侨民带了罐头来，但我家没有。跟我家关系很好的一位富有的女士带了很多罐头食品。委员会分配给她任务，她就用罐头作为酬劳雇用别人替她工作。最后罐头用光了，她就只好自己动手。我们一直保持联系，直到她几年前去世。她晚年的时候向我们展示过一个很粗的黄金手镯，她说："要是再被关进集中营，我就把这个带上，把它分成小块儿用来购买食物。"

我不记得集中营里有售卖食物或是洗漱用品等生活必需品的店铺，尽管后来我了解到曾经有过一个存在时间很短的店铺。集中营里偶尔发一块肥皂，让我们用来洗衣服。洗衣服在户外进行，我们把衣服放进一个带有两个把手的大铁盆，洗衣服的热水是用水桶从烧洗澡水的锅炉那里运过来的。

许多人渴望得到烟卷儿，他们把泡过的茶叶晾干卷起来抽。我母亲烟瘾很大，也抽这个，但后来因为父亲一再敦促才戒掉了，战争期间再没抽过。

尽管集中营里有一家修鞋铺，但在集中营里是买不到新鞋的，所以当弟弟艾迪的鞋穿坏了以后，妈妈给他做了一双布鞋。做那双鞋花费了她好几天的时间，艾迪穿了几个小时就坏了。许多孩子都是光着脚。母亲更擅

---

① 澳大利亚布里斯班马特医院（the Mater Hospital in Brisbane）的护士罗斯玛丽·林奇（Rosemary Lynch）修女告诉我，花生酱是一种很好的食物，经常被用于治疗贫穷国家营养不良的人。

长给孩子们制作布偶玩具，她用那些玩具和其他人交换罐头食品。

我在集中营学校上学，学校由修女、神父和北京美国学校的教职人员开办，大多数教师都上过大学。父亲对我说：“你们接受的是最好的教育，因为这些人是全世界最训练有素的老师。”学校里教材不够，所以我们要共用教材。我们有铅笔和纸，有些学生有自来水笔，大多数晚上我们都有作业。

Peking American School
北 京 美 國 學 校
Diploma.
This Certifies that Joyce Dorothy Cooke
having completed the studies and satisfied the
requirements for graduation from the
High School
is now granted this diploma and recommended to higher
educational institutions or to useful service elsewhere.
In Witness Whereof we have hereunto affixed our signatures
and the seal of the school in the City of Peking, China.
on the 27th day of June in the year of our Lord
One Thousand Nine Hundred and forty-five
Alice F. Moore
Principal
Chairman Board of Directors

我的高中毕业证书

我 17 岁从学校毕业，获得了爱丽丝·摩尔（Alice Moor）女士签字的毕业证书。摩尔女士是集中营学校的校长，被关押前是北京美国学校的校长。令人惊讶的是，摩尔女士是如此有远见，竟随身带来了空白毕业证书，连同书籍之类的在集中营办学的其他必需品。我迄今仍然保存着那张北京美国高中毕业证书[1]。我在营里读高中的时候另外学习了速记，现在还保存着那张每分钟记录 60 个单词的能力证书[2]。

集中营里也有别的学校，这些学校可以使得战前一起上学的学龄儿童在集中营内一同继续学业。令人尊敬的柯喜乐（Norman Cliff）[3]和他的兄弟姐妹就读于芝罘学校，这所学校的机构设置很好，拥有运动队和童子军。

1942 年 6 月，我年满 14 岁，立刻就被分配了工作——定期清理厕所。

① 布拉德伯里藏。

② 家庭文献。布拉德伯里家藏。证书上面说我毕业于天津的葛雷格速记学校。格蕾丝·诺曼（Grace Norman）是校长，当时也被关押在集中营里，她把证书上的天津字样划去，写上了潍县和日期——1945 年 4 月 28 日。诺曼女士把事先印好的证书带进了集中营。

③ 参见延伸阅读。

我领到了一只桶、一个刷子、几块抹布和一些消毒剂，每天清理公共浴池附近的男女厕所。卫生间里没有下水道和抽水马桶。

在集中营委员会的管理下，一切事务井然有序，仿佛尘埃落定。

我清晰地记得潍县的冬天有多冷，因为集中营里没有像样的供暖设备。日本人只发给我们一些煤渣，我们自己动手把煤渣兑水制作成煤球，放在太阳底下晾干。在寒冷的冬季，我们只能用房间角落里的泥炉燃烧这些煤球取暖。偷煤球的事件时有发生，所以我们还得小心翼翼地看好自己家的煤球。

日本兵[①]不停地在我们的区域巡逻，总是挎着步枪，在发号施令或是清点人数的时候朝我们挥舞着。我很少在集中营里看见日军的军官，只看见那些戴着小帽子的士兵。集中营委员会定期与日军军官开会，商讨营友们面临的问题。

我生病时营友送的一朵干花

① 在集中营营友莱昂内尔·哈罗德·特威福德·托马斯（Lionel Harold Twyford Thomas, 1905~2000）尚未出版的回忆录《里奥的一生》（*This is Leo's Life*）中，他描写了集中营的士兵：“我们很幸运，集中营的日常守卫由前领事馆警察（换言之，他们受到的正规军事训练很少，被派来早期保护日本在中国的商业和领事利益），而不是正规军军官，只有头目是训练有素的军人。不过，不管他们是什么人，大多数时候，我都觉得他们很可怕。”

我的体重下降了，但是还算健康；生了脚癣，也被一个医生用康迪晶体治好了。我的弟弟因为嘴唇破了皮，所以去集中营医院接受了治疗。

被关押期间，我弟弟的肺结核还没有好。医生负责十岁以下的儿童牛奶和鸡蛋的分配，数量有限，而艾迪已经十岁多了，所以不能享受到牛奶和鸡蛋的配给。父亲因此非常恼火，他认为艾迪应该得到牛奶和鸡蛋来帮助恢复健康。有一天，他正在厨房里工作，脑子里想着如何给艾迪加强营养。这时候一只鸽子忽然从窗口飞了进来，径直落到了一大盆烧开的热汤里。这只鸽子立刻被拔毛、煮熟，进了我弟弟的肚子。父亲说这只从天而降的鸽子救了艾迪的小命。

集中营里有黑市交易：在夜幕掩护下，中国人把食物从围墙上的洞里递进来，营友们把钱或是珠宝递出去。我的手表就是这样“花”出去的，因为我父母没有珠宝用来交换。也有些食物来自被拘留者的中国朋友的捐赠。

我们的房间离围墙近，老爸把围墙上的一块砖取下来弄了个洞，他也是一位黑市采办。德扎特先生负责放哨，如果他看到有卫兵来了，他就会说“晚安，我得上床睡觉了”，或者吹口哨来警告老爸。有一次，老爸正在买一种叫作白干儿的高粱酒，险些被日本人抓到。他连衣服都没脱径直就跳上了床，第二天早上母亲发现酒瓶还在桌子上放着。

营友里有一位司甘霖神父[①]，也有人叫他的教名——阿洛伊修斯［出自圣徒阿洛伊修斯·冈萨加（Aloysius Gonzaga）］神父，他是澳大利亚熙笃会修士，被捕前住在北京以北很远的一个修道院里。司甘霖神父是集中营里最好的黑市商人，专门帮助营友们获取食物，并且不赚取任何利润。他能从当地中国农民那里搞到大量的食物，极大补充了贫乏的

① 1984年香港熙笃会出版社出版了司甘霖神父的自传《天上的星星》（*Stars in the Sky*），该书以很大篇幅记述了司甘霖神父被日本囚禁的经历（第122—184页）。司甘霖神父叙述的一些事件，我在本书中也有提到。1943年8月16日，司甘霖神父和其他天主教教徒（约400名神父、修士和修女）一起从潍县集

食物配给。他甚至能给住院的人搞到特殊伙食，简直是个传奇。

有一次，司甘霖神父正跪在围墙的洞边进行交易的时候，一个卫兵走了过来。神父立刻掏出他的祈祷书，对卫兵说他在读书并祈祷。卫兵当然不信，因为他知道就算是日本人也不能在黑暗里“看”书。司甘霖神父回答说，他看书不需要光，因为他对每一页的内容都烂熟于心。

日本警卫仍不相信他，集中营指挥官判处他两周禁闭，把他单独关在了军官住所后面①。关禁闭对于半生苦行的司甘霖神父来说，几乎可以算得上和风细雨。那些抓获司甘霖神父的日军很快就不开心了，在关禁闭的最

（接上页）中营转移到北京，他们被关押在修道院、神学院和女修道院，直到日本投降。

司甘霖神父认为日本人之所以同意让大部分天主教神职人员离开集中营，是因为梵蒂冈官员向日本政府据理力争：天主教的神职人员，如果非要归属于这地上的某一国家的话，也只能是中立国梵蒂冈，因而不应该被关押。他另外写道：梵蒂冈官员称，当有一天如果日本和同盟国进行停火谈判，会需要梵蒂冈来做中间人。自天主教神职人员被从潍县转移的那一刻起，在亚洲战场上对日作战的同盟国战胜的次数开始增加。

很多天主教神职人员离开潍县集中营的场景让人为之动容。他们中有许多人在被关押前和被关押期间曾是我们的老师。而在集中营里，他们成为我们的朋友、照顾我们的生活、与我们一起工作。他们从不吝惜体力主动承担繁重的工作，给予我们巨大的安慰。看着他们离开，我们心里是真的充满了恐惧，怕他们遭遇不测。他们离开的那一天是非常悲伤的一天，许多人都哭了，无论是哪一教派的。

一些天主教神职人员留了下来，直到解放后才离开，他们为营内的教众服务，并从事一些他们擅长的工作，如教学和护理。

战后在中国短暂停留之后，司甘霖神父先回到了威尔士的熙笃会社区（熙笃会这个名称源自法国诺曼底的 La Trappe，这是一座熙笃会大教堂。熙笃会奉行严格的苦行和默修）。司甘霖神父后来又短暂地回到中国，之后加入了加拿大和美国的熙笃会社区。20 世纪 50 年代早期，司甘霖神父离开了熙笃会成为美国教区牧师，服务于东西海岸的教区。

有两个与司甘霖神父一起被关押于潍县和北京的熙笃会僧侣——霍鲁（L’Heureux）和德罗斯特（Drost）神父，最终获释后回到北京以北的熙笃会修道院。

① 司甘霖神父的被监禁成为一首歌的灵感来源，我们很快都学会了这首歌。歌的名字叫《囚徒之歌》，曲调来自另外一首歌《如果我有一双天使的翅膀》，歌词是一位匿名营友写的，如下：

哦，上周三他们把我这个熙笃会神父困在此地
现在，我没有鸡蛋可煎（我无所事事）
所以，我在黑暗的牢房里思量
如果我的客户们在集中营里挨饿
而集中营外有一个大大的篮子
盛满了蜂蜜和果酱
但是如果走私者不知道我身在何处
那个大篮子怎么才能进到里面来呢？

日期标为 1943 年。家庭文献，布拉德伯里家藏。

初几天，他用拉丁语高声诵经祈祷，昼夜不停。他告诉那些无法睡觉的日本士兵，作为神父他有责任背诵那些法定的祈祷文——神父助祷文。天主教神父的确每天都要背诵助祷文，但一般都是无声或是小声地背。日本人很是迷信，也不敢制止他。就这样过了几天，日本人再也忍受不了我们这位黑市神父夜间扰人清梦的吟诵，只好把他放了。

获知司甘霖神父获释消息的那天是集中营里最为欢乐的一天，每一个人都出来为他欢呼。由司甘霖神父和他的澳大利亚同乡——救世军的亨利·科里肖少校（Major Henry Collishaw）①共同领导的救世军成员集合起来，簇拥着司甘霖神父穿过操场，二十件乐器同时奏响。这真是一个欢乐的时刻，这一刻属于司甘霖神父，也属于我们每一个人。日本警卫对我们的反应很是吃惊，但是没有再追究，而司甘霖神父则马不停蹄地重新投身黑市交易。

司甘霖神父是一个和蔼可亲的人，总是面带微笑。他有一副唱歌的好嗓子，为人绅士，备受尊敬和爱戴。在司甘霖神父安静的外表下，隐藏着智慧的锋芒，他用他的智慧造福集中营里的营友们。

司甘霖神父还有一次死里逃生的经历。有一次，他的上衣里藏了大约50多个黑市买来的鸡蛋。他遇到了警卫，立刻蹲在地上，用中文说“肚子疼，肚子疼”，意思是肚子痛或腹泻。因为在集中营内这种病很常见，警卫相信了他。

我的好朋友斯坦利·费尔柴尔德（Stanley Fairchild，昵称：斯坦）现居香港，也是一个精明的黑市交易能手。当年只有12岁的斯坦是司甘霖神父的得力助手，他有好几次也是有惊无险。

正因为有了老爸、斯坦还有司甘霖神父的帮助，我们才能熬过那些年幸存下来，为此我们都充满了深深的感激。通过黑市流入集中营的商品大多是鸡蛋、蔬菜和白糖。

---

① 澳大利亚救世军（Australian Salvation Army）的官方历史中48次提到亨利·科里肖和他的妻子弗伦斯（Florence）。战后，他晋升为准将。

图片上的建筑是停尸间，也是熙笃会司甘霖神父在进行黑市交易买鸡蛋的时候被捉到之后被囚禁的地方。在他被关禁闭期间，集中营里为一位死于癌症的牧师举行葬礼，我被指派从墓地（画家的观察地点）悄悄溜到这个小房子，给司甘霖神父送去一瓶水。我圆满完成了这一壮举。

黑市墙（东墙）

偶尔有偷运商品进集中营的中国人被捉，继而会遭到日本人一顿暴打。营地里也有传言说两个中国人因此被枪杀。

有些人不惜一切代价想要弄到酒。据说一个女人带了很多昂贵的香水，结果被她嗜酒的丈夫当作酒都给喝了。还有传言说有两男一女喝了用木匠铺里剩下的木头屑和其他一些什么材料酿出的酒，死于非命。一个医生警告说喝那样的酒很是危险，那种酒里含有高度的酒精，喝了就会死。我再没有听说过有别人死于饮用酒精。倒是有大量的中国白干儿被走私进来，不知这个传教站的建造者——当初那些滴酒不沾的传教士们会作何感想。

集中营里收到过红十字会捐赠的包裹。第一批捐赠物资到达的时候还引起了争执。有些美国人想要独占那些物资，因为那批捐赠来自美国红十字会。第二批包裹到达的时候，经委员会与日军指挥官协商，问题解决了。日军下令：捐赠物资在所有的平民中公平分配，否则就退回。顺便提一句，集中营那些年里收到的包裹来自澳大利亚红十字会和美国红十字会。澳大利亚红十字会的捐赠是由被拘押在潍县集中营内的澳大利亚人蒂珀（Tipper）一家在悉尼的亲戚安排的。

红十字会的包裹里有巧克力、罐头食品或包装食品、织衣针和羊毛线，也有衣物。我永远也忘不了我收到的那件礼物——一块来自美国红十字会捐赠的“芝兰”（Chiclets）牌口香糖。我每天都嚼那块儿口香糖，晚上把它粘在我床边的柜子上，第二天再放进嘴里继续嚼，直到那块儿口香糖成了粉末。我还中收到过一件长袍——一件羊毛质地的冬装，战后穿着那件长袍的照片我至今还保留着。在战争接近尾声的时候，红十字会的包裹也停了。

在食品区工作的一个好处是可以带额外的食物回家。父亲时不时会带回一些油脂，我们涂在面包上吃。饥饿是常态，我们对食物充满了幻想。有些人想念牛奶和糖，因为我们喝茶的时候既没有牛奶也没有糖，只是用勺子从大锅里舀茶喝。母亲想念咖啡，我们都想念培根和鸡蛋。我不记得有任何人在被囚禁的日子里长胖。有些人被抓到偷蔬菜、面包或是什么食物，他们会被带到集中营委员会，由委员会来判定他们是否有罪。我并不记得对判定有罪的平民有过任何的惩罚，只是把他们的名字在告示牌上公示出来。

可能有一些神父在营内的伙食比入营前更好，特别是对于甘霖神父和比利时神父雷震远[①]来说。雷震远神父以前是一位神学院教授。司甘霖神父经常说他们之前每天只吃面包就白水，我怀疑他和那些神父是为了给我们鼓舞士气。我知道熙笃会修士要严格遵守缄口苦修[②]，司甘霖神父在他的书[③]里也写过修道院里的饭食简朴。

---

① 雷震远神父在《内在的敌人》（*The Enemy Within*）一书中记录了他关于集中营的回忆。这本书由孟买班德拉的圣保罗协会在 1969 年出版。雷震远神父是一位汉学家，说一口极为流利的汉语。他在一些中国人的帮助下，建立了一套非常成功的集中营与外界交流的“邮政系统”。因此，他是一个重要的情报收集者，他收集的情报时不时得到营地里秘密无线电监测的盟军新闻的补充。这些新闻广播详细叙述了盟军对日战争的胜利。雷震远神父是组织策划集中营唯一一次出逃事件的关键人物，也是集中营委员会里就一般事务与日本人打交道的重要顾问。详见延伸阅读。

② 由于熙笃会僧侣遭关押，而僧侣们需要口头交流，所以同样在押的天主教主教们召开会议，同意熙笃会僧侣在拘禁期间打破他们的沉默誓言。这些僧侣迅速充分利用了主教们的这一裁决：他们甚至喋喋不休起来，真是让我们大开眼界。我们这些孩子一直深信熙笃会僧侣只有在祈祷的时候才会开口说话。

③ 司甘霖：《天上的星星》，香港：熙笃会出版社，1984 年。

我记得集中营里新来的一个指挥官——小柳（Koyanagi），他在战前和我父亲是生意伙伴。他看到我们被关在那里有些吃惊，出于好意，小柳给我们送来西瓜和新鲜的鸡蛋。但是几次之后，父亲向他致谢并请他停止帮助我们，因为那样对其他被拘留者不公平，也令他本人难堪，所以礼物和探望也就没有了。

在集中营里人们多使用英语和汉语交流，尽管各个国家的人都有。

我清理的马桶其实是嵌在地面的坑，没有下水道。集中营里每个区都有蹲便，由苦力负责清空并运走粪便，用来给他们的菜园施肥。苦力是集中营内获得外界信息的绝佳来源，他们传递信息的方式花样百出。有时候人们把写有信息的丝绸碎片藏到墙上的小洞里，苦力们掏出来藏进嘴里带出营地。日本卫兵很是警觉，所以人们不得不时时改进信息传递的方式，以免被发现。因为日本守卫开始用棍子检查便盆，所以把消息封进罐子藏在几乎满满的便盆这种做法不得不停止。

从战前的朋友和熟人那里传递信息入营最成功的方法是由苦力们发明的。进入营地之前，他们把纸条推进鼻孔里，进入集中营后在事先约好的地点用力把纸条喷出来。营内有专人收集这些纸条。这种传递信息的做法从来没有被日军发现。

纸条上的信息在集中营里只能口口相传。那时我并不知道，但我后来听说当时集中营里还有一个无线电接收器，日军也没有发现。

我不记得任何具体的战争新闻，但是记得母亲总是在日军突袭点名的时候说："哦！他们又吃败仗了。"有些从外面传来的消息应该是鼓舞人心的，因为我那时多半相信我们终将会获得自由。但是几年过去，人们的精神不免消沉。我们偶尔能看到天空中有飞机飞过，或是听到飞机的声音，但是并不知道是日军还是盟军的飞机。

集中营里有关于营友自杀的传言，但是我从来没能证实。也有人说一些女囚犯被关进集中营医院的特殊病房治疗抑郁症。

集中营里没有自来水，只有水井。井泵需要人力手工操作。为了供应全营两千余人的用水，需要很多人二十四小时不间断地抽水。我们获准每个月在公共浴室淋浴一次，按姓氏字母顺序轮流。浴室里有 12 个淋浴喷头和三四个地面嵌入式便池。我的远房表亲鲍勃（鲍勃·库克，Bob Cooke，他的父亲是我的曾叔祖父爱德华，也被关押在集中营里）负责烧锅炉。

集中营外所见的医院和日军瞭望塔

我们单独的生活区里没有自来水，所以我们都是像婴儿受洗那样，用盛着热水（从烧水锅炉运来的）的大盆洗澡。营友中有一位女士（Ponds），母亲说她是个老姑娘，洗澡的时候总是要穿着衬裙，从不肯脱光衣服。当时十三四岁的我们不禁好奇：难道她有什么跟我们不一样的地方？我和几个女孩常常假装肥皂掉了，趁弯腰捡肥皂的时候想要一探究竟；但是终究没能发现她的衬裙下藏了什么。

集中营里有新生、有死亡还有婚礼。有些孩子并非婚内所生，非婚生子在那个年代不为世俗所接受。

集中营里当然也有浪漫的时刻。那时的女孩和现在的女孩一样，都有几个男朋友，我也有。年轻人也会为了某个女孩争风吃醋，但我不记得有人为我打过架。集中营里没有任何隐私——想想吧，一家人要睡在一个房间里，所以谁对谁有兴趣大家都一清二楚。

病患和伤者很多，医生和护士以极高的效率保障集中营医院的运行。战争接近尾声的时候，有一次有些药品藏在红十字会捐赠的物资里被送进了集中营，据说容器上的标签被日本人撕掉了，这带来了一些麻烦，因为医生们得做些分析才能知道是些什么药品。有的药品是当时的新药，例如高效的磺胺类抗菌药。我最近才知道那些药的来历：同盟国飞机把药品空投到中国国民党部队的基地，国民党部队把药品藏进红十字会包裹，因为担心被日本人发现，他们把那些标签撕掉了。药品运进来后不久，雷震远神父从国民党部队那里获得了药品的相关信息和推荐使用方法并转给了医生。集中营里的医生和他们的助手为营友们提供了出色的医疗服务。在需要的时候，他们也会对日本人进行医治。

营友中有一位名叫李爱锐的伦敦传教会的工作人员，被关押前在天津新学书院任教。他于 1902 年出生于天津，在中国和英国接受教育。曾为英国赢得 1924 年奥运会 400 米金牌，还是苏格兰前足球国手。李爱锐于 1945 年 2 月 21 日因脑瘤在集中营里去世， 被埋葬在集中营里，我参加了他的葬礼。李爱锐备受人们的尊敬和爱戴。电影《烈火战车》[①]讲述了他的部分生活，但是没有涉及他在潍县集中营被囚的细节。李爱锐先生是集中营运动队的负责人，也是教师和教堂的宣讲人。集中营里的孩子中很少有人知道他是奥运会金牌得主。

有一次，很多年轻人还有孩子决定举行沿集中营围墙的跑步比赛，我们称之为“顺时针跑”。李爱锐先生说：“我也参加。”他当时四十多了，大家都笑他太老了。他说：“那我也要参加。”比赛开始了，令所有人始料不及的是，他战胜了所有人跑了第一[②]。那一次，人们真正了解到了他的跑步水平。从那以后，他愈发地受到年轻人的尊敬。

李爱锐先生是那样谦逊有礼，有绅士风度，每一个人都喜欢他。他已婚，有三个孩子，在珍珠港事件之前他安排他的妻子（当时正怀着他们的第三个孩子）和孩子们去了加拿大，幸运地逃脱了被关押的命运。

---

① 电影《烈火战车》，1980 年上映，导演是大卫・普特南（David Puttnam），获得美国电影学院 1981 年奥斯卡最佳影片奖。

② 取得第二名的是莱昂内尔・特威福德・托马斯（Lionel Twyford Thomas），后来在澳大利亚定居，于 2000 年 1 月去世。参见延伸阅读。据我计算，当时的赛程大概有 800 米。我的估算依据是瑞士总领馆的利益代表艾格先生准备的一张集中营的详细地图。他住在青岛。战争期间，艾格先生也是国际红十字会的代表。艾格先生到访过集中营好几次，给我们带来了红十字会的安慰金和物资。被关押者可以签署一张期票承诺战后还钱，这样就可以申请得到一笔安慰金。地图的复印件由布拉德伯里家收藏。艾格先生还在 1943 年签发了保管收据，信笺抬头是上海瑞士领事馆，保管对象是我母亲带到集中营里的私人珠宝和我们青岛房屋的地契。瑞士政府从 1941 年下半年承诺代表英国公民在中国沦陷区的利益。收据由库克家族收藏。

另一个我认识的但没能活到解放的人是亚历山大·马里内利斯（Alex Marinellis）。就在解放前的几天，他在树上锯生火用的树枝时掉下来摔死了，我亲眼看见的。他只有 21 岁。

周六晚上我们在食堂跳舞，有专门的乐队伴奏。集中营里晚上十点熄灯，所以我们每次都觉得舞会结束得太早。营地里还有一些非洲裔美国乐手，他们也可以演奏舞曲。救世军成员也有一个乐队，他们定期在教堂礼拜和唱诗的时候演奏。

救世军成员善于给人们鼓劲儿加油。他们为孩子们组织各种活动，走访病人，鼓励有兴趣的人们学习演奏乐器。柯喜乐牧师那时还是个中学生，就是跟他们学会了吹长号①，后来还在音乐会上表演。

集中营里有一对荷兰夫妇，因为宗教信仰而被称作“圣辊”（holy rollers）。这一教派的成员一边祈祷一边在地上打滚，以此来宣告自己对宗教的热情。我从住所能看见他们定期祈祷。

我们把负责我们片区的日军军士称为“不行氏”。因为无论问他什么，他都说“不行的”，意思是“不能做”。我们称另一个总跟我们耍滑头的卫兵为“狡猾的山姆”，还把一个大块头的卫兵叫作“金刚”。

山田（Yumada）大尉是集中营的一名指挥官，他养了一头母山羊，供他自己或许别的日军军官喝羊奶。有一天，这头母山羊不知怎么逛悠到了营友区，立刻就被营友们捉住把奶挤光了。我母亲也试了一试，未果。但是那天我们喝的茶里还是加了奶，我不记得奶是哪儿来的，只记得那天的茶好喝。那只山羊后来再也没有来过，而一大群女士追着山羊挤奶的画面却永远地留在了我的记忆里。那时颇觉滑稽可笑，今天回想不免心酸。

集中营里最早没有意大利俘虏，但是随着战争接近尾声，德国即将战败，意大利向同盟国投降以后，有很多意大利人被关了进来。集中营里有少数几个俄国人。我母亲的俄国籍弟弟鲍里斯和他的妻子娜塔莉（Natalie）在

① 参见延伸阅读。

战时住在大连和上海，也是沦陷区。那时鲍里斯为加利福尼亚得克萨斯石油公司工作。

集中营里的唯一宠物是一只毛茸茸的小狗，我不知道范·迪特马尔斯（van Ditmars）这位荷兰女士是怎样做到的，但她的小狗得以陪她一直待在集中营里。范·迪特马尔斯夫人没有家人陪伴，我猜日本人因此才同意她留下小狗做伴儿。这只小狗在集中营里得到的关注可想而知，而且营友里有一位兽医，所以小狗总是处于最佳的健康状态。

每天早上七点和傍晚，所有人都要站到房间外面，穿着卡其色军装的士兵拿着步枪指着我们，清点人数。被抢指着是很可怕的体验，因为不知道什么时候枪会走火。我们被迫接受了这一常规程序，可是有时候他们还要突袭清点人数，在凌晨一两点或三点砸门把大家叫起来。不论雨雪还是冰雹天气，不论是老人还是怀抱里的婴儿，所有人都要到户外去排队站着，被步枪指着直到清点完人数。集中营围墙上哨所和岗楼里的机关枪和探照灯一直对准站在院子的人群。直到今天，围墙上的岗楼还在那里，用来架设电缆的绝缘设施也还在。

半夜突袭清查人数其实事出有因：有一天晚上，睡在男生宿舍的一个单身汉半夜爬上钟楼，敲响了钟。此举据说是着了其同伴的激将法。我知道他们已经商定要在战争结束的那一刻敲响钟楼上的钟，但是战争还没结束钟就响了。集中营里的钟是从乐道院遗留下来的，正常情况下，敲钟是通知大家热水烧好了。这个单身汉的即兴敲钟行为使得日本人惊慌失措，也带来了另外一个后果。作为惩罚，日军故意在夜半时分清查人数，而且查起来永无休止。

还有一件事也曾经使日军大为恼火。两个营友——恒安石[①]和英国人狄

---

① 1981 年 8 月 9 日《亚特兰大宪法报》（*The Atlanta Journal and Constitution*）的文章，第 22A 页。一份家庭资料。布拉德伯里家藏。恒安石出生于中国，父母是美国传教士。珍珠港事件发生时他在北京的一所学校教书。出逃之后，恒安石和狄兰加入了中国的抗日游击队。狄兰是一家烟草公司的经理。雷震远神父在《内在的敌人》一书中大概介绍了为出逃所做的准备。2000 年 3 月，恒安石先生在一次私人对话中证实了出逃的日期以及他与狄兰出逃后一直到集中营解放前的活动。

兰[①]（Laurie Tipton）在1944年6月初成功越狱，且再未被抓回来。在雷震远神父的鼎力相助下[②]，他们筹划了一年多的时间，中间因为日军巡逻、满月（月光太亮）或是其他条件不成熟被搁置过几次。终于有一天晚上万事俱备，两个人远走高飞。我当时并不了解他们出逃的任何细节，但是清晰地记得在我们解放后不久，他们回到集中营时的情形。

恒安石先生和狄兰先生回到集中营的那一刻，营友们把他们举过肩头，热烈欢迎英雄凯旋。他们出逃的故事令我着迷：为了出逃，他们把本就晒黑的脸庞抹得更黑，穿上中式长袍，装扮成中国人。逃出集中营后，他们按照安排见到了中国国民党游击队员，并被迅速转移藏匿起来。他们出逃的目的是与大后方的重庆国民党政府取得联系，向西方的同盟国通报集中营里日趋艰难的生存条件。因为大家都知道同盟国并不了解潍县集中营里侨民的苦境。恒安石先生和狄兰先生给我们讲述他们如何通过无线电与在重庆的军方对话，重庆当时也是同盟国寻求解放中国、打败日本的武装总部所在地。显然，他们的情报引起了美国当局对集中营里恶劣条件的关注和担忧，因为美军在战争结束后的第三天就来解救了我们。如此迅速获救，对我们来说犹如死里逃生。因为日本人总是跟我们说不管日本战胜还是战败，我们都会被处死。

我一直都暗自担心会被枪杀，深信如果日本本土或是我们所处的中国地区遭到同盟国的入侵，日军会毫不留情地射杀我们。事实是日本突然投降，我们最终活了下来。集中营墙上的机关枪枪口一直对着我们，让我时时感到恐惧。日军威胁说，如果哪一天战争的局势对日本不利，他们就开枪把我们都杀死。记得有一次我对母亲说："我想他们这次要杀死我们了。"我当时心里想着："我还年轻，在死之前还有很多事想要做，现在来不及了。"幸运的是，日军最终没有开枪。我并不认为日军的威胁只是随口说

---

① 参见延伸阅读。

② 最初拟定的两名逃亡者是狄兰和雷震远神父。一位年轻的牧师告诉雷震远，他应该留在营地，因为他是营地最好的情报收集操作员。雷震远的位置就被恒安石占据了，他自愿承担这项工作。

说，现在也不这样认为。当你被人拿枪指着的时候，你听到什么，就会相信什么。

从 1944 年 6 月到 1945 年 8 月 17 日集中营解放，恒安石先生和狄兰先生与中国国民党军队一起在山东作战。他们定期利用雷震远神父的情报系统与其联系，给我们带来战争的消息，把急需的药品藏在红十字会的包裹里偷运进来。

他们出逃的故事还有一个精彩细节：为了掩护他们出逃，在清点人数的时候，营友们汇报说他们在厕所里。后来为了避免日军报复，在他们逃跑后的第二天，集中营委员会主动向日军通报他们失踪了。他们逃跑后，我们的食物配给被中断了一两天。

从那时起，日军格外警觉。为了防止营友出逃，他们禁止任何人在天黑以后离开房间。有一天晚上，我那上了年纪的爱德华（Edward）叔叔出去上厕所，被一个暴怒的日本兵拦住了。日本兵用枪顶着他的肚子，用日语厉声质问他要去哪里。爱德华不记得日语的厕所怎么说，紧张得要命，想着就要挨枪子儿了。他知道日语里的厕所跟英语里一种弦乐器的发音很像，脑子里迅速闪过吉他、尤克里里，终于想起了班卓琴（Banjo），日语里厕所的发音是 Benjo。在集中营里，我们与日本人交流的通用语言是汉语，但是他们希望我们懂一点儿日语。

上厕所还会带来其他危险：凯莫伦（Keymolen）是一位年轻的神父，不幸背部畸形。有一天晚上去厕所的时候，他掉进了粪坑里，自己爬不出来，只得大声呼叫。营友们后来常常拿这件事开他的玩笑。

营地里滋生着各种各样的害虫：老鼠、臭虫、蝎子和蚊子。我不记得见过苍蝇，但一定是有的，因为我记得那匹死马肉上的蛆虫。我们花了大量的时间来制作和安装陷阱以消灭这些害虫，集中营的年轻人甚至展开竞赛，给捉老鼠最多的人发奖。奖品是 12 个走私的鸡蛋。不幸的是，获胜者煮鸡蛋的时候发现 1 个鸡蛋是坏的，其余 11 个也是如此。

集中营里有一座石头教堂，营友们在教堂里聊天、学习、娱乐，我们也在那里举办业余音乐会，演出戏剧。我记得自己还在音乐会上独唱，歌曲的名字叫作《爸爸不给我买狗》。莉蒂夏·梅特卡夫（Letitia Metcalfe）和我一起演唱了《雨中的九月》。那场音乐会由莉蒂夏的继父杰拉德·托马斯（Gerald Thomas）编写、制作。他是一个天津商人，以“托马斯教授和他的学生”自居。

每个礼拜天，教堂里都会举行各个教派的宗教仪式：有天主教的、英国圣公会的，也有其他教派的。我参加天主教礼拜仪式的唱诗班，大多数人也参加其他教派的礼拜，不同宗教派别的牧师也参加其他派别的礼拜。有一个英国圣公会的牧师经常在天主教的礼拜仪式上坐在后排织围巾。有一次我问他：“您在这里做什么？”他说：“哦，所有的礼拜仪式我都参加的。”

营友们的宗教信仰五花八门：基督教、犹太教、佛教、无神论……如果集中营里的被关押者们建起一所神学院的话，那么这个学院的神学教授们会是那个时候世界上最杰出的教师群体。

我们共同生活，彼此帮助。教堂里的各个教派相互融合，没有人感觉不妥。毕竟我们每天都在一起，所以自然而然做礼拜也在一起。教堂和食堂白天用作教室，但是食堂在午餐的时候要被腾出来。

我有男朋友，但是都不长久，不是他们厌倦了我，就是我厌倦了他们。集中营里的年轻人很多，我喜欢那些有趣有个性的。我不记得交往过多少个男朋友，但是我觉得我没有真正爱上任何一个。有人喜欢自己并且也愿意和你坐在一起聊天的感觉很好。我不知道有没有毒品，十几岁的女孩也不许碰酒，每一个人都会警告我们女孩喝了酒会遭遇什么。性是我们从来没有想过的事情。尤其对于接受教会教育的女孩来说，这是我们的训练和教养。

临近 1945 年下半年，我开始放弃离开集中营、摆脱这种单调生活的信念。日本卫兵似乎从不担心这场战争的走向，对我们一如既往地严密看管。每天清点人数，时不时在半夜突袭清点。我猜大家已经接受了这样的生活状态，重获自由只不过是幻想而已。我在集中营里能想到的最重要的事情就是吃一顿大餐，做自己喜欢做的事（当然不能出格）[①]。

① 如果读者们想要了解从另一个角度看到的潍县，在阅读下一章之前请参考阅读第十四章“另一角度看潍县”。这是另一位女士眼中的潍县集中营，她在 1943 年被遣送回美国。这一章包括 1943 年 12 月提交给美国国务院的一份报告的节选。

第六章　解放

那是一个将永远留在我记忆里的清晨，我听见飞机引擎的声音，同时听见老爸大声喊我母亲："薇拉，薇拉，快来看，快来看，他们在空投什么东西。"

我们跑出房间，看见头顶有一架飞机在盘旋，飞得比以往见到的飞机都要低，令人惊奇。虽然我们以前看见过飞机，但只不过是些高空中的小斑点，从未如此近距离见过飞机。

1945 年 8 月 17 日，潍县天气晴朗。从低空飞行的飞机上，我突然看见有东西落下来，随后降落伞打开了[①]。我父亲大声喊："哦，看呐！他们在给我们空投食物还是什么的。"我们惊奇地注视着这一切。接着老爸又说："那些东西在动，看那些腿，是人！"

那一刻我们都意识到，眼前正在发生重大的事件，于是我们跑过教堂，跑向集中营的大门。很多人都跑出了大门，但我没有。坦白说，我害怕门口的日本卫兵。卫兵们站在他们的岗位上，也在看那些降落伞。他们似乎惊呆了，完全被吓住了，很多年轻人从他们身边跑过去，他们也没有阻止。每一个人都在喊："发生了什么事？发生了什么事？"

那些伞兵就降落在集中营大院的外面，我飞奔过去看个究竟。在大门口，那些身着制服、全副武装的伞兵被人们举过肩头扛进集中营。在伞兵们被抬到大门口的时候，我意识到他们是美国人。一个名叫塔德（Tad Nagaki）的日裔美国士兵走向一脸困惑的守门的卫兵，在他的背上拍了一

① 第一批伞兵落地的时间是 1945 年 8 月 17 日上午 10:15。这一时间也被一个伞兵记在了我的签名薄上。所有第一批到来的伞兵都给我签了名。布拉德伯里家藏。

下说：“喏，你以为你们的长崎怎么样了？”[①]

日本卫兵站在那里，目瞪口呆。他的反应可以理解，因为我们当时对在长崎发生的事情一无所知（长崎是1945年8月被美国投放原子弹轰炸的两个城市之一）。我现在也不知道当时被问的士兵对长崎原子弹爆炸是否有所耳闻。

一队美军在少校斯坦利·施泰格[②]（Stanley Staiger）的带领下，从营地大门走向日军军官营房。一些日本卫兵跑向军官营房但是没有试图阻止美军，守门的卫兵也离开了岗位。当集中营的囚犯们意识到他们的监禁即将结束时，全都骚动起来，群情激昂，无比兴奋。

在军官营区，施泰格少校由两个日本卫兵引领去见集中营的指挥官，后者很快就向施泰格少校交出了他的佩剑[③]。

集中营上空，运载美军伞兵的B-24轰炸机仍在低空盘旋，我们甚至能看清楚它的名字——“武装天使”，机身上还画着一个穿着上下三点式服装的性感美女。日军指挥官投降后不久，飞机上投放了一个金属盒子，里面装着伞兵们的供给。不久之后，另有美军飞机运来更多的盒子[④]，盒子里还附

---

① 现在回想起来，日本其实早就大势已去。在广岛和长崎投掷原子弹突然地令人意外地终止了日军继续负隅顽抗可能带来的大量伤亡。我相信，投放原子弹是为了快速地结束战争，以挽救包括我们这些在集中营的人在内的很多人的生命。

② 伞兵中有美国陆军中尉詹姆斯·杰斯·汉农（James Jess Hannon）。汉农在美国伞兵团服役，战争期间在意大利的安齐奥被俘。他作为德国的俘虏先后被关押在五个集中营。最后他从波兰的集中营逃到了罗马尼亚，在那里他被美国空军救了出来。他随后被任命为情报官员，并被派往中国驻昆明的美国特种部队。伞兵们从西安机场出发，汉农在着陆时受了伤，不得不到营地的医院接受治疗。在一封信中，他描述了自己的经历：“潍县集中营和营友们的条件与我所经历的是不能比的。他们很幸运，因为他们显然不知道在德国和日本控制区的集中营里营友们经历了怎样的难以名状的恐惧。我们大多数人（美国飞行员）都曾在集中营里待过几天。”来自詹姆斯·杰斯·汉农的信，加利福尼亚州亚卡谷，1998年2月17日。家庭资料。布拉德伯里家藏。2000年2月，汉农接受采访时说起他根据自己的经历写了一个电影剧本，正在与制片人讨论是否可以拍成电影，参见《联合报》2000年2月21日。

③ 集中营日军的反应表明，他们是接受了上级的命令，了解盟军要解放集中营，所以会迅速投降。集中营里后来有人说，集中营委员会的领导已经知道日本人要投降。

④ 随盟军第一批空投的箱子一起来的是以“盟军战俘”为抬头的传单，上面写着：“日本政府已经投降。你们将会由盟国武装力量安排尽快撤离。”“在那之前，你们的补给将通过空投美国的食物、衣服和药品来增加。第一批上述物品将会在一两个小时以内运到。”“衣服将会以50人标准包或500人标准包的形式投递。”传单接下来列出了将要运达的衣物、药品和食物。后来空运物资的飞机来自远至冲绳、塞班和关岛地区。用于空投的飞机包括“超级堡垒”B-29。家庭资料。布拉德伯里家藏。

上了警告我们不能过于饱食的传单。

我们兴奋地扑到那些盒子上面，发现里面装满了好东西：成箱的罐头、衣物、医疗物资、洗漱用品……我现在记不起来那些日本军官和卫兵怎么样了，遭遇了什么，反正他们不见了。我当然并不关心他们，甚至也没有想到过他们。假如他们真的遭遇了什么不幸，我应该会知道的。

解放的第一天我们吃的是配给的食物，但是从那以后，我们吃得很好。我们的第一顿大餐包括面包、黄油、奶酪、果酱等一大堆东西，完全没有理会美军“不能过于饱食”的警告。事实上，我们并没能吃很多，长期的饥饿已经使我们的胃缩小了。所以，我自己的那份大餐吃了两天才吃完，但是我们那时不肯浪费一丁点儿食物，总是把剩下的东西留到下一顿吃。又过了些日子，有卡车运来了更多的美军士兵，他们帮助管理集中营，一切都井然有序。那些士兵一定是专业的技术人员，他们把所有的东西都修好了，甚至热水都能充足供应。

有一次，我正准备向士兵们献吻表示欢迎的时候，一个士兵说：“等一下，等一下，你涂上口红吧，我要给我的朋友们看。”我说我没有口红，他说他有。他拿出了两支口红给我，我涂上了，并在他的两颊印上了醒目的唇印，他开心地去找朋友们炫耀去了。我把口红给了妈妈，我自己在二十岁前不涂口红。

一天早上，集中营大喇叭里传来《哦，美好的早晨》这首歌，把我们吵醒了，也让我们真实地感受到我们获得了解放。从那以后，这首歌就像一个信号，每天提醒我们重获了自由。那动听的歌曲、美好的感觉，令人终生难忘。集中营的喇叭在后来的日子里一直播放这首歌，还有舞台音乐剧《俄克拉荷马》中的歌曲，我永远都会记得。

在这段时间里，我和乔丽卡·巴利安茨弄到了一些降落伞上的布料，是纯真丝的，还非常结实。她给我做了一红一白两件衬衫和一条红色半裙。集中营的那架便携式缝纫机我母亲以前用过，她把一条旧裙子改了，给我做了上衣和短裤。

解放后，每一家都分到了飞机空投下来的成箱的罐头，什么都是现成的，人们不需要再做饭了。奶酪、黄油、果酱、咸牛肉、口条、世棒午餐肉（一个午餐肉罐头品牌）、小香肠，全部包装在卡其绿色的罐头里，还有一种被美军士兵叫作“狗饼干”的小甜饼。美军送来的食物包裹里应有尽有，连小开罐器都配好了。随食物包裹而来的还有大量的香烟，所以妈妈又开始抽烟，我推测老爸也抽了。

《悉尼先锋晨报》向澳大利亚民众报道二战结束。内附我的写有“B”的臂带——“B”代表英国

美军到来不久后就竖起了一块新闻播报板，每天发布新闻，主要是给美军看的。他们播报棒球比赛结果和电影明星新闻。我抄了一些文章，这些文章向我揭示了一个我不了解的世界。这些新闻报道[①]我都还留存着。集中营有了收音机后[②]，我们经常听新闻广播。老爸是集中营新闻委员会成员，因为他在战前是路透社新闻供稿人。他负责制作贴在播报板上的新闻传单。

大人们要参加美军军官主持的会议，在会上被告知安排我们回家的工作进展。军官们让我们耐心等待，因为这些安排需要时间，我们家等了两个月。美国侨民是第一批离开的，我知道他们中有些人拒绝返回美国，因为他们的家在中国，他们想留在中国。而对我和家人来说，我所知道的唯一的家在青岛，我们要回青岛。在等待的日子里，我并没有因为想回家而变得焦虑，因为那时集中营的日子开始变得愉快起来。被拖出去露天站着点名的日子也一去不复返了。每个周六晚上都有舞会，可以和美军士兵跳舞。

① 家庭资料。布拉德伯里家藏。
② 收音机由美国人提供。

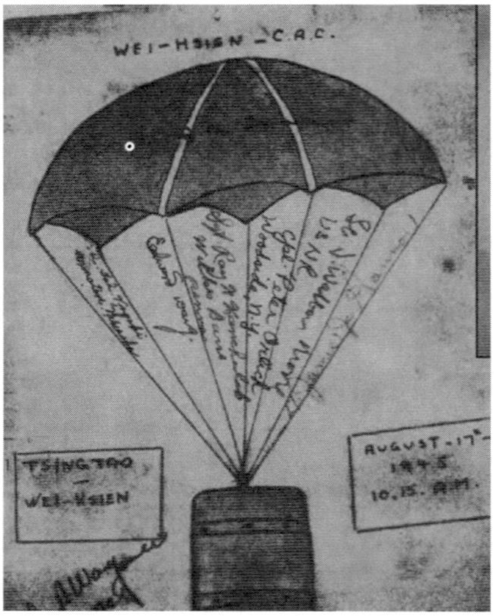

我在签名簿上画的降落伞，所有美国伞兵都在上面签了名

他们体魄强健，彬彬有礼，很有教养。所有的人都爱他们，理所当然地把他们视作我们的救命恩人。

因为和美军士兵跳舞，我和男友布莱恩·克拉克（Brian Clark，1923~1988）不出意外地闹翻了，他再没有跟我说过话。战后，布莱恩[①]先后在英国、瑞典、印度、巴西、阿根廷和加拿大工作，最后不幸因癌症在加拿大病逝。

解放后我也没有离开营地去附近地区探访。据我所知，附近只有绵延数英里的旷野和农田，没有什么值得一看。年龄小的孩子们还要上学，而我已经高中毕业了，所以要完成集中营委员会给我指定的工作。人们的精神面貌与以前大不相同。我们整天听着音乐，随时可以洗热水澡，就算到了晚上也可以自由活动、看望朋友。最重要的是食物充足。美军定期送食物来，中国人送来新鲜蔬菜。我们仍然没有大米吃，我真是百思不得其解。

因为没有行李箱，我们攒了一些美军装食物的纸板箱，把我们仅有的家当装起来带回了青岛。我们真的没什么家当了。我只有几件营地的纪念品，最宝贵的是一份签名册，上面是美军伞兵和许多集中营营友的亲笔签名[②]。

---

① 讣告上说布莱恩·哈里·托马斯·克拉克（Brian Harry Thomas Clark）生于上海，于1988年6月2日在北温哥华去世。布拉德伯里家藏。

② 集中营纪念品。布拉德伯里家藏。

第七章　回到青岛

轮到我们回家的时候，我们把破旧的床具留在了集中营。对于回家的火车之旅，我并没有很多记忆。到达青岛之后，我们坐着美军的卡车到了东海国际饭店，在那里受到了皇室般的待遇。

午餐丰盛，餐桌上铺着白色亚麻桌布，摆放着精美的银器，还有穿着白色长衫的仆人侍候。奇怪的是，我只记得那是一顿美好的午餐，却不记得当时吃了什么。白色的盘子、白色的餐巾、白色的洗手盅等，被招待得太好了！

隆重的欢迎午宴后，我们下楼来到宾馆大厅。大厅里坐着一些美军军官，他们把我们的名字做了标记，并问我们是否需要住宿。老爸说我们要和一个朋友——弗雷迪·让斯布热（Freddie Gensburger）还有他的父亲住在一起，他们的房子就在我们位于太平角的家对面。弗雷迪是法国人，而法国在战争中也遭到了德国入侵，但他却没有被关进集中营①。他是一个眼镜商人，弹得一手好钢琴，我弹钢琴就是跟他学的。

我的父母急切地想要知道在我们离开的日子里房子怎么样了，当然他们首先要检查的就是藏珠宝的那个嵌入式壁橱。母亲的珠宝安然无恙，我直到今天还保留着其中的一些。我们发现日军的军官曾经住过我们的房子，他们把房子弄得乱七八糟。所有的家具都没了，浴盆被挪到院子当中，里面灌满了水，甚至长出了藻类。这个浴盆曾被用于饮马。直到房子打扫和粉刷之后，我们才能住进去。我不知道清洁和粉刷工作是谁完成的，也不知道是谁付的钱。

① 1944年6月的集中营营友名单显示，德军占领下的荷兰、比利时和波兰等都有国民被关押在潍县。

在此期间，我们离开了让斯布热家，去和我舅舅安德烈住在一起。我父母和安德烈舅舅之间有一些不愉快。我记得母亲用俄语跟他大吵了一架，因为他把我的娃娃屋、娃娃和我们的宠物狗——萨利擅自处理掉了。我们重新要回了我们的狗，虽然她被重新命名为“穆策”。我母亲一生都没有原谅她弟弟的行为，在她的余生里，一直在提醒他有关他所做的这件事。

安德烈舅舅的妻子——奥尔加（Olga）是个美丽的女人。有一次他们房子外面的灯需要换灯泡，而当时没有透明的无色灯泡可换，于是奥尔加舅妈就找了一个红色的灯泡替换坏了的那个。后来有一天她对我父亲说，美国兵都来敲她家的门，不知道是怎么回事。老爸看见了她的红灯，对她说：“等等，实际上是你把那些美国兵招来的，结果人家来了才发现地方不对。”我们那时不懂红灯的含义，老爸显然是明白的。他把红灯泡换下来，美国兵就不再来敲门了。现在我知道红灯暗指妓院。

日本人把从很多人家弄来的上等家具据为己有，要运回日本去。但是因为青岛到日本的海运运力短缺，那些家具一直存放在青岛码头的仓库，还没有被运走。当地的房主们被邀请去仓库里寻找自家的家具，我父母在那里找到了我们家的卧房组合家具、前廊的藤条组合家具，还有我的绿色梳妆台，把它们一起带回了家。那些仓库里的很多物资都没有人认领，因为我们缺少家具，老爸后来又被邀请去挑选了几件，就这样家具算是又添置齐了。

在青岛，我们得到了红十字会的物资援助。我们可以去他们的商店挑选来自美国的好的旧衣服。我还领到了一张卡片，授权我可以穿美军军服[①]。我们搬回原来的房子，重新开始生活，两个阿妈——娘娘和大娘来看望我们，妈妈又雇用了她们。家里新雇了一个厨子，因为战前一直担任我们厨子的老张因肺结核去世了。我们还雇了一个人打理房子和花园。

生活似乎跟战前没有区别，但是实际上不一样了。人与人之间似乎多

① 家庭文件。布拉德伯里家藏。

了一些平等，特别是主仆之间。妈妈也改变了她一贯的态度，比如她有时会去厨房帮忙。

1945 年 10 月 25 日，驻青岛日军的投降仪式在青岛赛马场举行。我们出席了仪式，亲眼见证了美军将军莱缪尔·谢泼德（Leumel Shepherd）接过了日军的投降书。仪式上有很多美国士兵，包括美国海军陆战队第六师士兵，以及很多美国海军人士。我弟弟艾迪当时还站在美军坦克上照了一张照片。投降仪式过后，我们就再也没见过日军士兵，我也从未想念过他们。

怡和洋行上海总部让老爸重新管理在青岛的办公室，洋行也渐渐开始盈利。我那时已经不再是个孩子了，我想要找份工作。虽然我可以每分钟速记 60 个单词，但我不是一个熟练的打字员。青岛国际俱乐部当时已由美国红十字会接管，父亲告诉我那里有一个职位空缺，需要一位办公室文员。

我去应聘，被录用了，在信息部做接待员。这个工作让我很开心，因为当时的国际俱乐部是美军的娱乐中心。过了一段时间，我得到了唱片室的工作，那里收藏有大量的留声机唱片。我的工作内容非常简单，只需要把唱片交给想要播放它们的军人就可以。

又过了一段时间，有人问我是否愿意参演一个名叫“相亲”的节目。听起来很有趣，于是我就参加了。在节目里，红十字会的女工作人员站在一个舞台上，有屏风把节目参与者隔开。参与者与屏风后的工作人员展开问答，然后选出一个女工作人员带她外出吃饭。问的问题一般是关于我们爱吃什么——我觉得，这是最精彩的部分——我们最喜爱的电影演员等一般问题。

有一次我在节目中对一个军人的问题有些烦了。他本应该问我一些普通的问题，我爱吃的食物、喜欢的影星等，但是他却一个劲儿地打听我的个人情况。最后，这些问题让我很恼火，我终于忍不住了，大声问他：“请说重点， 你想从我这里得到什么？”令我吃惊的是，我的反应引来了全场轰动，有人吹起口哨，有人笑到跺脚。我自己完全摸不清头脑，极为尴尬。节目后我去找比尔·库尼（Bill Cooney）下士问个究竟。比尔那时 30 多岁，

在美国红十字会工作的间隙，
1946，青岛

已婚，他是克莱门特（Clements）将军的司机，还是我父母的朋友。我问他："我做错什么了？"他抱了抱我说："你真是太可爱了！"

我的晚餐约会对象有海军士兵、水手和陆军士兵，几乎所有的约会对象都点牛排，所以我的印象是美国人爱吃牛排。当然也可能是因为美军的菜单上很少有牛排，而牛排在中国相对便宜些。但我更喜欢海鲜，所以总是点海鲜。

几乎所有的美军都是年轻人，都很想家，没有人想待在中国。大多数人的钱包里都有他们女朋友的照片，也会给我看。我发现他们非常渴望有女性陪伴，只是聊聊天就可以。他们谈论的话题多是家人，也会设想回到美国后的生活。和他们一起吃饭是非常有趣的经历，我喜欢食物，也喜欢和他们在一起，因而越发地喜欢这样的经历。我还发现多数美国人都很健谈。

红十字会还举行选美比赛——也很有趣，用的是美军士兵提供的他们各自女朋友的照片。获奖的照片会被贴到告示牌上展示，女朋友获奖的士兵则会得意洋洋，我的照片从来没有上过墙。到访者和工作人员（包括我）共同负责比赛当天的评选工作。

娱乐中心管理有序，男人们的行为都很得体。管理该中心的是美国红十字会的女士们，她们定期轮换回国。许多回国的女士们在离开的时候都会把她们的平民服装送给我。红十字会的这些女士们在工作中穿的是漂亮的制服，因而她们的平民服装几乎不怎么穿。她们的制服是一条深灰色的裙子，上面有红十字徽章，肩膀上有肩章，袖子上有代表她们军衔的条纹，有时配戴领带，有时佩戴红色小缎带。

我在娱乐中心工作得很快乐：薪水好，还有时尚的衣服穿。我瘦，可以穿得下美国红十字会的女士送我的衣服。她们的衣服在我看来是最时尚的，而她们怜悯我曾经受过囚禁，偶尔还送我丝袜作为礼物。

我母亲对美军士兵很关照，欢迎他们来我家，总是为他们准备好家宴，还有人倾听他们的心声。有一个名叫内森·格林伯格（Nathan Greenberg）的海军陆战队中士，来自新奥尔良，二十一二岁的样子。他是个好人，经常来我们家，教我盲打。他用的是父亲的路透社打字机。多亏了他的帮助，我才能成为合格的打字员，后来当上了速记员。

有一天，我和母亲在青岛的一条大街正走着，一队运送美国海军和海军陆战队士兵的卡车从我们身边经过。我当时穿着短裤，吸引了他们的视线。他们朝我们吹口哨，有几个甚至跳下来走向我们，大声嚷嚷着要和我约会。我和母亲吓了一跳，赶紧走开躲到了附近的我朋友雅图沙（Zartousha）家里。我跟她借了一条半裙回了家。从那以后，我在青岛再也没有穿短裤上街。

另外一次，也是唯一一次，我是真的被一个美国军人吓坏了。他是我遇到的一个美国海军少尉，后来我邀请过他到家里来。他看上去是个好人，邀请我去参加在东海饭店举办的军官舞会。军官舞会每周六都有，舞会上有美军乐团伴奏。莱利（Riley）少尉开着吉普车来接我，舞会后他邀请我去他的房间喝点东西。我天真地去了，喝了一杯饮料。他开始不停地对我动手动脚，我从窗户跳了出去，跑了半个街区，跑到了安德烈舅舅家，他开车把我送回了家。

我在红十字会工作了大概六个月，美军开始撤回，红十字会中心也关闭了。那一天我很难过，因为在那儿的工作令我无比快乐。一个经常到我们家来的美国军人向我建议去应聘美国海军码头设备处的打字员工作。

我去了他们的办公室应聘，得到了一份工作，被指派给戈登·勒罗伊·约翰逊（Gordon LeRoy Johnson）中尉做秘书。戈登是一名陆勤，因为他晕船。他的工作是确保所有来访的船只都得到补给：衣服、食物和其他物品等。每艘船上都有军人服务社（post exchange，类似于商店），戈登要确保这些服务社供应充足。我的工作是打印所需物品清单。每一次船只到港都要重新补给，总是会短缺某些物资。戈登带我登上停靠在青岛港口里的美国军舰，处理这些商店的补给工作。

戈登后来成了我的男友，被我的家人叫作“五点以后的戈登”因为在工作中我必须称呼他为约翰逊先生，而五点以后可以叫他戈登。尽管我被认为是他的女朋友，他还是在办公室里保留着他美国女友的照片。我去办公室上班的时候，他就把那张照片对着墙壁。做戈登的女朋友意味着稳定的约会对象、跳舞、看电影、吃饭，生活多了很多乐趣。

我母亲喜欢戈登，但是我知道这段关系并不是认真的，尽管戈登还给我写过诗。他曾经写过一个年轻人的幻想在春天变成了爱情，但是我读不懂，于是去问父亲这首诗的含义，在我看来那首诗实在是浪漫极了，我觉得非常幸福。我现在知道了那首诗并不是戈登的原创，他只是引用了阿尔弗雷德·丁尼生（Alfred Lord Tennyson）的诗句：“春天里，年轻人的幻想很快就变成了爱情的念头。”

戈登被调回美国之后给我寄来过一个包裹，里面有尼龙长袜、发带、一双鞋和一些发夹。我们的通信在我第一次到达澳洲后不久就停止了。

大约五年之后，我在新加坡意外地遇到了戈登。有一天在街头，我听见了熟悉的大声打哈欠的声音，立刻想起了戈登。我转过身，在他看见我之前看见了他，而他并没有认出我。我说：“还记得我吗？”他说：“让我想想，让我想想。曼谷？”他说了好几个亚洲的城市，但是没有青岛。当我提起青岛的时候，他恍然大悟，把头朝后一仰说：“天哪，我还留着你到澳洲后寄给我的你手工织的毛衣呢！”戈登说他为美国政府工作。我跟着他和他的上司去了他们的宾馆，他拿出了我给他织的那件V领毛衣，他说那件毛衣温暖舒适，走到哪里他都带着。他结婚了，有两个孩子，很幸福。他最终的结婚对象不是他的美国恋人，而是一个法国女人。他请我出去吃饭，自那以后，我再也没有见过他，也没有再听到他的任何消息。

就我所知，至少有两个在青岛的俄国女孩嫁给了美国军人，跟着他们

“五点以后的戈登”和我，新加坡，20世纪50年代初

的丈夫去了美国。其中一个过了一两年就回来了。我听朋友说，那个俄国女孩本以为年长她二十岁的丈夫是个有钱人，但是到了美国之后她发现那个男人很穷，他的父母也并不欢迎她，所以她离开他回到了青岛。另外一个俄国女孩是一位优秀的钢琴家，她结婚之后去了美国。她发现她的丈夫住在山里。我听说她称她的丈夫为“山民比利”，对他家的生活方式很是失望。她被困在山里，漂亮的衣服也没有场合穿，所以最终她也离开美国回到了青岛。

有许多青岛的中国女孩有了美国人的孩子，有一些甚至在结婚的当天被她们的“丈夫”撇下，独自留在教堂圣坛前面，因为与她们订婚的军人乘坐的美军军舰当天就要离港。有一些女孩已经做好了婚纱，也被抛弃了。我认识好多个青岛女孩，因为种种原因，拒绝了美国军人的求婚。

我只被求过一次婚。求婚者是一个应征入伍的水手，他说他疯狂地爱着我，想让我成为他的妻子和他一起去美国。他经常到我家来看我，我家离市中心有几英里的距离。因为他没有摩托车，所以总是租一匹高大的白马，像中世纪的骑士那样骑着白马来见我，不过他没有穿闪光的铠甲，而是穿着水手的制服。有一天，他带来了一个大的方形的纯银戒指，上面有几个汉字，他说那是我的名字。

我收下了那枚戒指，因为我喜欢那枚戒指的样式，戴着好玩儿。当我告诉我母亲的时候，她禁止我跟他结婚。她说：“你不能嫁给他，你不知道他的家庭背景。你还小，只有17岁，还不到考虑结婚的年龄。”我后来告诉勇敢的水手我不能嫁给他，但我留下了戒指，在离开中国的时候把戒指送给了阿妈的女儿。

1946 年的中国，有越来越多的迹象表明中国共产党在各地接管了政权。有一天，父亲说："中国共产党掌权以后，我们必须得离开。他们不欢迎英国人和美国人，会把我们赶走的。"

那年年初，联合国善后救济总署（UNRRA）的一位代表住在我家，他的工作是了解欧洲和其他外国家庭在中国的生存状况。他知道我们必须离开，建议我们去澳大利亚，他说："澳大利亚很远，远到可以让你们远离战争。"老爸对妈妈说："你带着孩子们先去度假，考察一下，也许我们可以去那里居住。"就这样，我们在 1946 年 11 月启程去悉尼。因为是去度假，所以我们除了日常衣物并没有带很多的财物。我把集中营的纪念品装进了行李箱，我那时一定是预感到了什么。

第八章　初到悉尼

一到悉尼，我们就收到了老爸的电报，他让我们待在悉尼，因为他也会加入我们。战后房屋长期短缺，我们在悉尼找住所的时候遇到了困难。我们发现房主们不喜欢租客里有儿童，因为从法律上来讲，一旦租客产生麻烦，驱逐有儿童的租户会很困难。

我们设法在悉尼大学附近破旧区域的“森林旅馆”租了一间房。老爸到了悉尼之后，我们又租住到别处，最后在西莱德租到了一套房子。不幸的是，老爸没能把妈妈想要的青岛的家当带来。比如说我们那套 1835 年的餐具，他只带了其中的刀具，其他的都留下了。他还带了一些妈妈认为并不适合的东西。

老爸从青岛带来了足够买房的钱，我们很快看中了西莱德维多利亚路 1165 号的一幢大砖房，距离悉尼的中心商业区大概 11 英里（18 公里）。但是付了房款成为合法房主之后，他发现前房主的租户拒绝离开。打官司打了三年，那个租户才搬了出去。在那三年里，我们只能住在附近的狭小的住处，十分沮丧。

老爸那时年近五十，找工作有些困难。他曾经尝试做进口贸易，但是因为不了解本地市场和贸易情况，所以也没成功。最后，他在悉尼码头区找了一份理货员的工作，总算安定下来。母亲在悉尼一直不开心，但是她找了一份陶艺工厂的工作。她无比怀念从前的日子，感觉很难交到新的朋友。我弟弟艾迪继续学业，结识了很多新朋友，适应得很好。

我毫无困难地找到了工作，在新南威尔士州政府的劳工部担任秘书。有一次轮到我泡茶，因为我以前从来没有做过，所以不知道泡茶要用开水才能泡好，结果我用了没有烧开的水。在政府部门工作了几个月后，我得

皇家海军军舰“可畏”号，悉尼港，1946 年

到了一份保险公司秘书的工作，后来还在航运公司工作过。每一次换工作，薪水都会涨。尽管工作中我很快乐，但我不喜欢悉尼，因为我很难交到新的朋友。

我的目标是返回亚洲，所以尽可能攒下每一分钱。我遇到了很多年轻男士，和他们一起出去，但是我并不真的喜欢他们。我发现澳大利亚的男人不擅长交流，对我也并不专注；而我一心想要离开悉尼，无法对他们产生兴趣。我用了四年的时间终于攒够了钱，买了一张去新加坡的船票。

第九章　回到亚洲

在说服母亲只是去新加坡度假之后，我终于在 1950 年登上了弗洛托—劳洛（Flotto Lauro）航线上的一艘轮船。到达新加坡后，海关工作人员登船检查，我必须支付 600 新元保证金，以确保我找到工作。

我拿到了一张收据，后来离开新加坡的时候，这些钱如数返还给了我。我必须如实申报我的经济状况，以确保在找不到工作的情况下我的钱可以养活自己。我最初住的招待所里有很多英国军人。一位军人的妻子建议我到新加坡警察局去找份工作，因为那里的工资不错。我去了新加坡警察局跟他们说要找工作，向他们出示了我在悉尼的前任雇主的推荐信并展示了我的速记和语言能力，包括汉语能力，得到了录用。

以后的几年，我在罪案调查部的特别部门从事保密工作。当时新加坡是英国的殖民地，所以新加坡警察部队受英国控制。

我搬过好几次家，每次都换到条件好一些的公寓居住，最终和一个叫简·汤普森（Jane Thompson）的速记员合住一套公寓。我很喜欢新加坡的社交生活，尽情享受这种生活，加入了新加坡游泳俱乐部和东陵俱乐部（Tanglin Club）。

我还参加了“新加坡小姐”选美大赛，自认为获胜机会很大。然而，当时这种赛事普遍被认为已经过时，并且有辱女性人格，最终被取消了，所以我也没有机会了解自己是否会胜出。我还在一部马来亚电影《我的儿子撒扎利》中扮演了夜总会里的一个小角色，但从没有看到电影的成片。

我从来没有和谁相处的时间长到足以谈婚论嫁的程度。虽然有一个年轻人总是说有一天会娶我，我现在已经忘记了他的名字。我和他只约会过几次，吃吃饭，打打桥牌。我确实恋爱过一次，但是也不了了之。

我在新加坡经历了惊心动魄的种族骚乱，甚至需要坐着全副武装的警车去上班以保证人身安全。我经常看见英国的海军士兵在岸上内讧，然后他们又一致对外去和每次到岸的澳大利亚海军军舰上的士兵打架。当美国海军军舰到来的时候，英国海军和澳大利亚海军则会联手向美国海军挑衅。

1954 年 5 月，我和我的朋友安托瓦妮特 · 哈定（Antoinette Harding）在新加坡乘坐“舟山”（Chusan）号去日本度假。在日本我们乘坐火车去京都，附近座位上有一个日本男人和俄国女人在交谈。行程中我瞥了一眼窗外，看到了我以为是沙漠的地方。我说：“看啊，沙漠！我不知道日本还有沙漠。”那个日本男人听见了我的话，向我探过身来，平静地说：“对不起，那不是沙漠，那是原子弹。”

父亲和母亲继续在悉尼生活，母亲急切地想要我回去。每年的圣诞节我会回去住一两周，但我不想留下。1956 年，因为有特别重要的社交活动，我留在新加坡过圣诞。1957 年初，我带上了所有的个人物品回到悉尼，打算之后前往伦敦，计划之一是参加伦敦的时装秀，因为我收到了邀请。女王伊丽莎白也有望出席。我想短暂地和父母小住，然后就动身去伦敦生活几年。

到了悉尼以后，我得到了新南威尔士州警察局的一份工作，被分配到罪案调查部（CIB，由侦探组成）。1957 年 3 月初的一天，一位身材高大的年轻侦探走进了我的办公室，有人把我介绍给他，随后我去伦敦的计划烟消云散。

过了不到两年，我和这个高大的侦探结了婚，在悉尼安顿下来。我的丈夫罗布森 · 雷西 · 布拉德伯里（Robson Lacey Bradbury，1930~）和我育有三个儿子，还有了四个孙子。错过了伦敦的时装秀，我一点儿也不觉得遗憾。

第十章　再次定居悉尼后回到中国

在悉尼，身为人妻人母，我努力地想要把被日本人囚禁的经历抛在脑后，继续生活。鲍勃和我一直忙于养育孩子，没能经常旅行。当儿子们十几岁的时候，我们带他们去了印度尼西亚、夏威夷和香港度假。

在悉尼的婚礼上，与丈夫鲍勃和父母

三个儿子似乎很喜欢旅行，他们现在已经走过了很多地方，包括在印度西亚尼、马来西亚和越南的背包旅行。其中两个已经进行了长时间的环球旅行。

1986 年，鲍勃、我和斯坦利·费尔柴尔德及他的妻子简（母姓汤普森）一起去了中国。我前面提到过斯坦在集中营里作为黑市贩子的英雄事迹以及他与司甘霖神父的合作。斯坦后来成了一名受人尊敬的商人，有了两个女儿。斯坦的妻子简就是我在新加坡时合住的女孩，我把她介绍给了斯坦。

我们从天津驱车去了曾是潍县集中营的大院，之后去了我们原来在青岛的家。

集中营的院子还在，据我们所知，那里现在是一所医院。斯坦遇到了一个在战争期间和他进行过黑市交易的中国人。围墙上电网的绝缘子还在，许多建筑也仍在使用。医院、教堂、日军军官楼也仍屹立。我们还找到了我父亲工作过的厨房，回忆如潮水淹没了我和斯坦。

我们没能找到李爱锐的坟墓①，但是在我们参观之后，那里立起了一座纪念碑。我很难在集中营旧址建立起方位感，毕竟时间太久远，当年营内的建筑发生了很多变化。

记忆里的集中营很大，但是现在才发现面积不过380平方米②。很难想象在如此狭小的空间里，2000多人在将近三年的时间里是如何生存的。

战后建起了新的建筑，风格跟原有的建筑一致，很难分清哪个是哪个。集中营外的田地上盖起了楼，集中营的大门也被移走了。

我们停下来参观了潍坊市中心，和当地人交谈。他们向我们走来，脸上挂着灿烂的微笑，显出一副友好的姿态。我们的交流稍微有些困难，因为人们现在说普通话而不是山东方言，但是不妨碍我们相谈甚欢。他们中的很多人显然从来没有见过外国人，对于鲍勃将近两米的身高很是好奇。在潍县，鲍勃走进一家餐馆找了一张桌子吃午饭。他对自己的交流能力很有信心，相信自己能够表达清楚要点一瓶著名的青岛啤酒的愿望。但餐馆的人一脸茫然地看着他，于是他兴奋地指着另一张桌子上的空啤酒瓶，手里挥舞着钱。最后餐馆的员工似乎明白了他的意思，很快就用盘子端来了一个空瓶子！不一会儿，我和斯坦还有简到了，很快我们就喝上了青岛啤酒。从那以后，鲍勃再也没有尝试讲中文。

---

① 1991年3月，一块来自苏格兰马尔岛（Isle of Mull）的两米高的花岗岩被用火车从香港运到潍县，竖立在前集中营李爱锐的坟墓上方。镌刻在石头上的英文摘自《旧约圣经》以赛亚书第40章第31节，中译文为："他们必高飞，张开雄鹰的翅膀。他们必奔跑，不至乏累。"

之所以设立这个纪念碑，是因为中国当局拒绝在李爱锐的坟墓前竖一块墓碑。花岗岩由1990年成立的李爱锐基金会提供。该基金会设在香港，其宗旨包括为有前途的中国和英国年轻运动员提供帮助。《华南晨报》1991年3月22日。布拉德伯里家藏。

② 数字有误，原文如此。——译者注

我们发现青岛发生了很大的变化，从一个相对较小的城市变成了繁荣的大都市。城市的主要格局还和我记忆中的一样，国际俱乐部和东海国际饭店也都还在。我们去参观了国际俱乐部，现在好像是工人俱乐部。看到曾经绚丽夺目的镶花地板划痕累累，痰盂随处可见，整个地方一片破败，我有些难过。我们毫不费力就找到了我们曾经的家，现在似乎用作了老年之家。可惜里面的人不让我们进去，对我们似乎有些怀疑。所以，我们待了一会儿就走了。

我们去了我曾经就读的学校（青岛圣神修女院），现在似乎是一所教授技术和科学课程的学院。我被允许穿过校园，但是我丈夫被拦下了。和国际俱乐部一样，这所圣公会学校也是年久失修。学校附近的前天主教堂主体遭到了破坏，所有的装饰和彩色玻璃都不见了。普通玻璃取代了彩色玻璃，每一块儿玻璃上都有弹孔。我们递上了名片之后才被允许进入教堂，

我和鲍勃在青岛我父母的旧居前，1986 年
（斯坦利·费尔柴尔德拍摄）

看管教堂的人显然不识字，但他坚持要看名片。

青岛的路德会教堂仍作为教堂在使用中，那里的德国牧师友好地接待了我们。我了解到命运多舛的“埃姆登”（Emden）号巡洋舰上的德国海

军军官和士兵在一战前就在这里做礼拜。一战开始的时候，“埃姆登”号在印度洋科科斯岛附近与皇家澳大利亚海军巡洋舰“悉尼”号交火，被“悉尼”号摧毁。

在中国，我们一有机会就品尝当地的中国菜。食物的品质没有改变，价格便宜，种类丰富，所以我们可以尽情享受。

在参观这些与我过去的生活密切相关的地方时，我记起营地里当时流传的谣言。就在美国伞兵降落之前，营地里有谣言说，所有的被关押者都将被转移到上海。据说只允许我们带一小袋洗漱用品。后来听说日本人要在上海专门建造的死刑室来处决我们，简直骇人听闻。我甚至被告知这些所谓的设施的所在地。这一传言从未得到证实，所以我只是作为未经证实的传言在此提及。

但是，想到日本在战后杀害了山打根（Sandakan）集中营里的2000名澳大利亚战俘，有理由相信日本人是能够做出这种事的，所谓的谣言也不全是空穴来风。毕竟在战争结束后的两天里，我们仍处于日本卫兵的看守下。直到美国伞兵从天而降，我才知道战争结束了。

从集中营获释回到青岛以后，舅舅安德烈告诉我们，我们以前的德国邻居曾建议日本人给我们穿条纹囚服，并强迫我们剃光头。

我、鲍勃和儿子们（汤姆、乔治和比尔）在一起

（米歇尔·布拉德伯里拍摄）

第十一章　反思艰难时世

经历了集中营的悲惨生活之后，重获自由让我无比欢欣。这种欢欣和重回青岛使我和朋友们能够继续追赶生活。

我的美国朋友们都很年轻，行为端正。他们必须严格遵守纪律，否则将面对被遣返回美国的耻辱。和他们这些朋友在一起，我非常快乐。我可以选择自己的同伴，穿上摩登的衣服，和他们跳舞、看电影、吃饭。除此之外，我还有一份薪水可观的好工作。最为重要的是，我有自己的隐私和大把的自由时间。

口袋里有了钱，我能够去很多的地方，可以从澳洲去新加坡，还可以去日本。在被日本人囚禁于集中营的那些日子里，我们失去了这种选择的自由。现在回想起来，那是我们失去的最珍贵的权利。

我知道很多人在战争中失去了很多特权，一些人失去的要比其他人更多，甚至有很多人失去了生命，无论是平民还是士兵。我对那些幸存者充满同情。我和我的家人心里充满了感恩。比如，虽然遭遇囚禁，但是我们并没有像很多其他的营友那样被日本人残暴地虐待。

我们感恩能够幸存下来。我认为，平民永远不应该被那样监禁，被那样侵害福祉。和许多其他人一样，我经常会问：我们到底做了什么要被这样对待？特别是我和弟弟——在战时都还只是年幼无辜的孩子。

我知道我们能够活下来是幸运的，我很感恩。在集中营里我失去了很多，但是今天我知道了，我同时也收获了很多。我学到了人们必须互相帮助，努力对发生的事情保持乐观，充分利用一切，尽管可能会很困难。

我父亲很好地从混乱中走了出来，继续生活，辛勤工作，为自己和妻子在澳大利亚创造了美好的生活。如今，我的父母早已过世，我和弟弟都已成家，婚姻幸福。我们都有了孩子，还有了孙子。我们每天都能看到，当今社会压力和紧张给人们带来的影响，并目睹很多人尽管可以获得政府的帮助和咨询，但还是屈服于厄运。我们从未得到任何咨询或任何形式的政府援助，也从未得到过任何补偿或补贴。我和弟弟得到的唯一一笔赔偿金（不到 4000 澳元，折合 2600 美元）来自中国当局，用以补偿我父母留在青岛的那座房子。而我们是在离开青岛近 50 年后才收到的这笔款项，估价标准是 1945 年的。

有一段时间，我是远东英国被拘禁平民协会（Association of British Civilian Internees Far East Region, ABCIFER）的会员。该协会与日本政府斗争多年，以争取战争赔偿，迄今为止也没能成功。

像我和弟弟这种被拘禁的平民，在可能获得赔偿者名单上的位置很靠后。令人悲哀的是，那些不幸的朝鲜和其他地方的慰安妇，在二战之前和二战之中惨遭日本人蹂躏多年，竟然也没有得到赔偿。

虽然日本军队毁坏了南京这座城市，大规模屠杀这里的居民，对幸存者百般凌辱，但从来没有向南京市民承认他们的罪行，更不要说道歉和赔偿。

所以，我们得到日本赔偿的机会渺茫，更不指望他们道歉。尽管如此，我早已做好了准备，把过去抛开，就算不能遗忘，也要努力去原谅。

多年以来，我在悉尼积极投身社区志愿者服务，1997 年荣获莱德市政厅颁发的最杰出志愿者个人奖。

在过去的九年里，我还服务于在悉尼首屈一指的应用艺术与科学博物馆——世界著名的动力博物馆（Powerhouse Museum）。

我在动力博物馆的工作之一是接待日本游客并为他们做讲解。我向他们表示欢迎，并尽力使他们的参观之旅愉快。我从不向任何参观者提及我在二战时被日本人囚禁的经历，尽我所能把那段经历埋藏在心底。

但最近发生的一件事让我开始思考日本人民是否知道二战中的这些事件，是否了解他们政府的军国主义暴行和他们所应承担的责任。这件事发生在 1999 年 4 月 3 日，是个复活节的周六，在首都堪培拉的澳大利亚战争纪念馆（Australian War Memorial）。我当时正在参观被拘留者展厅，同行的有鲍勃和其他几个潍县集中营的营友。我们看见一群日本游客在一个年轻的日本女导游的引领下走过了山打根战俘纪念厅——被关押在山打根的大约 2000 名澳大利亚战俘在战后全部被日军杀害。

一个日本游客走进了山打根战俘纪念厅，还有几个也跟着走了进去。但是他们马上就被导游叫了出去，并被引向附近的原子弹展厅。日本导游开始指出原子弹给日本平民造成的伤害。与我同行的潍县集中营营友忍不住质问日本导游：“你为什么不带他们去参观那里？”他指的是山打根战俘纪念厅。

我吃惊地看到年轻的日本女导游脸色大变，这是我离开集中营后第一次看见发怒的日本人。因为愤怒她一开始说不出话来，然后对我朋友晃动着手指，生气地说：“这是我的事，跟你无关。”她说得如此大声，以至于引来周围所有参观的人们驻足围观。她暴戾的语言一下子把我带回了战时的中国。她的反应使我不禁怀疑，今天日本人民接收到的信息都是被处理过的，日本在那场可怕的战争中的不光彩的行为被最小化，甚至被完全隐藏了。

我前面说过我已经原谅他们了，但是内心深处有什么东西在那里，让我无法遗忘。

第十二章　感谢您，神父！

在写这本书的过程中，我不断地回忆起集中营里的营友们是如何互相帮助的，而这种互助无疑在很大程度上有助于我们的生存。

我读过的描述集中营的书[①]都致敬了司甘霖。关于司甘霖神父，我在前面章节中已经满怀深情地写过。在我即将结束这本书的时候——在获得自由55年之后，我想再说一次：感谢您，神父！接下来我将和你们分享神父后来的经历。

我这样做，是因为和许多集中营里的营友一样，我欠了神父很大的恩情；我认为崇尚英雄的澳大利亚人民应该对这位杰出人物和他的高尚行为有所了解[②]。在为本书搜集素材的过程中，我读到一篇美国报纸上的文章[③]，里面写到司甘霖神父住在加利福尼亚州的佩尼斯（Penis）。凭着一连串直觉，我开始了寻找神父的旅程。

最先帮助我的是修道院院长戴维·汤姆林斯（David Tomlins），他是维多利亚州亚拉戈轮地区塔拉瓦拉修道院的一名熙笃会神父。他借给我司甘霖神父写的书[④]，告诉我司甘霖神父在20世纪50年代[⑤]成为美国的教会主教，并在1997年[⑥]庆祝了他百岁的生日。从那以后，我的寻找范围扩大

---

① 参见延伸阅读。

② 我在新加坡的时候司甘霖神父访问澳大利亚，去了我父母和弟弟在悉尼西莱德的家里。我弟弟艾迪清楚地记得他的到访，认为那是在1951年。

③ 家庭资料。布拉德伯里家藏。

④ 参见第五章或延伸阅读。

⑤ 司甘霖神父开始在澳大利亚巴拉瑞特“救赎者”的指导下学习并成为天主教教士。他在1919年去往欧洲，并被一个熙笃会教区接纳。1928年，他在英国诺丁汉被授予神父资格。在被捕之前和被释放之后，他经常客串熙笃会神学院教授。

⑥ 家庭资料。布拉德伯里家藏。

司甘霖神父 100 岁生日，加利福尼亚
（左面是他在我的集中营签名簿上的亲笔签名。照片剪辑：乔治·佩里。
玛丽·曼斯布里奇修女供图）

开来。而随着寻找范围越来越大，读过这本书初稿的校对编辑们开始发问：司甘霖神父后来怎么样了？

2000 年 1 月，我向佩尼斯所在的加利福尼亚州的圣贝纳迪诺教区发送了一封电子邮件，并收到如下邮件，回答了上面的问题。

请允许我先自我介绍一下，我是朱恩·麦克唐纳（June McDonald），为圣贝纳迪诺教区的退休神父服务。负责我们教区通信的吉米·拉米雷斯（Jimmy Ramirez）把你的邮件转给了我。抱歉因为今年年初太忙，没能及时回复。

司甘霖神父于 1998 年 10 月 16 日去世，享年 101 岁。之前他刚刚庆祝了担任神父的 70 周年纪念日，我很荣幸地出席了这个特殊的仪式，我也有幸在他 101 岁的生日庆典上和他在一起。

司甘霖神父与《天上的星星》扉页

司甘霖神父是一个很特别的人，在我们圣贝纳迪诺教区深受爱戴。司甘霖神父生前居住在圣地亚哥的宣圣会之家，是宣圣会修女会负责的老年人之家，其中有专门的区域照顾退休牧师，他在那里生活了许多年。

司甘霖神父的书《天上的星星》生动描写了他在英国期间的熙笃会修士生活和他后来在中国的经历。尽管他的生活里充满了痛苦，他却从未迷失，总是能看见“天空中的繁星”。

司甘霖神父生命中最后的那些日子安静祥和，感谢上帝让我结识并爱戴像他这样特别的人。

愿上帝保佑！

不久之后，维多利亚州瓦南布尔慈善修女会的玛丽·曼斯布里奇修女

（Sister Marie Mansbridge）写信[①]告诉我她是司甘霖神父的外甥女，她从艾伯特·戴维·汤姆林斯那里知道我在写这本书。她说她在司甘霖神父一百岁生日的时候见过他，那时距离神父去世有22个月。玛丽修女的母亲——多莉·曼斯布里奇（Dorrie Mansbridge，nee Scanlan）现在92岁，是司甘霖神父最小的妹妹，也是他唯一在世的妹妹。

我、艾迪和司甘霖神父的表妹休·史密斯修女在一起，2000年（乔吉·佩里拍摄）

玛丽修女在信中写道："他是一位伟大的老人，对他的祖国有着特别深沉的爱。"

她还在信中附上了圣贝纳迪诺教区主教杰拉德·巴恩斯（Gerald Barnes）神父于1998年10月19日写给教区天主教会的信的复印件，共有两页[②]。在信中，杰拉德·巴恩斯神父通告了司甘霖神父去世的消息。

在那封信中，巴恩斯主教写道："多年以来，司甘霖神父感动了很多人，无论老幼，从他那里得到关爱、温暖和慈悲。""……我确信当上帝召唤司甘霖神父回到天家，对他说的第一句话应该是：'干得好，我忠实的好仆人。'"

至此，我对神父的追寻停了下来。我有些伤感，但我无比骄傲能结识他，深深地感激他在集中营里为我和大家所做的一切。我和弟弟艾迪后来还有幸在悉尼的曼利，见到了好撒玛利亚修道院的休·史密斯（Hugh Smith）修女，她是司甘霖神父的表妹，我们在一起愉快地回忆着司甘霖神父。

司甘霖神父战时的英雄事迹只保留在为数不多的现居澳大利亚的潍县

① 家庭资料。布拉德伯里家藏。
② 家庭资料。布拉德伯里家藏

集中营亲历者、他们的孩子以及孩子的孩子们的记忆里。除此之外，澳洲对他没有任何形式的纪念。世界各地的集中营幸存者定期聚会追忆往昔的时候，经常会谈论起司甘霖神父的非凡事迹。

司甘霖神父在他的祖国并未得到应有的纪念，这令人伤感。现在的澳大利亚人民和未来的澳大利亚子孙应该听到他的故事，并为之鼓舞。也许有一天，在维多利亚州西区的科布登和瓦南布尔——司甘霖神父长大和接受早期教育的地方，人们可以理直气壮地传颂他们的平民英雄的大名，给予他应得的荣耀。司甘霖神父善良、绅士、勇敢，虽身陷囹圄，仍给饥饿者以食物，给沉沦者以希望，永远给人带来欢乐。

第十三章 乐道

潍县集中营，那时就是关押我的监狱。大门口有一块牌匾，上面用汉字写着“乐道院”，意思是“通往幸福之路的大院”（Court of the Happy Way）。这块匾在集中营还是传教站的时候就挂上去了。

我在潍县集中营里有过快乐的时刻，也有过不幸的时刻。我们的不幸单纯是因为在错误的时间、错误的地点拥有错误的公民身份。

如今回想起来，我要强调我们之所以能够幸存下来，是因为有一群人起了非常关键的作用，我必须公开感谢他们的帮助。他们是在冒着生命危险帮助我们，必须得到应得的感谢。在我们受苦受难的生命危急时刻，许多中国人对我们伸出了援助之手。令人遗憾的是，我不知道他们是谁，也不知道他们都以怎样的方式帮助过我们。但是我对他们充满了感激，就像我对在集中营里帮助过我们的人们一样。

支持我们的中国人替我们传递信息，在我们被囚禁的日子里照管我们的财物，并给我们送来食物。他们非常勇敢，因为一旦被日本人捉住，轻则一顿毒打，重则丧命。

那些出于善意和同情来帮助我们的中国人，也是我生命中的英雄。

我对他们充满感激，向他们致以崇高的敬意。

从左至右：未知、恒安石、未知、狄兰、未知、雷震远神父、张锡武之父张兴泰和霍伊楚

第十四章　另一角度看潍县

在写这本书的过程中，我尝试着将自己对过去的回忆与其他人的回忆相对照，并参阅相关文献，并再次核实我的记忆。因为我当时还是个孩子，所以对集中营中的许多细节并不知情，唯一的知情人是当时集中营里的领导群体。

比如，我不知道在我被关押的时候，在日本与同盟国冲突的早期，有一些被拘留者曾有机会被遣返回国或是去中立国。美国前驻华大使、也曾被关押在潍县集中营的恒安石在2000年3月向我证实：他所属的一群北京侨民就曾经得到过机会，在其他侨民被带到潍县集中营之前，这些人获得了被遣返回国的机会。遣返的条件是交换被美国拘押的日本人。被拘押人员的交换是经过中立的中介进行的。大多数被日军遣返的北京地区的俘虏是美国公民，之后包括恒安石在内的北京被拘留者转移到潍县，而青岛的侨民已经先于他们很早就到了潍县。

在美国惠顿学院葛培理中心藏的电子档案中，前传教士玛莎·菲利普斯（Martha Henrietta Phillips）在她的生平口述中提到有一些芝罘的被拘禁者也得到了遣返的机会，但是人数很少，因为许多在被转移到潍县之前被囚禁在烟台的人是英国公民。她还补充说，英联邦国家不愿意接受日本的交换条件——五个日本俘虏交换一个英国公民。

在1943年还有过一次遣返机会，恒安石先生的说法是：有“一大批”被拘留者在那年秋天离开了潍县集中营。

在那一批离开的遣返者中有北京燕京大学的经济学教授文国鼐（Augusta Wagner）。

文国鼐教授在1943年12月初到达美国，之后不久她受邀写了一篇关于潍县集中营状况的报告，将潍县集中营与美国得克萨斯州克里斯托城的集中营进行比较。

依据美国新闻自由法，文国鼐教授提交给美国国务院的报告得以发表。美国国务院对报告的处理证实：早在1943年底，美国政府高层就已经了解了文国鼐离开时潍县集中营侨民身处的恶劣条件。

在文国鼐教授的报告里，她指出被美国关押在得克萨斯州的日本俘虏受到了良好的对待，相较之下，潍县集中营里的条件相差甚远。

她关于潍县集中营的某些回忆与我的记忆有很大的出入，而我想，这些出入多是源于集中营里的日军从1943年底到我们获得解放的这段时间里对我们变本加利，越来越严苛。

文国鼐博士对潍县集中营的评论意义重大，因而我把她的评论加在这本书里。这些评论尚未在任何一本关于集中营的书中发表。必要之处，我做了改述。

文国鼐博士是这样描写潍县集中营的：

> 位于山东省腹地济南和青岛之间，济南东南约150英里处。集中营前身是长老会传教大院，距离潍县城两英里左右。围墙内有高大的树木，绿树成荫，有些树龄达60年之久，春秋两季气候宜人。
>
> 夏季从五月开始，八月是一年中最热的。雨季从八月开始，大雨淹没道路，冲毁围墙，洪水可涨到房屋窗台那么高。屋顶漏雨。雨水涌进宿舍、厨房和食堂。冬季干冷，十二月、一月和二月十分严寒，到三月有所缓和，但依旧很冷。
>
> 夏天，潍县可能和（得克萨斯州水晶城）沙漠营一样热，但是要潮湿一些。潍县的大树可以提供阴凉，缓解室内的暑热，克里斯托的营地没有。潍县的冬天要比这里（克里斯托）的冬天冷得多。

她说，在她离开的时候，潍县还有1800名囚犯。

囚犯们住在学校教学楼的地下室和上层的教室里、医院的侧翼和以前的学生宿舍——连在一起的成排的房间，每个房间有单独的入口。以前的教室被用作未婚男女的宿舍，单身的男女分别住在院子两端。每一间教室宿舍里住的人数在10~30人，宿舍里没有帘子和隔板，每个人的生活空间是45平方英尺（4.2平方米）。

成排的宿舍的单人间都分配给了各个家庭。房间宽9英尺、长12英尺（大约1.5米乘以2米）[①]，容纳2~4人，视家庭规模而定。夏天，四个人住一个房间有些勉强。如果屋子里有炉子，冬天住四个人是不可能的。

这些房子以前被军队占领过，破坏严重，四面漏风，尘土飞扬，冬天很难保暖。墙壁和地面粉刷过，以备囚犯们到来。许多房间里满是臭虫和跳蚤，没有床，简易的也没有，没有桌椅。囚犯们被允许自己带床和床上用品。我们被遣返之前，从芝罘转运过去的那批囚犯们甚至不允许带床，只能睡在地上。没有自来水和马桶。每个人的生活空间在34~54平方英尺（3.2~5平方米），官方标准是45平方英尺。

只有老人、幼儿和病人住的几个房间里有炉子（1943年3月）。小炉子对于那么大的宿舍房间来说根本不够用。没有引火用的木头和纸，也没有运煤的容器——人们只能用手拾煤，大老远地运回房间来。

在写到潍县集中营里的洗浴设施、卫生间和洗衣设施的时候，文国鼐博士是这样描写的：

有4个厕所，每个厕所里有五六个便坑，是日式蹲便。最初设计是冲水式的，但是一直没有连接水箱。厕所位置离一些房屋太近，以至于那些宿舍里总是会闻到粪池的臭味；离另外一些房屋又太远，要

① 作者的英尺与米换算有误，应为2.74米乘以3.65米，等于10平方米。——译者注

在户外走很远才能走到，非常不便。总计23个便坑，供1800人使用，结果是早晚的时候人们都要排长队。事实上，有些便坑经常无法使用，因而平均起来接近每一百人只有一个可用。因为供水有限，用来冲便坑的水很少，囚犯们只好收集起用过的水放在厕所门口的两个大土缸里，用空罐头瓶舀水冲便坑。

连接便池的下水管很细，经常堵。便池不够深也不够宽，所以粪水经常会溢出，把周边弄得污秽不堪、恶臭熏人。中国苦力被允许定期来掏空粪池带走里面的粪便。

挖深厕所建成军用式开放厕所的要求被一再驳回。1943年8月，有冲水式马桶的建筑里终于给厕所装上了纱门。中式的厕所仍没有纱门，厕所和化粪池边苍蝇成群。

日方只给医院供应了几个月厕纸，没有给其他人提供厕纸，囚犯们很难获得消毒剂和清洁用品。

文国鼐博士在报告中说：

厕所里有4个洗手池，许多水龙头安装在水泥槽上，但是只有偶尔才有细细的水流流出来。90%的被关押者在自己的住处使用洗手盆——从几口井中取水。

一间男淋浴室，一间女淋浴室，每间浴室里有14~16个淋浴喷头。平均每60个人有一个淋浴喷头。

淋浴室是唯一一个有热的自来水的地方。因为供水有限，妇女们一周只被允许洗三次澡，男人们可以每天洗澡。淋浴也要排长队，生活区里没有自来水。

医院地下室有5个固定的大盆，另外一座楼里有2个大盆。囚犯们用洗手盆和镀锌铁皮桶（如果能借到）洗衣服。后来可以把床单、毛巾、枕套等大件衣物送到集中营外面的洗衣店去洗，但是收费贵洗得还不干净，没有多少人能负担得起。

关于集中营里的医疗设施，文国鼐博士写道：

潍县集中营最初是一家不错的小医院，但是当囚犯们到达的时候，医院只剩了一具空壳。凡是能搬走的东西都被搬走了。墙上留下了拆除管道后的大洞，地上散落着堆积了数月的灰尘和碎片。

日方不提供任何清洁用的设备和材料。医生、护士和其他被拘留者打扫了医院，设法为 3 间可容纳 12 张床的病房找到了足够的床，还有 5 张儿童床，并建起 1 间产房。患者自己带床垫、铺盖、床单、洗手盆等。

营友们逐渐积攒起来足够的器械，配齐了 4 个门诊室，设备简单粗糙。

被拘押在潍县集中营医生们列出了必须药品的清单，但是日方只批准了几种次要的药物，再无其他。一份药品清单被私运出去交给了瑞士代表，瑞士代表在 1943 年 7 月获得药品，裹挟在一些麦片和牛奶罐头里带进了医院。集中营委员会对药品进行估价，营友均摊这些费用，每个人 60 元（中国货币[①]）。

日方最后安装了一个简陋的手术台，配备了一个汽油灯，但没有汽油，外科手术的设备也只够戳破一个疖子，另有一些做床垫的条纹棉布、床单和纱布。

医院的设施和设备严重不足，再加上药物缺乏，一旦手头的药品用光，集中营几乎就成了没有医院的社区。患者被允许去北京治疗，但是路途遥远，费用昂贵，一路上又脏又累。

医疗条件严峻——尽管营友中的医生和护士都很好。日方没有提

① 应为“伪联银券”。——译者注

供医疗人员。

关于潍县集中营的厨房设施，文国鼐博士写道：

一共有三个根据人群分配的食堂附属的厨房以及一个小的做病号饭的医院食堂。北京群体（指的是从北京转移到潍县的被拘留者）食堂供400~440人就餐，天津群体食堂供600人就餐，青岛群体食堂供800人就餐。

每一个厨房配有一个小的储藏室兼屠宰间。北京食堂位置稍远，那里的屠宰间里最终配备了一个家用冰箱和冰柜。

没有制冷设备意味着许多食物会变质而被扔掉。集中营里疟疾和类似痢疾的传染病流行。

集中营里没有设备齐全、储存足够、有冷藏功能的仓库。一间住人的房间被用作了中央储藏库。蔬菜、肉、鱼因储存不当腐烂变质。

1943年夏末，日本人允许侨民在总储藏室建造一个冰箱用来储藏肉类，但这只是一个简陋的临时性的冰箱。日军的仓库管理员不能胜任工作，最终日方同意由侨民组成的物资委员会负责给各个食堂分配食物。

肉类来自30英里以外的军队屠宰场。由火车运来，没有冷藏，上面甚至没有任何遮盖。加工肉的房间苍蝇横飞，肉在短短的处理时间里表面就会滋生蛆虫。

厨房小得可怜，北京食堂的食物加工间仅有现代的美国普通公寓里的厨房大小。没有任何现代的厨房设备，只有中式的炉灶。没有烤箱，有两口大锅，下面是柴火灶。有一个大约1.5英尺（0.5米）宽的灶台，上面可以放东西。有水池，但是没有自来水。仅有的厨房设备包括两个煎锅、两口家用铜锅、几只破旧的铁桶、十几把削皮刀、四把切面包刀、几个缸和几只大碗。厨房里的其他设备——刀、叉、勺、盘、碗、烤盘、搅拌器、研磨器、容器等都是被拘押者带入集中营的。

只有两个厨房有自来水。其他的厨房里用来做饭、洗菜和饮用的水都需要先从水井里泵上来，运到厨房里，在离厨房有一段距离的食堂一端的两口大锅里烧开。

餐厅里的桌椅是木头的，木质很差，很容易散架，难于清理。人们没有足够的地方坐，所以“吃饭要排队”。吃一顿饭，一个座位上要轮流坐两三个人。

偶尔日方会发一个拖把或扫帚打扫卫生，但是总是要经过一番努力才能获得。被关押者把自己的抹布、肥皂、洗衣粉拿到厨房里使用。

厨房所需的设备和食物准备、加工设备清单提交给了日方当局，但是没有任何结果。

以下是每天食物的供应量，以盎司（一盎司等于28.3克）为单位。经常要扔掉大量因为变质而无法食用的肉和蔬菜。

肉5盎司、土豆10.2盎司、蔬菜13.6盎司、面包16.6盎司、糖0.6盎司、人造黄油0.2盎司、鱼0.8盎司、茶0.1盎司、咖啡代用品0.1盎司、果酱0.03盎司、面粉0.2盎司、油0.4盎司。此外，平均每人八天还分不到一个鸡蛋。

实际的热量摄入是1905卡路里（一卡路里等于4.855焦耳）[①]，其中有1175卡路里来源于面粉制成的食物。

钙摄入不足，鸡蛋壳被回收碾碎以补充钙质。没有牛奶，除非是医院签发。最多的时候1800人供应35加仑酸牛奶，一般每天只有25加仑。（一美加仑等于3.785升）

---

① 由英国伦敦J. M. Dent and Sons 1946年出版的《烹饪的乐趣》讨论了当时的热量摄入问题。书中说：“一般来讲，根据年龄、性别、体型、身体活动量，成年人每天要消耗1700~3000卡路里热量。青少年男孩和55岁以下活动量大的成年男子每天需要3000卡路里。另外的一个极端是超过55岁的妇女只需要1700卡路里。18~35岁的女性每天需要2000卡路里。孕期妇女每天可增加200卡路里，哺乳期另需1000卡路里。1~6岁的儿童每天需要1000~1600卡路里。”

正如文国黼博士和我在第五章所写的那样，1943 年的潍县集中营绝非度假营地。在我的记忆里，潍县集中营里的情形在 1944 年和 1945 年持续恶化。

最后，还有一件人们关注的与潍县集中营有关的事。自 20 世纪 40 年代末以来，就有消息称美国飞行员阿梅莉亚 · 埃尔哈特（Amelia Earhart）[①]曾被关押在潍县集中营。埃尔哈特在二战发生之前的一次太平洋飞行中失踪。据说她之所以被日本官员逮捕，是因为她涉嫌利用自己的飞机侦察太平洋小岛上的日本军事设施。据说她后来和我们被关押在一起，藏在营地的医院里，可能死在了医院里，也可能在二战结束前就被日军秘密带走处决了。

如我所述，我们在集中营里密集地住在一起。但是无论是在集中营里还是离开集中营后，我都没有从营友那里听说过集中营里关押了绝密囚犯或是阿梅莉亚·埃尔哈特。我问的人当中也没有人听说过她被关押在集中营，没有人能够证实她曾经和我们一起被关押。如果她真的曾经和我们关押在一起，我们应该会很快认出她来。毕竟在她失踪前，阿梅莉亚 · 埃尔哈特是全世界上镜最多的女性之一。

① 这些说法在很大程度上源自 1945 年 8 月下旬埃尔哈特的丈夫在美国收到的一封电报。据报道，这封电报是在集中营解放一个多星期后从潍县发出，并通过驻重庆的美国大使馆转寄给美国。电报中说：“集中营解放了，一切都好。纸短情长。问候母亲。”

延伸阅读

自从日本人所谓的俘虏营也就是潍县集中营解放以来，一些关于集中营和在押营友们的生活的书已出版。也有一些个人撰写的回忆资料，在仍旧保持联系的营友之间流传。

已出版的著作如下：

《天上的星星》（*Stars in the Sky*），作者：司甘霖神父。出版社：香港熙笃会出版社。出版时间：1984 年。无书号。书中精彩讲述了他在被关押到集中营之前、之中和之后的经历。神父在 1943 年 8 月和许多其他的天主教神职人员一起离开了潍县集中营，被转移到北京的修道院囚禁，于 1945 年 8 月 19 日获得解放。

《乐道院》（*Courtyard of the Happy Way*），作者：柯喜乐。书号：ISBN 0-85305-191-7。出版社：英国亚瑟·詹姆斯有限公司。出版时间：1977 年。讲述了作者作为一名寄宿男孩儿被逮捕并关押在芝罘的经历。1943 年和兄弟姐妹们一起（父母不在）到达潍县集中营。作者当时和库克家族的成员共同承担集中营的工作任务。作者被拘押在潍县集中营直到解放。

《山东集中营》（*Shantung Compound*），作者：朗顿·基尔凯（Langdon Gilkey）。有两个书号：一个是 ISBN 0-06-063113-9，在书名页后；另一个是 ISBN 0-06-063112-0，在封底。出版社：哈珀罗出版社，纽约。出版时间：1966 年。讲述了作者的经历并审视了集中营里不时出现的社会和道德问题。此书最大的缺点是作者更改了他笔下人物的名字，比如司甘霖神父在书中叫作达比（Darby）神父。作者于 1943 年年中来到潍县集中营，直到解放。

《战争岁月》（*The Mushroom Years*），作者：帕梅拉·马斯特斯。书号：ISBN 0-966489-2-8。出版社：亨德森书屋出版社，普莱斯维尔，加利福尼亚。报道了三个英国姐妹和她们的父母被拘押在潍县的经历，之前曾在天津遭遇家庭监禁。书中人物用名偶有不正确。比如司甘霖神父变成了美国熙笃会修士奥哈伦（O'Hanlon）。作者于 1943 年初到达集中营，直到解放。

《内在的敌人》（*The Enemy Within*），作者：雷震远、爱莲·科巴里·昆（Irene Corbally Kuhn）。出版社：圣保罗协会，班德拉，孟买。出版时间：1969 年。无书号。雷震远神父报告了他的情报收集活动以及集中营里的关键人物。得益于他的联系，集中营委员会才得以知晓战争的进展。雷震远神父在恒安石和狄兰出逃中发挥了至关重要的作用。作者于 1942 年到达集中营[①]，直到解放。

《中国逃亡记》（*Chinese Escapades*），作者：狄兰。出版社：麦克米伦公司，英国。出版时间：1949 年。概述了他被日本人拘留，他计划和参与唯一一次成功逃离集中营（与恒安石）的经过，以及随后的战争冒险。令集中营里的营友们欣喜的是，他和恒安石在集中营解放后不久又回到了集中营。

《不屈不挠》（*Indomitably Yours*），作者：希尔达·黑尔（Hilda Hale）。书号：ISBN 0-9683139-0-6。讲述了一位澳大利亚母亲被日本人囚禁前在北京的生活。作者讨论了集中营里的生活、她对孩子成长环境的担忧。她随北京外国侨民一起到达集中营，集中营解放时仍在。

《饥饿的鬼魂》（*Hungry Ghosts*），作者：戴爱美（Mary Taylor Previte）。出版社：宗德文出版社，大急流城，美国。出版时间：1994 年。书号：ISBN 0-310-59420-0。戴爱美是集中营里的儿童囚犯，从芝罘学校被送到集中营，没有父母陪伴。

《战地童心》（*A Boy War*），作者：米大卫（David Michell）。出版

① 应该是 1943 年进入潍县集中营。——译者注

社：海外传教士团契出版社，多伦多，加拿大。出版时间：1988 年。书号：ISBN 9971-972-71-9。大卫是集中营里的儿童囚犯。[①]

《小洋鬼子》（*Little Foreign Devil*），作者：德斯蒙德·鲍尔（Desmond Power）。出版社：庞利印刷公司（Pangli Imprint），西温哥华，加拿大。书号：ISBN 0-9694122-1-5。[②]

《中国十字架：我的传教故事》（*A Cross in China: The Story of My Mission*），作者：塞尔巴蒂亚修女（Sister Servatia O.S.F.）。出版社：库兰出版社（Cuchullain Publications），福特韦恩，美国。出版时间：1989 年。书号：ISBN 0-9614659-4-8。塞尔巴蒂亚修女是集中营里被关押的一位修女。

《左手握手》（*The Left Handshake*），作者：希拉里·圣乔治·桑德斯（Hilary St George Sunders）。出版时间：1948 年。书中第 5 章简述了集中营里成立的童子军的活动。作者的哥哥是一名童子军，还保留着部队的记录——他的“善行书”和为赢得善行徽章参加考试的试卷。

《里奥的一生》（*This is Leo's life*），未出版。作者：莱昂内尔·特威福德·托马斯（Lionel Twyford Thomas）。作者回忆了他在中国、英国、加拿大又返回中国的生活，讨论了他和家人的集中营经历，也包括他战后在中国的遭遇，解释了他与家人在集中营解放数年之后移居澳大利亚悉尼的原因。作者还讲述了他在澳大利亚的生活。作者于 2000 年 1 月去世。他和家人在集中营解放的时候还在集中营里。

耶鲁大学神学院图书馆保存着许多乐道院与潍县集中营的文献资料，这些资料都保存在个人回忆录中。

互联网上也有资料，如 http//search.npr.org/cf/cmn/canpd01fm.cfm?PrgDate=05%2F11%2F2000&PrgID=3 上可以下载广播节目，这是解放集中

① 该书已出中文版。[加]米大卫：《战地童心》，张玫珊译，香港：海外基督使团，2007 年。——译者注

② 该书已出中文版。[加]德斯蒙德·鲍尔：《小洋鬼子：一个英国家族在华生活史》，谢天海译，天津：天津人民出版社，2003 年。——译者注

营的美国军事小队现存队员们的回忆，由美国国家公共广播公司于 2000 年 5 月 11 日发行。戴爱美也参与到节目中，前面曾提到她是集中营里的儿童囚犯。她查到了当时解放集中营的军事小队成员的下落，2000 年的时候还有四个人在世。

关于美国海军陆战队战争结束后到达青岛最初几个月的生活，迈克尔·彼得森（Michael Peterson）的《查理两只鞋》（*Charlie Two Shoes*）和戴维·珀尔马特（David Perlmutt）的《海军陆战队爱之连》（*The Marines of Love Company*）中有所涉及。出版社：海军学院出版社，安纳波利斯，马里兰州，美国。出版时间：1998 年。书号：ISBN 1-55750-672-8。书中大致描述了日本在青岛投降的情形，详细记录了后来美国海军陆战队在青岛沿海和腹地的军事活动。

附录　主要外国人与机构等译名对照表

A

American Mutual Aid Committee	美国互助委员会
American, British and Netherlands Associations of Shanghai	上海美国、英国和荷兰协会
Anglo-Chinese College in Tienstin	天津新学书院
Association of British Civilian Internees Far East Region, ABCIFER	远东英国被拘禁平民协会
Australian War Memorial	澳大利亚战争纪念馆

B

Bowen, Trevor	博文
Bradbury, Joyce Dorothy	乔伊斯·德罗西·布拉德伯里
British Mutual Aid Committee	英国互助委员会
Broomhall, Benjamin	海班明
Broomhall, Hudson	海国禄
Broomhall, Mary Gertrude	海宽爱
Bruce, P. A.	步如旭
Burma	缅甸

C

Chefoo	芝罘

Chefoo Civil Assembly Center	芝罘盟侨集中营
Chengtu	成都
Civil Assembly Centre at Weihsien	潍县盟侨集中营
Christian, W. B.	W. B. 克里斯琴
Church of the Nazarene	拿撒勒教会
Cliff, Norman Howard	柯喜乐
Cliff, Estelle	柯荣耀
Cliff, Lelia	柯赞美
Consulate Hill	烟台山

E

Edgewater Mansions Hotel	东海国际饭店
Edward, McLaren	爱德华·麦克拉伦
Egger, V. E.	艾格
Elliott, Angela	安杰拉·埃利奥特
FRB$	伪联银券

G

Gripsholm	“格利普斯霍姆”号

H

Hangchow	杭州
Hankow	汉口
Hayes, Watson McMillen	赫士
Hayes, John David	赫约翰

Henning, A. C.	亨宁
Hubbard, Hugh Wells	胡本德
Hummel, Arthur W.	恒安石

I

Ihara	井原
Iltis-Hydro Hotel	太平角酒店
Indo-China	印度支那
International Concession	公共租界
Izu	伊豆

J

Jaegher, Raymond de	雷震远
Jardine Matheson	怡和洋行
Jost, A.	约斯特

K

Kailan Mining Administration	开滦矿务总局
Kerr, White	怀特・克尔
Koga	古贺
Kuling	牯岭
Liddell, Eric	李爱锐

M

Manchuria	满洲

Martin, Stanler Gordon	马义信
McMullan, Bob	鲍勃·麦克马伦
Michell, David	米大卫
Ministry of Greater East Asia Affairs	大东亚省
Mitsumoto	三本

N

Nathan, Edward Jonah	爱德华·纳逊
Netherlands East Indies	荷属东印度群岛

P

Pander, Janete	珍妮特·潘德
Pander, Leopold Francois Leon	利奥·潘德
Paoting	保定
Peiping Union Medical College	北平协和医学院
Peking American School	北京美国学校
Peking Chronicle	《北京时事日报》
Pinger, Ambrose H.	杨光被
Previte, Mary Taylor	戴爱美

S

Scanlan, Patrick J.	司甘霖
Shuntefu	顺德府
Society of the Divine Word	圣言会
St. Stephen's College	圣士提反书院（香港）

Stuart, Leighton	司徒雷登

T

Taylor, James Hudson	戴德生
Tchoo, Roy	霍伊楚
Teia Maru	帝亚丸
Temple Hill	毓璜顶（烟台）
The International Red Cross	国际红十字会
Thompson, Brian	布莱恩·汤普森
Tientsin Grammar School	天津文法学校
Tientsin	天津
Tipton, Laurence Edward	狄兰
Tsingtao	青岛
Tsukigawa	月川

U

Universal Postal Union	万国邮政联盟

W

Wagner, Augusta	文国鼐
White Elephant Exchange	白象贸易站
Whiting, P. A.	怀廷
Wuhu	芜湖

Y

Yokohama Specie Bank	横滨正金银行